شک

علی ربیع زاده

All Rights Reserved

Doubts (Shak)
Authored by Ali Rabizadeh
Published by Supreme Art, Reseda, CA
ISBN-13: 978-1942912279
Library of Congress Control Number: 2017908410

حقوق مادی و معنوی برای نویسنده و حامی اثر مشترکا محفوظ است.

شناسنامه کتاب

■ عنوان: شک□

■ گردآوری وتالیف: علی ربیع زاده□

■ ویراستار: علی ربیع زاده□

■ صفحه آرا: علی ربیع زاده□

■ناشر: هنر برتر (سوپریم سنچوری)، آمریکا □

■شابک: ۹۷۸-۱۹۴۲۹۱۲۲۷۹□

■شماره کنترلی کتابخانه کنگره: ۲۰۱۷۹۰۸۴۱۰ □

تقدیم به:

کسانی که شک کردند، شکّی مقدس، که شکّ سرچشمه زایش دانش است.

و به کسانی که انسان را از درون پیله به هم تنیده خود بیرون آورده و او را به وادی حیرت رهنمون گشتند، که حیرت در طریقت نهایت دانش است، هر چند که دانش را نهایتی نیست.

و به کسانی که نظم یافتند و نظم بخشیدند در پدیده های هستی و بر مواد که دانش نیز چیزی جز این نیست.

و به کسانی که بزرگترین وظیفه خود را دانستند و گامی هر چند کوچک در راه آن برداشتند، چرا که در این جهان که هیچ از آن نمی‌دانیم، بزرگترین وظیفه ما همانا گسترش و آفرینش دانش است تا باشد که روزی پرده از اسرار خلقت برداریم و چون نوزادی تازه متولد شده جهانی تازه را تجربه کنیم.

فهرست

دیباچه:

سخنی با خواننده گرامی الف

پیشگفتار :

- هویت گمشده ب

فصل اول : میراث گذشتگان

- در جستجوی زرتشت ۳

- بودا دین صلح و دوستی ۴

- مانی،پیامبرگمنام ایرانی ۷

- معراج در دین زرتشت ۸

- راز آفرینش انسان و جهان در متون ساسانی ۱۴

- بررسی تقدس گیاه هوم در گاتاها و متون پهلوی ۱۹

- ازمهر تا مسیح ۲۶

- اسکندر منفور یا اسکندر محبوب؟ ۲۸

- خدمت به بیگانگان ۳۰

- میراث شوم بیگانگان ۳۱

- تزویر ۳۱

فصل دوم : شناخت جامعه

- اصالت وجود انسان ۳۷

- ماهیت اخلاق: (بخش یک) ۳۷

- ماهیت اخلاق(: بخش دو) ۳۸

- لزوم پایبندی به اخلاق ۳۹

- خوب ؟ بد ؟ زشت ؟ زیبا ؟ ۴۰

- گناه و ثواب در طبیعت ۴۱

- ما مقصریم یا جامعه ۴۱

- جامعه بدون طبقه؟ ۴۲

- ارزشهای ما نسبی هستند نه مطلق ۴۳

۴۴	- ملاک ارزش واقعی
۴۵	- راز موفقیت ملتها
۴۶	- فساد جنسی ؟
۴۸	- نگاهی دوباره به روابط زن و مرد

فصل سوم : فلسفه آفرینش

۵۳	- در جستجوی راز خوشبختی- بخش نخست
۵۷	- در جستجوی راز خوشبختی- بخش دوم
۵۸	-بازگشت به خویشتن
۵۹	- نگاهی تازه به وجود و بقای روح
۶۴	- چیستی روح انسان از نگاه دانش فیزیک
۶۵	- تفاوت بین موجودات جاندار و بی جان
۶۷	- نظم ، سرچشمه وسازندهماهیت موجودات زنده و غیر زنده
۶۹	- نقش دانش واطلاعات در ساخت باورهای ما
۷۱	- هوش ملاک اصلی برتری انسان بر حیوان
۷۱	- مرز
۷۲	- تجربه
۷۳	- سلطه جویی و سلطه پذیری در انسانها
۷۴	- الگوی مناسب جوانان :زنده - واقعی و عینی

فصل چهارم : راز آفرینش

۷۷	- ریاضیات : دانش پایه در شناخت جهان
۷۷	- پاسخ به چند چالش فیزیک
۸۵	-این قافله عمرعجب می گذرد
۸۷	- خنده بر هر درد بی درمان دواست
۸۹	- دنیای ناشناخته
۹۰	- اندیشه کوتاه ما
۹۰	- زمین آزمایشگاه موجودات فضایی
۹۰	- کار ما نیست شناسایی راز گل سرخ
۹۱	- راز جهان

۹۲	- راز تکامل انسان
۹۳	- راز جاودانگی ما
۹۳	- هدف از آفرینش جهان
۹۴	- روح جهان
۹۵	- خدای من خوب است یا
۹۶	- خداوند ! هستی - کیستی و چیستی
۹۹	- احترام به طبیعت
۹۹	- بازگشت به طبیعت
۱۰۶	- تافته جدا نبافته
۱۰۷	- کنش و واکنش در جهان

فصل پنجم : سیاست جهان

۱۱۱	- انسان محور اصلی مکاتب بشری
۱۱۱	- حد آزادی ! محدود یا نامحدود ؟
۱۱۲	- گامی به سوی دموکراسی واقعی
۱۱۳	- صعود و افول قدرتها و ملتها
۱۱۴	- مثلث خوشبختی
۱۱۵	- گزیده هایی از حقوق بشر

فصل ششم : پیش به سوی آینده ای بهتر

الف - ایران فردا

۱۲۱	- نوگرایی دینی
۱۲۲	- رابطه دین با ملیت
۱۲۲	- آیین داری
۱۲۴	- مردم
۱۲۶	- دموکرا
۱۲۷	- کسب
۱۲۸	- عرب ز
۱۳۰	- پاسداشت

۱۳۱	- بایستگی پاکسازی وبازسازی زبان ودبیره پارسی
	ب – جهان فردا
۱۳۳	- بایستگی اصلاح نژاد بشر
۱۳۵	- دهکده نوین جهانی
۱۳۷	-دین انسانیت
	پ –ایران و جهان فردا
۱۳۸	-آینده ایران وجهان
۱۴۰	- گامهایی درجهت رشد
	سخن پایانی:
۱۴۵	- بهشت گمشده
۱۴۷	سرچشمه ها

سخنی با خواننده گرامی:

اندیشه باز

اندیشه را باید از قفس ایمان و باور رها کرد ، تا چون پرنده ای آزاد در آسمان خیال پرواز کند و در هر آشیانی که خود می پسندد فرود آید ،بزرگترین دشمن اندیشه سانسور اندیشه یا به زبانی دیگرخودسانسوریست ، و شک سرچشمه زایش اندیشه واندیشه سرچشمه زایش دانش است ،شک اصل است شک به همه چیز ،حتی به شک ، و به بدیهیات ، چرا که در این جهان هیچ چیز قطعی نیست و نسبیت جزو لاینفک علوم انسانی و طبیعیست ، سی مرغ عطار پس از گذر از وادی حیرت است که سیمرغ می شوند ، آری ما هنوز در آغاز راهیم ،ما به کرمکانی می مانیم که در پیله خود اسیریم و روزی خواهد آمد که این پیله را بشکافیم و چون پروانه ای زیبا به پرواز در آییم وجهان پیرامون خود را از نوکشف کنیم، ما در کشف تمدن کیهانی خود هنوز در رتبه یکیم ، که تسلط بر سیاره زمین است و کسب رتبه دوم با تسلط بر منظومه خورشیدی و رتبه سوم باتسلط بر کهکشان راه شیری حاصل خواهد شد.

خواننده گرامی، آنچه را که در این کتاب خواهی خواند، حاصل اندیشه بیست ساله من است که سعی کرده ام آن را آزاد بگذارم و هر آنچه را که به ذهنم می آید و فکر می کنم درست است حتی اگر برخلاف باورهایم باشد بنویسم ، هر چند که خود در زندگی طعم آزادی را نچشیده ام اما ذهن و اندیشه ام را همواره آزاد و رها ساخته ام و بدون هیچ فیلتر و مانع و واسطی سعی کرده ام به پدیده ها نگاه کنم ، من انسانهای زیادی را می شناسم که هر چند خودشان را آزاد می دانند اما ذهنشان را آزاد نمی گذارند ، آنها از دریچه تنگ ، دین ، مذهب و مکتب ،تعصب ، احساس و ... به جهان نظر می اندازند و جهان را به رنگ شیشه عینک خود می بینند ، من به آنها می گویم عینکت را بردار ! جهان را آنگونه ببین که هست ، نه آنگونه که خودت می خواهی ببینی! اندیشه ها و افکار من که در اینکتاب آمده است ، ممکن است ، ناقص ، نادرست ویا درست باشند ، اما من هیچگونه تعصبی روی آنها ندارم و قضاوت درباره آنها را بر عهده خواننده زیرک و منصف خود می گذارم ومطمئنم کهی ک خواننده زیرک و با انصاف هیچ سخنی را بی دلیل قبول یا رد نمی کند و با نادرست یافتن یک گفتارنیز همه گفتارهای نویسنده خود را نادرست نمی پندارد .

این کتاب در آغازبه صورت نوشته ها و مقالات پراکنده ای بود که برخی از آنها در نشریات داخل و خارج کشور به چاپ رسیده بودند، این مقالات ابتدا در قالب یک وبلاگ به نام در جستجوی راز آفرینش و نیز به صورت ایبوک در معرض دید هم میهنان قرار گرفت و پس از مشاهده استقبال هم میهنان از وبلاگ ، تصمیم گرفته شد که برخی از مطالب وبلاگ در قالب یک نوشتار در اختیار علاقه مندان قرار گیرد، بیشتر مطالب این کتاب زاییده ذهن کنجکاو من

۹۲	- راز تکامل انسان
۹۳	- راز جاودانگی ما
۹۳	- هدف از آفرینش جهان
۹۴	- روح جهان
۹۵	- خدای من خوب است یا
۹۶	- خداوند ! هستی - کیستی و چیستی
۹۹	- احترام به طبیعت
۹۹	- بازگشت به طبیعت
۱۰۶	- تافته جدا نبافته
۱۰۷	- کنش و واکنش در جهان

فصل پنجم : سیاست جهان

۱۱۱	- انسان محور اصلی مکاتب بشری
۱۱۱	- حد آزادی ! محدود یا نامحدود ؟
۱۱۲	- گامی به سوی دموکراسی واقعی
۱۱۳	- صعود و افول قدرتها و ملتها
۱۱۴	- مثلث خوشبختی
۱۱۵	- گزیده هایی از حقوق بشر

فصل ششم : پیش به سوی آینده ای بهتر

الف - ایران فردا

۱۲۱	- دین گرایی دینی
۱۲۲	- رابطه دین با ملیت
۱۲۲	- آیین کشورداری
۱۲۴	- مردم سالاری
۱۲۶	- دموکراسی مطلق
۱۲۷	- کسب دانش و نوآوری
۱۲۸	- عرب زدگی تا کجا ؟
۱۳۰	- پاسداشت زبان و فرهنگ ملی

۱۳۱	- بایستگی پاکسازی وبازسازی زبان ودبیره پارسی
	ب – جهان فردا
۱۳۳	- بایستگی اصلاح نژاد بشر
۱۳۵	- دهکده نوین جهانی
۱۳۷	-دین انسانیت
	پ -ایران و جهان فردا
۱۳۸	-آینده ایران وجهان
۱۴۰	- گامهایی درجهت رشد
	سخن پایانی:
۱۴۵	- بهشت گمشده
۱۴۷	سرچشمه ها

می باشد و به ندرت از جایی گرته برداری شده است و هر جا که سخن یا جمله ای از دیگران نقل شده منبع آن در انتهای کتاب ذکر شده است ،خواننده گاه اگر می بیندکه سبک گفتار بخش های گوناگون این نوشتار با یکدیگر متفاوت است و یا گاه با اندیشه های متفاوتی مواجه می شود بدین خاطر است که این کتاب در گستره زمانی طولانی ای نوشته شده است و هیچ جای تعجب ندارد که اگر در یک دوره زمانی نوشتار و گفتار انسانی تغییریابد و دگرگون شود.

هویت گمشده :

قرن بیستم قرن روشنگری و خردگرایی برای بسیاری از ملتها بود اما ایرانی نتوانسته راه گریزی برای شناخت هویت راستین خود پیدا کند ؟ به راستی چرا ؟ دنیای ایرانی دنیای تضادهاست ، فرهنگ ایرانی فرهنگ تضادهاست ! معجونی هزار رنگ ، فرهنگ هزار داماد ، ترکیبی از فرهنگ ایرانی ، ترک ، تازی ، مغول ، یونانی ، روس ،فرنگ وهر کس که بر این سر زمین تاختن آورده، تضادها بسیارند و بیشمار :تضادهای دین و ملیت ، تضادهای خرده فرهنگهای قومیتها ی ایرانی و تضادهای عصرو نسل جدید و قدیم ،آری تضادها بسیارند برای نمونه:هویت فرهنگ ایرانی شادی طلب است اما هویت مذهب ایرانی شادی گریز و سوگوار ، ایرانی که در گذر تاریخ از یک شادی به شادی دیگر می رفت هم اینک از یک سوگ به سوگی دیگرمی گریزد، هویت فرهنگ ایرانی از دیر بازاهل تسامح بوده است و هویت دینی ایرانی متعصب ،سنت ایرانی طالب یک همسریست ولی دین ایرانی چند همسری، سنگسار در فرهنگ ایرانی نکوهیده است اما در دین ایرانی واجب ، ترکیب این دوگانه گی ها گاه بسیار تهوع آور می شوند شادی کودکان و جوانان از آمدن ماه عزاداری محرم که تنها تفریحشان شرکت در مراسم سوگواری حسین پارسی است و نه عرب ، اما دو گانگی های اخلاقی نا امید کننده تر ، راستگویی زیباست ودروغگویی زشت اما دروغ مصلحتی ایرادی ندارد (و گاه ثواب نیز دارد)، آدم کشی زشت است اما کشتن بی دینان و مخالفان واجب ، زنا حرام است اما صیغه ثواب دارد ،کسی حق ندارد به ناموس ما چپ نگاه کند اما ما میتوانیم دنبال ناموس دیگران برویم ، همه باید به دین و پیامبران ما احترام بگذارند اما ما می توانیم به پیامبران دروغین آنان فحاشی کنیم ، شکنجه زشت است اما مابااید برای گرفتن اعتراف از زندانی حتما او را شکنجه کنیم و مجرمان را مطابق نظر قاضی شرع تازیانه بزنیم ، دوگانه گی های اخلاقی بیشمارند و ایرانی را در رفتار و اندیشه نامتعادل و پریشان احوال کرده اند ، ایرانی اسیر احساسات است ، هر چند که خود را خردگرا می پندارد ، ایرانی بیمار است ، نه یک بیمار که چندین بیمار با چندین بیماری ، بیماری او واکنش طبیعی بدن به غدد بد خیمی هست که در درازنای تاریخ رشد کرده اند و بدخیم ترشده اند ، ایرانی خود می داند که بیمار است اما علاجش را نمی داند ،چرا که

نوع بیماریش را نمی شناسد ، فقط می داند که بیماریش عود کرده است ، این رنج ایرانی دیگران را نیز می رنجاند چرا که این مادر هفت هزار ساله از آغاز بیمار نبوده و در جوانی کودکان تندرستی زاده که هر یک مردان تنومندی شده اند و این مردان نمی توانند بیماری مادرشان را نظاره گر باشند و بی تفاوت بمانند ، ایرانی سردر گمست ، سر در گم : سنت و مدرنیته ،شیعه وسنی ، مسلمان و زرتشتی، غرب و شرق، تازی و عجم ، ترک و پارس ، کمونیسم و لیبرالیسم و پلوتاریا ؛ بدترین درد ، ندانستن درد است ، ایرانی درد مندست اما دردش را نمی داند ، فکر می کند دردش پول نفت است که قرار بود احمدی نژاد سر سفره اش بیاورد یا آب و برق مجانی است ، یا بیکاری پسرش و یا بالا رفتن سن دختر ترشیده اش ، و یا خریدن ماشین و خانه و گرانی ارزاق عمومی که هر روز بیشتر می شود ، اینها همه مشکل ایرانی است اما مشکل اصلی او این ها نیست ، ایرانی از درون بیمارست بیماری اش خیلی هم مزمن است ،سد هاسال است که بیمار است بیشتر همسایه هایش هم بیمارند اما بیماری ایرانی وخیم ترست اصلا اورژانسی است ، بیماریش واگیر هم دارد اما خودش نمی داند ،از همه بدتر فکر می کند خودش سالم است و بقیه بیمارند، این خیلی خطر ناکتر است ، بیشتر ایرانیها دوران تندرستی خود را و هویت اصیلشان را فراموش کرده اند ،به قول بابک خرمدین :ما مثل کودکانی می مانیم که دزدانی شبانه بر ما یورش آورده اند وپدران و مادران ما را کشته و خانه ما را به یغما و ما را به اسیری برده اند ، ما آن دزدان را دوستان خود پنداشته ایم ؛ ما هویت پدرانمان را فراموش کرده ایم اما نه کاملا ، هویت ایرانی مهر جوست اما نمی داند به که مهر بورزد ، حاضر است ملیونها تومان خرج مراسم عاشورا و تاسوعا کند و عزاداری ملیونی به راه بیاندازد اما ریالی برای آسفالت کوچه و محله اش ندهد حاضر است دهها بار به حج برود و پول مردم خود را به شکم ملل بیگانه بریزد اما پشیزی به همسایه بیمارخود و کودک یتیمش ندهد ، این تضادها را و این دردها را من با خون دلم حس کرده و می کنم چون با این مردم زندگی کرده ام و در دل فقر زاده شده و با فقر زندگی کرده ام ، من هم از اینانم با همین دردها و همین رنجها ، همسایه ملاک و متمول من هر سال دستهایش را با افتخار بالا می گیرد که من امسال نیز پیش امام جمعه شهر، مالم را پاک کرده و خمسم را داده ام پس در روز جزا نزد بانو فاطمه زهرا و رسول الله و اهل بیتش روسپیدم، اما هنگامی که کودکی دوره گرد دست گدایی به رویش دراز می کند اورا می راند و زیر لب می گوید که اینان نیرنگ بازند و دروغگو، من مردی را دیدم که با پنج ملیون تومان پس انداز سی سال کارمندیش به همراه همسرش به حج رفت، اما هنگامی که باز گشت پسر معتادش را به جرم دزدی سیصد هزارتومان که منجر به قتل مال ربوده شده بود اعدام کردند؛ من مردان و زنان زیادی را می شناسم که قبل از مرگشان برای خود قبر خریده و کنده اند و هر شب جمعه به سر قبر خود می روند و برای خود

فاتحه می خوانند و طلب آمرزش می کنند؛من مردمانی را میبینم که تنها تفریحشان رفتن بر مزار مردگان درهر شب جمعه است؛ در شهر ما گورستانها بسیار پر رونق ترند از کتابخانه ها و زندگان گورستان بسیار بیشترند از مردگان ؛ من جوانی را دیدم که به جرم دوست داشتن دختری بوسیله برادران دختر با تبر تکه تکه شد ؛ من دختری را می شناسم که به جرم دوست بودن با پسری در زندانست و پدر و برادرش تهدید کرده اند هنگامی که زندانیش تمام شود او را خواهند کشت و دیه اش را که در فقه نصف دیه مرد است به مادرش خواهند داد تا لکه ننگ از خانواده شان پاک شود ؛ من جوانان کراکی ای را می شناسم که برای بدست آوردن پول مواد از مساجد و حسینیه ها دزدی میکرد و حتی از سنگهای قبور و تابلوهای آلمینیومی مقابر و تابلوهای راهنمایی و رانندگی و شیرهای آب معابر عمومی و مدارس نیز نمی گذشت ؛ من جوان معتادی را می شناسم که خانواده اش اورا از خانه بیرون کردند اوناگزیر خود را به نیروی انتظامی معرفی کرد اما او را بیرون انداختند و حتی حاضر نشدند مطابق میل جوان که دوست داشت زندانی شود زندانیش کنند ،چون خرج موادش را نداشتند بدهند و نیزنمیدانستند با معتادان چکار کنند ؛ من پلیس هایی را می بینم که هنگام دعوا و زد و خورد همشهریان شان تنها نظاره گرند و هنگامیکه از آنان میخواهی نزاع را خاتمه دهند میگویند ممکن است به ما آسیبی برسانند ؛من جوانی را میشناسم که کارش دزدیدن سیمهای برق تیرهاست ؛ من راننده تاکسی ای را میشناسم که سالی سدها هزار تومان خرج حسینیه و مسجد محله اش میکند اما سالها پیش شاگرد مدرسه ای را که ده تومن پول تاکسی نداشت از تاکسی اش به بیرون انداخت ؛ من جوانی را می شناسم که برای عوض کردن نام عربی اش و انتخاب یک نام ایرانی به اداره ثبت محلشان رفت اما هنگامیکه درخواستش را مطرح کرد اورا با کمک مامورشان با فحش و تحقیر از اداره بیرون کردند ؛ من مادر پیری را می شناسم که سالها به سختی زندگی کرده بود و بسیاری اوقات پول غذایش را نداشت اما دم مرگ وصیت کرد که پس انداز هشتاد سال عمرش را که سیسد هزار تومان می شد به روحانی محل بدهند تا برایش یک سال نماز بخواند و روزه بگیرد ؛من کودک یتیمی را می شناسم که بعد از مرگ پدرش ،همه پس انداز پدرش را خرج کفن و دفن و مراسم مذهبی پدرش کردند و کودک بینوا از فقر به دوره گردی روی آورد؛من زن جوانی را می شناسم که در یک ارتباط صیغه ای مطابق فقه شیعه دختری بدنیا آورد ، این مادر و دختر بدون سرپناه و بدون شوهر گرفتار زندگی مصیبت باری شدند و سر انجام زن مجبور شد دخترش را در یک معامله صوری به خانواده ای زابلی بفروشد تا از فقر و فساد خودش و دخترش جلوگیری کند؛من پیر مرد هفتاد ساله ای را می شناسم که با پانسد هزار تومان دختری چهارده ساله را از خانواده ای روستایی خرید و به کابین خود در آورد؛من مردانی را می شناسم که شغلشان خرید و فروش دختران روستایی است آنان به بهانه ازدواج به

روستاهای فقیر می روند و با دادن مبلغی پول به والدین دختران آنها را صیغه می کنند و به دلالان قاچاق انسان می فروشند ؛ من روستا ها یی را دیده ام با خانه های گلین و ویران شده و خالی از سکنه که تنها یک بنای آباد درهمه آنها وجود داشت آن بنا همان حسینیه و مسجد روستا بود ؛ من روستاهایی را می شناسم که حمام ندارند و جاده ندارند و کتابخانه و مدرسه ندارند اما حسینیه دارند ،مردمانشان حتی فرشهای زیر پایشان را تقدیم حسینیه می کنند و تمام پس انداز سالیانه اشان را و ارثیه بیوه زنانشان را و حتی لحاف کرسی عمه بلقیس را برای تمیز کردن دیگ محرم پاره میکنند آن هم از جان و دل و با هزار آرزو و نیت، حاضرند ملیونها تومان برای طبلها و بلندگوها و علمهای گران قیمت چینی وژاپنی مراسم عزاداری بپردازند اما حاضر نیستند سردوشی را برای حمام ویران روستایشان بخرند یا کودک مفلوک مشت قاسم را نزد پزشکی ببرند یا پسر نابغه مشت سکینه شوهر مرده را برای تحصیل به شهر بفرستند ، همه با هم دشمن خونیند و چشم دیدن هم را ندارند اما در محرم و صفر و رمضان و فاطمیه زیر یک سقف جمع می شوند ،تنها کار گروهی شان به سرو سینه زدن و خوردن غذا است گویا هیچ کار گروهی دیگر نمی دانند ، میلیاردها ریال خرج ساختن مکانهایی می کنند که سالی چند روز بیشتر از آنها بهره (آنهم فقط مذهبی) نمی برند ، مساجدشان را برای پیران ساخته اند و حسینیه ها را برای جوانان؛ من زن جوانی را می شناسم که جهت گذراندن مخارج زندگی اش در برابر چشمان شوهر کراکی اش تن فروشی می کند و کودکانش را نیز بدین کار وا می دارد و شوهرش نیز خرسند است که پول کراکش را در می آورد ؛من زن جوانی را با کودک یکساله اش می شناسم که از شوهر کراکیش جدا شده و بدون سرپناه در شهر سرگردان است و عاقبتش نیز نا مشخص ؛ زنی دیگر را می شناسم که در بیست سالگی طلاق گرفته و نوزاد درون شکمش را از فقر سقط کرده ،اما سرانجام کارش به روسپیگری درخیابان ها و بیماری ایدز کشیده شده است چرا که پدر و مادرش سالها پیش مرده اند و در اینجا زن بدون شوهر حتی نمی تواند یک شب برای خواب به مسافرخانه ای برود و کار نیز برای مردان گیر نمی آید چه برسد برای زنان بی شوهر، زن ایرانی تنها با شوهر کردن و مادر شدن هویت می یابد و زن بدون شوهر و فرزند در ایران تعریف نشده است ، برای همین ، روز زن در ایران روز مادر است .

با نگاهی به صفحه حوادث روزنامه های ایران حوادث بسیاری را شبیه حوادث کوچه و محله ما می توانی پیدا کنی وبخوانی : پدری فرزند سه ساله اش را کشت چون می خواست فرزندش شهید شود و به بهشت برود،کودکی دوساله در مراسم سوگواری با دیدن گریه متوالی مادر و پدرش سکته کرد و مرد ،پدری فرزندانش را از شدت فقر کشت ، پدری دخترنوجوانش را به اتهام حاملگی و رابطه نامشروع کشت اما بعد از تشریح پزشکی فهمیدند دخترک بیچاره ورم معده داشته است .

اینها گوشه ای از پرده ایران امروز است ، نمونه های این ایرانیان را با نگاهی ساده در گوشه و کنار هر کوچه و خیابان و شهر و روستایی می توانی پیدا کنی ، ایرانی امروز واقعا سردرگم است ، انحطاط اخلاقی ایرانی مخصوصا در سال های اخیربه اوج خود رسیده است آمار دزدی ، فحشا ، فرار دختران و پسران از خانه، قاچاق زنان و دخترا ن به کشورهای عربی و پاکستان، رشد کودکان و زنان خیابانی ، رشد بی سابقه اعتیاد ، الگو شدن قانون شکنی وقانون گریزی، کاهش اعتماد به دیگران ، مال اندوزی شخصی ، عدم توجه به منافع ملی ، افزایش افسرده گی جامعه و از بین رفتن نشاط گروهی ، کارگریزی و تن پروری و عدم تمایل به سرمایه گذاری ملی ، بدبینی به هویت و ملیت خود و خود کوچک بینی ملی و تحقیر ملیت خود نزد بیگانگان ،خود زنی فرهنگی و...نشانگر انحطاط کنونی جامعه ایران است ، ایرانی از یکسو زندگی قبیله ای را رها کرده و گام در هزاره بیست و یکم گذاشته، اما نتوانسته فرهنگ و ارزشهای خود را با ارزشهای این هزاره هماهنگ کند ، از یکسو مطابق دین و مذهب خود جوانان را به ازدواج زود هنگام تشویق می کند و از سوی دیگر می بیند که نمی تواند حد اقل شرایط را که داشتن یک کار ثابت و یک مسکن است برای آنها فراهم سازد ، سن ازدواج جوانهای ایرانی به بالای سی سال رسیده است از یکسو آنها را به عفت و دوری جستن از جنس مخالف دعوت می کنند و از دیگر سوی جوانان با ابزارهای ارتباط جمعی مانند موبایل و اینترنت و ماهواره از دنیای جنسی یکدیگر با خبر می شوند و عطش جنسیشان بیشترافزایش می یابد اما چون امکان ازدواج ندارند و مطابق فرهنگ و دینشان نیز امکان ارتباط ازاد ندارند امیال جنسی شان را با روی آوردن به مواد مخدر خنثی کرده و کاهش می دهند ، آری ایرانیان حتی از تازیان نیز سر درگم ترند ،چرا که دین و فرهنگ تازیان در یک سوی است اما دین و فرهنگ ایرانیان دو سویه است ، تازیان دارند خود را با هزاره سوم هماهنگ می کنند و مشکلات پیش رو را به آرامی حل می کنند، اسلام مشکل چندانی برای تازیان ایجاد نکرده است چون از گوشت و خونشان است و مطابق فرهنگ و آیینشان ، ماه رمضان برای آنان ماه شادی و سرور (برای ما ، ماه غم امام علی) و محرم برای آنان جشن آغاز سال نو است (برای ما موسم عزاداری امام حسین و خاندانش)،مراسم حج برای اعراب حجاز نوید دهنده ملیاردها دلار پول باد آورده است و برای ما خروج ملیاردها تومان ارز از کشور، عرب شادی طلب است به ویژه شادی خوراک و جنس زن (کشورهای غربی با شناختن این روحیه اعراب دهها شبکه ماهواره ای از این نوع برای آنان ساخته اند)اما ایرانیان شادی را حرا م کرده و غم را پاس میدارند هرچند که در نژاد و هویتشان عاشق رامشگری (رقص) و موسیقی اند ،اعراب الله را در خدمت خود در آورده اند و تمامی لذات دنیوی را با گفتن شهادتین بر خود حلال کرده اند اما ایرانیان نه تنها خود را بنده الله که بنده آفریده گان الله کرده اند و شادی نقد این جهان را به نسیه آن جهان فروخته اند .

هر چند چشم اندازامروز ایران بسیار سیاه و تاریک است اما من قصد نومید کردن کردن کسی را ندارم، چرا که نومیدی سکون را به همراه می آورد ، این مار زنگی سیاه (استعاره ای از شب در شعر منوچهری دامغانی) می تواند کودکی سپید نیز در پایان شبی تیره بزاید چرا که پایان شب سیه سپید است ؛امید دارم که فردای ایرانیان روشنتر از دیروز و امروزشان باشد.

- سعدی به روزگاران مهری نشسته بر دل
  بیرون نمی توان کرد، الا به روزگاران .

فصل نخست

میراث گذشتگان

ملتی که به فرهنگ خود احترام نمی گذارد، حد اقل جزایش این است که در زیریوغ فرهنگی بیگانه گرفتار شود.

رهبران یک ملت زاییده باور های آن ملتند.

آغاز دانش نخوت و پایانش حیرت است.

راز آفرینش در وجود ما پنهان است.

شکّ سرچشمه زایش دانش است.

همه چیز در جهان نسبی است.

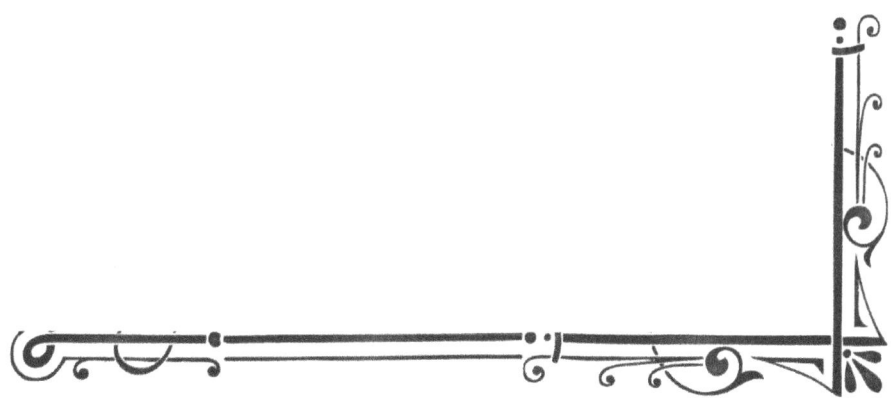

در جستجوی زرتشت

آغاز نوشتار کتاب را با زرتشت آغاز می‌کنم،زیرا وی اولین فیلسوف و اندیشمند شناخته شده ایرانیست که اندیشه وی تا کنون باقی‌مانده و آیین وی تاثیر بسیاری در شکل‌گیری ادیان پس از وی داشته است،زرتشت (به چم شتر یا ستاره زرین) آیین خود را بر پایه خرد و اندیشه و بر علیه برخی از باورهای خرافه گرایانه مغان در خاور ایران زمین بنا نهاد (وی همه اندیشه هایمغان را رد نکرد) ،او همانند بودا هیچگاه خود را پیامبر خدا نمی دانست و چون بر پایه دانش و اندیشه خود به وجود اهورا مزدا (خدای خرد) و اهریمن پی برده و اصول دین خود را بر پایه دانش و خرد خود پی ریخته احتمال اشتباه نیز در نگرشها و عقایدش وجود دارد ، البته برخی از زرتشتیان می گویند زرتشت چون انسان پاکی بود از کودکی با اهورا مزدا هم پرسه گی و با جهان غیر مادی ارتباط داشته و اصول دین خود را از عالم مادی فرا نگرفته است، اما در هر حال این ارتباط نمی تواند به معنای پیامبر آسمانی بودن وی باشد چرا که او هرگز این ادعا را نکرد و از دیگر سوی بسیاری از عقاید دین زرتشت گفته های زرتشت نیست و از سوی پیروانش به آن اضافه گشته است و یا بر گرفته از ادیانایران باستاننظیر زروان و مهرپرستیست است، در کتاب اوستا نیزتنها گاتاها اززرتشت است ومابقی بعدها اضافه شده است البته در گاتا ها نیز به جز تعدادی سرود های مذهبی اطلاعات خاصی وجود ندارد .

-آنچه درباره زرتشت باید گفته شود :

- زرتشتو بودا در هند احتمالا دریک عصر می زیسته اند چرا که اندیشه های آنان بسیارنزدیک یکدیگر است.

- زرتشت آیینیکتاپرستی خود را بر پایه هایاعتقادات ایرانیان باستان بنا نهاد (هرچند که با برخی از آموزه های آنها به مبارزه برخاست)و ادیان سامیدر تقابل با این دین وآیین مهر بسیاری از آموزه های آن را وارد ادیان خود نمودند،بسیاری از اندیشه های دین زرتشت در ادیان یهودیت ،مسیحیت و اسلام رسوخ کرده و تا به امروز نیز باقی مانده است ،اندیشه هایی مانند وجود سوشیانس یا نجات دهنده که در دین یهودیت و مسیحیت فارقلیط نامیده شد و در دین اسلام در قالب امام زمان نمود پیدا کرد ودر فقه شیعه مهدی موعود خوانده شد و نیز پل چینوت که در اسلام به نام پل صراط نامیده می شود ونماز های پنجگانه زرتشتیان در شبانه روز که وارد دین اسلام شد ومشی و مشیانه که در قالب آدم و حوا نمود یافت و نیز عناصر

متضاد :بهشت و دوزخ ،فرشتگان و دیوان ، خدا و شیطان ، خوب و بدو.....هم به گواهی صاحب نظران از دین زرتشت وارد ادیان سامی شده است.

- زرتشت از مردم می خواست که بر پایه خرد خود راه درست را پیدا کنند (هر چند که راه شان با نظر زرتشت متفاوت با شد) واو هیچ گونه تعصبی روی باورهای خود نداشت ،او به سخن خود یک سوشیانس (رهایی بخش) بود و به مردم نوید میداد که پس ازاو نیز سوشیانسهایی برای رهایی مردم خواهند آمد.[1]

بودا دین صلح ودوستی

در تاریخ از تجاوز و لشکرکشیهای مغولان ، تاتاران ، اعراب ، یونانیان ، رومیان ، مصریان ، ایرانیان ، آمریکاییها ، آلمانیها ، انگلیسیها و... به کشور های دیگر بسیار خوانده ایم اما هیچگاه به موردی بر نمی خوریم که چینیها ، هندیها و دیگرکشورهای آسیای جنوب شرقی به ملل دیگر حمله کرده باشند و نیز در حالی کهکشورهای ثروتمند غربی و کشورهای فقیر مسلمان و مسیحی در فساد اخلاقی ، و جرم و جنایت غوطه ورند و آمار از افزایش سالیانه جرم و جنایت و افزایش طلاق و فروپاشی بنیاد خانواده در این کشورها سخن می گوید ،هند با داشتن جمعیتی نزدیک به یک میلیارد نفر کمترین آمار طلاق در جهان را داراست و کمترین میزان جرم و جنایت ، در کشورهایی مانند نپال و بوتان و تبت که بودایی نشین هستند اتفاق می افتد ، روحیه صلح جویانه و مهر طلبانه این کشورها در حقیقت وامدار فرهنگ و ادیان صلح طلب آنهاست که بودا یکی از آنهاست ، دین بودا با داشتن بیش از ۶۰۰ میلیون پیرو در جنوب شرق آسیا چهارمین دین پر جمعیت جهان است ، این دین حرفهای زیادی را در هزاره سوم برای زدن دارد و با کوچک شدن جهان و افزایش ارتباطات جهانی ،هر روزه گروه بیشماری با اندیشه های آن آشنا می شوند ،(برای نمونه هنگامی که فیلم بودای کوچک در ایتالیا به نمایش در آمد روز بعد بیست هزار ایتالیایی رسما به دین بودا در آمدند)؛بنیان گذار آیین بودا سیدارتا گوتاما نام داشت که شاهزاده سر زمین کلیاس بود ، بودا بر خلاف پیامبران ادیان ابراهیمی که از دل فقر سر بر آوردند در ناز و نعمت زندگی می کرد ، دیدن فقر و رنج مردم بودا را بسیار اندوهگین کرد ، او در سن ۲۹ سالگی ثروت و قدرت و زن جوان و کودک نوزاد خود را

۱-کریزواک،پل: در جستجوی زرتشت ،ترجمه محسن ربیع زاده،تهران، ثالث،۱۳۸۸.

ترک کرد تا به راز رنج بشری پی ببرد و دارویی برای آن بیابد ، سیدارتا پس از آشنا ییبا پنج دوست دیگر که آنها نیز به دنبال حقیقت بودند و پس از شش سال تحمل درد و رنج و ریاضت ، در کنار رودخانه نرانجارا در گایا در سن ۳۵ سالگی به راز رنج بشری و راه رهایی از آن پی برد و شادان به نزد دوستانش در بنارس شتافت تا آنها را نیز به راز رسیدن به شادی جاویدان راهنمایی کند ؛ بودا از واژه بودی به معنای بیدار شدن گرفته شده است ، و به معنی کسی است که خودش بیدار شد و لقبی است که به سیدارتا دادند ، دین بودا با ادیان ابراهیمی ذاتا متفاوت است اما شباهتهایی با دین زرتشت دارد خلاصه اعتقادات پیروان این آیین عبارتند از:

۱ : در دین بودا بهشت و دوزخ و خدایی که بخواهد درباره اعمال انسان قضاوت کند و اورا مجازات کند یا پاداش دهد وجود ندارد ، در حقیقت بهشت و دوزخ واقعی در درون انسانست و هر انسانی با اعمال خود می تواند زندگی خود را به بهشت یا دوزخ تبدیل کند .

۲ – در دین بودا پرستش و عبادت و فرمانبرداری از موجودی نامرئی مانند خدا وجود ندارد.

۳- در بودیسم منجی و امام زمان وجود ندارد بلکه نجات دهنده هر کس خودش است ، که میتواند با رسیدن به بیداری دیگران را نیز نجات بدهد .

۴ – بودا نه خدا بود نه پیامبر آسمانی که با خدایی ارتباط داشته باشد ، رابطه بودا با پیروانش رابطه آموزگار بود با شاگرد

۵ – در دین بودا تقلید کور کورانه وجود ندارد ، هر کس مسئول بیداری خودش است .

۶- آموزه های بودا (داما) جزو قوانین طبیعت است که بودا آنها را کشف کرده است و ربطی به شخصیت بودا ندارد و بودا خود را شخصی مقدس یا پیامبری که این آموزه ها را از غیب آورده باشد نمی دانست .

۷- در دین بودا هر کسی می تواند بودا شود و این بستگی به آموزش و تلاش دارد

۸- در دین بودا مانند زرتشت به وجود واهمیت زندگی همه موجودات زنده حتی گیاهان توجه شده است به همین دلیل بوداییان گوشت نمی خورند و موجودات زنده را نمی کشند و درختان را قطع نمی کنند ، برای نمونه در تاریخ آمده است که هنگام اشغال هند انگلیسیها در یک روستای بودایی نشین می خواستند درختان جنگل را برای نیازی ببرند روستاییان با بغل کردن درختان مانع بریدن درختان شدند و حتی کشته شدن چند روستایی بوسیله سربازان نیز باعث فرار روستاییان نشد . و در چند سال پیش نیز با فرمان دالای لاما درباره نپوشیدن پوست روباه

و حیوانات ،بسیاری از بوداییان پوستهای گرانبهای حیوانات را که اکثرااز کشورهای غربی وارد شده بود سوزاندند به همین دلیل کشورهای بودایی نشین با مشکلات زیست محیطی کمتری مواجه هستند .

۹ – در بودیسم جنگ مذهبی و اجبار به دین وجود ندارد ، بودا کشتن انسانهای دیگر را به خاطر دین شدیدا نهی کرده است ، و گفته :تبلیغ آموزه های بودا باید با رفتار و اعمال بوداییان باشد نه با موعظه و ارشاد ، تنها اگر کسی خواست درباره بودا چیزی بداند برایش توضیح دهید .

۱۰- مدیتیشین (اصول آرامش بخشی) که امروزه جزو فنون روان درمانی است ، برخاسته از آیین بودا بوده و از ابزارهای رسیدن به بیداری و هوشیاری است .

۱۱- در دین بودا بر خلاف ادیان ابراهیمی زمین مرکز جهان نیست ، بلکه زمین یکی از بیشمار منزلگاههای حیات است .

۱۲ – در دین بودا کنش و واکنش (عمل و عکس العمل) معنوی وجود دارد و هر کس نتیجه عمل خود را در این جهان می بیند.

۱۳ - دین بودا ۱۰ مرحله دارد که پایین ترینش انسان فاسد و بالاترینش بودا است و اینکه انسان در کدام مرحله باشد بستگی به رفتار و کردار و پندارش دارد.

۱۴ - در بودا هدف و منزل نهایی رسیدن به نیروانا است ، نیروانا شادی بیکران ورسیدن به ذات هستی و آزادی از جسم می باشد .

۱۵ – در بودا مانند دین هندو تناسخ روح وجود ندارد بلکه تناسخ آگاهی وجود دارد .

۱۶-چهار اصل بودا عبارتند از ۱ : زندگی پر از رنج است ۲: ریشه رنج، طمع و نادانی (ندیدن ذات واقعی هستی) می باشد.۳: کلید پایان دادن به رنج مبارزه با امیال و هوسها و رسیدن به داناییست و دانایی و هوشیاری خود موجب شادمانی می شود وبودا هشت قدم برای مبارزه با رنج را نام می برد که عبارتند از: دید و نگرش درست ، پندار و گفتار و کردار نیک و زندگی سالم و تلاش درست و مراقبت و تمرکز.۴ :یک رهرو باید راه میانه یا جلوگیری از افراط و تفریط را همواره پی بگیرد.[1]

۱-پاشایی ، حسن : بودا، چ هشتم ، تهران، نگاه معاصر، ۱۳۸۶.

مانی، پیامبر گمنام ایرانی

مانی در حدود سال ۲۱۶ میلادی،در شهر بابل از مادری به نام میس(یا اوتاخیم)و پدری به نام پاتگ(فتگ)زاده شد.پدرش از اهالی همدان بود که به شهر بابل کوچ کرده بود و مادرش از تبار شاهزادگان اشکانی بود.پدر مانی از مغتسله بود.او در بیست و چند سالگی به همراه پدر و دو تن از شاگردانش از فرقه‌ی مغتسله جدا شد و به سفر پرداخت.

مانی نخست به تیسفون مسافرت کرد و سپس از آن‌جا راهی هند شد که این مسافرتش دو سال به‌طور کشید.در سفر بازگشت از هند،به فارس و میسان و سرزمین مادها و پارت‌ها رفت،ولی نتجه‌ی چندانی از مسافرت خود ندید.پس به نزد پاپور شاه ساسانی،رفت و آیین خود را برای او شرح داد،شاپور گفته‌های مانی را پذیرفت(ظاهرا)و مانی از او درخواست کرد که به پیروانش اجازه بدهد تا دین خود را آزادانه تبلیغ کنند و به عبارت بپردازند.

شاپور،مانی را بسیار گرامی می‌داشت و مانی کتاب دینی خود شاپورگان را به وی تقدیم کرد،گفته می‌شود مانی در لشکرکشی شاپور به روم که منجر به اسارت والریانوس(امپراتور روم)شد، شرکت داشته است.

با حمایت شاپور،کیش مانویّت روز به روز گسترش می‌یافت تا جایی که پیروان زیادی در مصر و عراق و فارس و ماوراء النهر پیدا کرد.

اما روزگار خوش مانی به درازا نکشید،چرا که با درگذشت شاپور، فرزند بزرگش هرمز به تخت نشست که یک سال بیش‌تر حکومت نکرد و پس از او بهرام اول به تخت نشست.در هنگام پادشاهی بهرام،موبدان زرتشتی که از نفوذ آیین مانویّت در ایران به وحشت افتاده بودند،به همراهی کرتیر(پیشوای موبدان)به نزد بهرام آمدند و با ذکر دلایل فراوانی از او خواستند که مانی را از بین ببرد.بهرام در برابر استدلال آن‌ها قانع شد و مانی را به دربار فرا خواند و او را به زنجیر کشیده و در سیاهچال انداخت.مانی پس از ۲۶ روز درد و رنج در زندان،در روز دوشنبه ۲۶ فوریه‌ی ۲۷۷ میلادی،در سن شصت سالگی از بین رفت.پس از مرگش،سرش را از بدن جدا کردند و بر دروازه‌ی شهر آویختند.

پس از مرگ مانی،دین مانویّت فراز و نشیب‌های متعددی را طی کرد.این دین برای مدتی به عنوان دین رسمی ترکان اویغور چین شناخته شد و در کشورمان اران نیز در ناحیه‌ی سغد،در طی قرن‌ها،دین مانویّت حکومت می‌کرد.این دین حتا تا اروپا نیز نفوذ کرد و پیروانی در

آلمان،انگلیس و فرانسه(کاتارها)برای خود پیدا کرد.مانی کیش خود را برمبنای آموزه‌های زرتشت و بودا و مسیح بنا نهاد و خود را فارقلیط یا منجی‌یی معرفی می‌کرد که حضرت مسیح مژده‌ی آمدنش را داده بود.او کیش خود را برترین کیش‌ها و خود را از حواریّون مسیح و برترین و آخرین پیامبران به حساب می‌آورد.گفته می‌شود که مانی دارای هفت کتاب دینی بوده است که برخی از آن‌ها عبارتند از:شاپورگان،غولان،انجیل مانی،گنج زندگان،رازان و مکاتیب که متأسفانه به جز اندکی از آن‌ها،همه از بین رفته‌اند.

مانویّت اساسا آیینی دوگانه پرست بود و به دو اصل جاودانی نور و تاریکی اعتقاد داشت که همراه در حال جنگ با یک‌دیگر هستند. در کیش مانی یک فرد زاهد باید از همه‌ی لذات دنیوی چشم بپوشد. او باید همه‌ی ثروت خود را بین بینوایان تقسیم کند و تنها به اندازه‌ی یک وعده‌ی غذایی برای خود کنار بگذارد.او باید از ازدواج خوداری کند و تنها به عبادت خدا بپردازد و در سال باید یک ماه را ساعت)روزه گرفته و غذایی نخورد و از خوردن گوشت نیز باید پرهیز کند.

البته منع ازدواج و قوانین سخت،تنها برای روحانیان مانوی بود و عموم مردم حق داشتند که تا یک همسر انتخاب کنند و وظایف آسان‌تری بر عهده داشتند.برای نمونه،عموم پیروان مانی موظف بودند که در شبانه‌روز چهار بار نماز(با وضو)بخوانند(صبح،ظهر، غروب و شب)و یک دهم اموال خود را ببخشند و سالی سی روز و در هر هفته یک روز(یک‌شنبه)روزه بگیرند و در روزهای دوشنبه نیز به گناهان خود اعتراف کنند.

معراج در دین زرتشت

تعدادکسانی که در آیین زرتشت به معراج رفته اند قابل توجه است ، نخستین فردی که در کیش مزدیسنا به معراج می رود خود زرتشت می باشد ، در اوستا بندهایی یافت می شود که درباره همپرسگی زرتشت با اهورامزداست و مفسرین آن را به معراج زرتشت نسبت داده اند، برای نمونه در گاتا ها می خوانیم: « ...ای مزدا اهوره! مرا آرزوست که با تو دیدار و همپرسگی کنم . ای مزدا ای نیک ترین به سوی من آی و نمایان شو تا در پرتو اشه و منش نیک گذشته از مگونان[1] به گفتار من گوش فرادهند » .[1]

---

[1]- دیگر مردمان نیز

فصل اول / میراث گذشتگان ۹

مطابق متن پهلوی دادستان دینیک زرتشت ابتدا از اورمزد تقاضای بی مرگی و جاودانگی می کند و اورمزد « به خرد هروسپ آگاه[2] دانست که سپیتمان زرتشت اشو چه اندیشد او دست زرتشت را فراز گرفت ...خرد هروسپ آگاه را بسان آب بر دست زرتشت کرد و به او گفت فراز خور ،زرتشت آن را فراز خورد از آن خرد هروسپ آگاه در به زرتشت اندر آمیخت و هفت شبانه روز زرتشت در خرد اورمزد بود...»[3] در این هفت شب زرتشت با واقعیت مینوی جهان آشنا می شود و در می یابد که ازدواج کردن و فرزند آوردن وسپس مردن بهتر است از زندگی جاویدان توام با اندوه و بدون فرزند ؛ در کتاب زرتشت نامه نیز اشاره به معراج زرتشت شده و زرتشت با خوردن می چشم و گوش اخروی اش باز می شود وحقیقت اشیاء و آینده را می بیند ؛ پیشگویی زرتشت از آینده در زرتشت نامه در هفت مرحله انجام می گیرد ، این هفت مرحله با دیدن درختی تمثیلی در رویای زرتشت آغاز می شود ، این درخت ۷ شاخه دارد و هر شاخه آن تمثیلی از دوره ای مهم می باشد ، نخستین شاخه درخت زرین است که نمایانگر دوره همپرسگی زرتشت با اهورامزداست و دومین شاخه درخت سیمین است و آن دوره ایست که گشتاسب دین می پذیرد ،شاخه سوم برنجین است و آن دوره اشکانیان است ،شاخه چهارم رویین است که مقارن با دوره اردشیر بابکان می باشد ، شاخه پنجم ارزیز فام است که دوره پادشاهی بهرام است و شاخه ششم پولادین است که مصادف با دوره پادشاهی انوشیروان و سرکوب شورش مزدکیان است و هفتمین شاخه آهنین است که پایان هزاره و آغاز یورش اهریمن به زمین است ، که مصادف با حمله اعراب و ترکان به ایران می باشد.[4]

دومین فردی که در آیین مزدیسنا به معراج رفته گشتاسب است ، او پادشاهی است که زرتشتی می شود و از دیانت زرتشت حمایت می کند و نتیجه این حمایت آن است که زرتشت درخواست او را جهت رفتن به معراج می پذیرد ،درباره شرح معراج گشتاسب نیز در متون پهلوی منابع اندکی می توان یافت ،در زرتشت نامه آمده :«گشتاسب یکی از چهار آرزویش این بود که بداند در آن جهان در چه طبقه ای قرار خواهد گرفت ،زرتشت یک جام شراب و شیر و

۱- اوستا ، ترجمه جلیل دوستخواه ، جلد نخست ، ص ۲۹

۲- آگاه از همه چیز

۳- عفیفی ، اساطیر و فرهنگ ایرانی ، ص ۱۴۶

۴- زند وهومن یسن و کارنامه اردشیر بابکان ، ترجمه صادق هدایت ، ص ۱۲۵

مقداری میوه به او می دهد شاه بعد از نوشیدن آن مدت سه روز به خواب می رود و در رویا مناظر زیبایی از بهشت و همچنین جای خود را درآنجا مشاهده می کند ».[۱]

در داتستان دینیک معراج گشتاسب به گونه دیگری شرح داده شده است ، اورمزد و ایزدان از گشتاسب می خواهند که دین زرتشت را بپذیرد و او را تهدید به مجازاتی سخت می کنند ،اما گشتاسب سر باز می زند و دین زرتشت را نمی پذیرد ،پس اورمزد به نریو سنگ می گوید که به هوتوخشت بگوید تا به گشتاسب می و منگ بدهد :«هوتوخشت همان گونه کرد . چون او خورده بود به جای سترده[۲]بود ،روان اوبه گرزمان شد و به او ارجمندی دین پذیرفته بنمود .چون از ستردگی فراز بود به هوتوس فریاد کرد که زرتشت که هست تا دین پذیرم و زرتشت آن بانگ شنید فراز شد و گشتاسب دین پذیرفت .»[۳]

سومین معراج از جاماسب است در اینجا جاماسب به همان شیوه گشتاسب و زرتشت با خوردن هوم به کشف و شهود می پردازد ،در متن پهلوی جاماسب نامه که در میان پارسیان هند محبوبیت بسیار دارد این کشف و شهود شرح داده شده است،این متن از نوع پیشگویی بوده و بسیاری از بلایای طبیعی و سیاسی را تصویر می کند که تا رستاخیزدامنگیر زرتشتیان می شود .

چهار مین معراج از آن آذرباد مهرسپندان است که احتمالا در دوره اردشیر بابکان می زیسته و برای اینکه شک و دودلی را که نسبت به دین زرتشت به وجود آمده بود از بین ببرد ، تن به آزمایش دینی می دهد و موبدان مس و روی گداخته بر سینه اش می ریزند و او سالم از این آزمایش بیرون می آید و به پرسش های موبدان پاسخ می دهد .

پنجمین معراج زرتشتی از آن ارداویراف است ، این موبد ساسانی نیز که خود از میان هزاران موبد انتخاب شده است ، با خوردن می و منگ گشتاسبی سفری هفت روزه را به بهشت و دوزخ انجام می دهد و پس از بازگشت دبیری شرح سفرش را مو به مو می نویسد ، که در متن پهلوی ارداویرافنامه درج شده است .

ششمین معراج که درباره یک شخصیت کاملا واقعی است معراج کرتیر موبد پر نفوذدوره ساسانی می باشد ،وی همزمان با شش پادشاه از اردشیر اول تا نرسه می زیسته است ، از کرتیر

---

[۱]- ارداویرافنامه ، ترجمه رحیم عفیفی ، ص۱۱

[۲]- بیهوش

[۳]- عفیفی ،رحیم،اساطیر و فرهنگ ایران ، ص ۳۸

چهار کتیبه به جای مانده و از این میان کتیبه کتیبه سرمشهد در باره شرح معراج وی می باشد ، این کتیبه در سر مشهد در ۸۰ کیلومتری جنوب کازرون واقع شده است ، و دارای ۵۸ سطر می باشد ، کتیبه از نظر مضمون به دو بخش تقسیم می شود : بخش نخست به معرفی کرتیر و ذکر القاب و عناوین او و آتشکده هایی که ساخته است می پردازد و بخش دوم درباره معراج اوست ، در آغاز این بخش کرتیر می نویسد که به سبب آنکه از آغاز خدمت گذار شاهان و ایزدان بوده است آنان او را محترم داشته اند و این چنین مقامی را به او داده اند و او از ایزدان خواسته است تا جهان دیگر را به او بنمایند تا بهشت و دوزخ را از نزدیک ببیند و سرانجام خود را مشاهده کند.[۱]

مقایسه معراج های زرتشتی :

تفاوت معراج ارداویراف با زرتشت در این است که موضوع معراج زرتشت پیشگویی آینده و یافتن حقیقت اشیاست و موضوع معراج ارداویراف مشاهده بهشت و دوزخ وشرح مجازات بهشتیان و دوزخیان است ،همچنین در معراج زرتشت در گاتاهاعلاوه بر این که دیگر چیزی درباره رویا به شیوه ارداویرافنامه نمی بینیم ، در باره خوردن هوم نیز نکته مهمی وجود ندارد و حتی در گاتاها به شدت به نوشیدن آن حمله شده است ، در زرتشت نامه این موضوع متفاوت است به گونه ای که زرتشت شبیه ارداویراف با خوردن هوم به معراج می رود این همانندی فضای فکری دو اثر نشان دهنده هم زمانی نوشتار این دو اثر نیزمی باشد .

روش معراج گشتاسب با ارداویراف مشابهت دارد زیرا هر دو با خوردن می و منگ ،رویایی شمن گونه را آغاز میکنند ، این می و منگ در ارداویرافنامه به گشتاسب منسوب است و نشان می دهد که نویسنده کتاب ارداویرافنامه از شرح سفر گشتاسب کاملا آگاهی داشته است ، تنها تفاوتی که بین این دو معراج یافت می شود زمان آن می باشد ، معراج ارداویراف هفت شبانه روز به طول می کشد در حالی که معراج گشتاسب تنها سه روزه است ،این هفت و سه خود از اعداد مقدس زرتشتی هستند.

معراج کرتیر پس از ارداویراف کاملترین نمونه معراج است که درباره عروج یک انسان واقعی ونه مجازی به بهشت و دوزخ سخن می گوید ، این معراج کاملا قابل تطبیق با معراج ارداویراف می باشد ،«از مقایسه سریع بر روی این دو منبع به نوعی محافظه کاری شدید می

---

[۱]- تفضلی ،احمد، تاریخ ادبیات ایران پیش از اسلام ، ص ۹۳

توان پی برد ،دوزخ و بهشت در سنگ نوشته های کردیر مسلما با جزئیات توصیف نشده اند ،اما درهمه آنها اصطلاحات مربوط به سرنوشت روان پس از مرگ را می یابیم ، البته به غیر از تفاوت کمی و کیفی و نپرداختن کتیبه کرتیر به جزئیات سفر ،تفاوت هایی نیز بین آن دو موجود است اما این تفاوتها ماهیتی نیستند ، نخستین تفاوت در چگونگی آغاز این دو معراج می باشد در ارداویرافنامه این انجمن موبدان هستند که ارداویراف را پس از انجام آزمایشهای دینی سخت مانند :آزمایش نیزه از بین هزاران نفر نامزد انتخاب می کنند و ارداویراف پس از انجام مقدماتی مانند پوشیدن جامه نو وشستن سرو تن و زدن بوی خوش وخوردن می و منگ گشتاسبی به معراج می رود .

در شرح معراج کرتیردر کتیبه سرمشهد هیچکدام از این مقدمات نوشته نشده است که سختی نوشتار در سنگ نوشته میتواند یکی از دلایل حذف پاره ای از این مقدمات می باشد و همچنین ذکر اقدامات کرتیر در ابتدای کتیبه و شرح القاب او برای این است که خواننده را توجیه کند که کرتیر از هر لحاظ برای انجام این معراج شایستگی داشته و نیازی به تایید موبدان و انجام آزمایش دینی مانند آذر باد مهرسپندان و ارداویراف ندارد ، کرتیر مطابق درخواست خود ازایزدان برای دیدن بهشت و دوزخ مستقیما توسط ایزدان برای معراج برگزیده میشود و این به دلیل مقام بالای او می باشد مقامی که ارداویراف آن را ندارد پس ناچار است از مراحل سخت آزمایش دینی عبور کند ، این مقوله خود ردیه ایست بر نظر کسانی که ارداویراف را با کرتیر یکی می دانند ، چرا که آن دو، دو شخصیت بسیار جداگانه دارند کرتیر موبد موبدان و پرنفوذترین شخصیت دوره ساسانی است و ارداویراف موبدی ساده و گمنام که از بین هزاران تن نامزد معراج برگزیده شده است ،به احتمال زیاد ارداویرافنامه پس از کتیبه کرتیر ودر زمان خسرو اول نوشته شده است و یکی از دلایل آن مشابهت بند ۱۵ فصل نخست ارداویرافنامه با کتیبه کرتیر می باشد .

در سطر ۵ سنگ نوشته کرتیر در نقش رجب عین عبارت بالا تکرار شده است که میگوید : باید چاره خواهیم و کسی از ما برود و از مینوان آگاهی آورد . این رونویسی نشان می دهد که ارداویرافنامه پس از کتیبه کرتیر نوشته شده است.

دومین تفاوت مابین ارداویرافنامه و کتیبه کرتیر در بعد فردی آن دو هنگام معراج می باشد ، در کتیبه کرتیر این همزاد[1]کرتیر می باشد که به معراج می رود و در ارداویرافنامه روان ارداویراف به معراج می رود .

از وجوه تشابه بین ارداویرافنامه و کتیبه کرتیر نخست می توان به انگیزه و دلیل آن دو جهت معراج اشاره کرد به گونه ای که هر دو دلیل معراج را دیدن بهشت و دوزخ از نزدیک و دیدن عاقبت روان اهلوان ودروندان و از بین بردن شک در دین می دانند و دیگر اینکه هردو این سفر را با همیاری ایزدان زرتشتی انجام می دهند و هر دو از پل چینود می گذرند و بهشتیان و دوزخیان را از نزدیک می بینند و هر دو با اهورامزدا همپرسگی دارند ، در هر دو منبع به مفاهیم زرتشتی مانند : پایبندی به رادی و راستی ، لزوم اعتقاد به بهشت و دوزخ و ... اشاره شده است و این نشان می دهد که این دو منبع زرتشتی در ماهیت مشترک هستند و تفاوت پایه ای ندارند و هر دو نشان دهنده آرای کلی جامعه دینی زرتشتی در دوره ساسانی می باشند .

---

[1]- هم شکل

راز آفرینش انسان و جهان در متون ساسانی

مقدمه :

دستیابی به راز آفرینش جهان و چیستی و کیستی انسان و این که:

از کجا آمده ام آمدنم بهر چه بود – به کجا میروم آخر ننمایی وطنم

همواره دغدغه اصلی انسانهای اندیشمند و مدعیان دانش و خرد در طول تاریخ بوده است ، ایرانیان نیز به عنوان یک ملت کهن ودیرپا از هزاران سال پیش در این باره اندیشیده اند و در دوره های تاریخی گوناگون مطابق سطح دانش و برمبنای فرهنگ و آیین خود پاسخهایی به این پرسش ها داده اند ، برای یافتن پاسخ این پرسش ناگزیریم که به منابع دست اول ایران باستان رجوع کنیم ، از آنجا که از دوره مادها ،هخامنشیان واشکانیان منابع نوشتاری قابل توجهی به جز چند سنگ نوشته سیاسی باقی نمانده است و اطلاعات ما درباره این دوران متکی بر منابع نوشتاری یونانی ،ارمنی ،سریانی و رومی می باشد که خالی از غرض نیستند لذا به منابع ساسانی رجوع میکنیم که متاخرتر هستند وبسیاری از آنها به زبان اصلی باقی مانده اند یا ترجمه های آنها موجود است .

آفرینش در متون پهلوی :

در متون پهلوی به جای مانده از دوره ساسانی بارها این پرسش کلیدی درباره کیستی و چیستی انسان مطرح شده است و پاسخ هایی نیز درخور فهم و درک خواننده و دانش و فرهنگ و آیین نویسنده به آن داده شده است ، برای نمونه در اندرز نامه پوریوتکیشان چنین آمده است:

" هر یک از مردم که به پانزده سالگی رسد ، آنگاه باید این چند چیز را بداند که : کیستم ؟ و که را خویشم ؟ و از کجا آمده ام ؟ و باز به کجا شوم ؟ ... و مرا دین کدام ؟مرا چه سود؟ مرا چه زیان؟... "[۱]

و در اندرز خسرو قبادان به جهانیان در هنگام مرگش میخوانیم:

" ...هرکس بباید دانستن که از کجا بیامده ام ؟ و چرا ایدر هستم؟ و مرا باز به کجا باید شدن ؟ و از من چه خواهند ؟"[۱]

---

[۱]- عریان ، سعید : متون پهلوی ، ص۸۶

در اسطوره آفرینش زرتشتی ، اهورا مزدا در کنار اهریمن قرار می گیرد[۲] ، اهورامزدا آفریننده نیکی ها و موجودات سودمند و اهریمن آفریننده بدی ها و موجودات زیان آور است ،البته در گاتاها که بخش اصیل اوستاست نامی از اهریمن و آفرینندگی او برده نشده و این اوستای نو می باشد که اهریمن را در کنار اهورامزدا قرار داده است ، جهان زرتشتی متاخر در دوره ساسانی خود به سه بخش تقسیم میشد : جهان روشنی که جهان اهورامزدا بود و جهان تاریکی که جهان اهریمن بود و جهان تهی یا خلا که مابین این دو جهان قرار می گرفت . مطابق کتاب بندهش(آفرینش بنیادی) و گزیده های زاد اسپرم که از منابع دست اول پهلوی می باشند، اهورا مزدا نخست زمان را آفرید تا در یک نبرد ۱۲ هزار ساله اهریمن را نابود کند ، در این جا بندهش از دو زمان نام می برد : زمان ازلی یا بیکران و زمان محدود یا کرانه مند . مزدا زمان کرانه مند و آفرینش را به یاری ثوش (سپهر یا مکان) و زروان (زمان بی کران) می آفریند ، زمان در بندهش از همه آفرینش ها مهم تر است زیرا کسی نمیتواند از زمان بگریزد ، اهورا مزدادر قدم بعدی شش امشاسپند[۳] ، و راستی را می آفریند که مینوی(بهشتی) و غیر مادی بودند و به دنباله آن در آفرینش مادی به ترتیب : آسمان ، آب ،زمین ، گیاه ، گوسفند(همه جانواران مفید) و مردم را می آفریند ، نخستین آفرینش آسمان است، خداوند آسمان را به شکل تخم مرغ به کمک اخگر آتش از روشنایی بیکرانه می آفریند و سر آسمان در روشنایی بیکران قرار میگیرد و آنگاه خداوند همه موجودات را در درون آسمان خلق میکند ، ابعاد آسمان در بندهش و روایت پهلوی با یکدیگر برابر دانسته شده اند و آسمان دارای نگهدارنده ای مادی نیست. پس از آفرینش آسمان ،خداوند نخست آب را می آفریند و سپس زمین را می آفریند، ولی آب آن قدر زیاد است که همه زمین را می پوشاند ،دوزخ نیز بعدا توسط اهریمن آفریده می شود و در میانه زمین قرار میگیرد ،در مرحله بعدی، زمین شروع به لرزیدن میکند و با لرزش او کوهها بر روی زمین می رویند ، نخست البرز کوه و سپس کوههای میانه زمین ،زیرا مطابق بندهش بزرگترین کوه روی زمین البرز می باشد که مانند تیرک زمین است ، بنا بر روایت پهلوی ، ۱۷۰۰ سال دره ها و کوهها با هم رشد می کنند و ۸۰۰ سال دیگر کوهها به

---

[۱]- همان ، ص ۹۸

[۲]- اهورامزدا یا خردمند هستی بخش صفتیست برای خدای زرتشتیان و اهریمن یا دارنده منش بد صفتیست برای شیطان .

[۳]- شمار امشاسپندان در واقع هفت عدد می باشد که عبارتند از : سپنتا مینو که در راس همه قرار دارد - بهمن – اردیبهشت – شهریور – سپندارمذ – خورداد و امرداد .

تنهایی رشد می کنند تا به اوج آسمان می رسند ، در همین منبع گفته شده پهنای البرز به اندازه بن آن است[۱] و فاصله زمین تا ستاره پایه[۲] را نیمه آسمان دانسته و فاصله ستاره پایه تا ماه را ۳۴۰۰۰ فرسنگ و فاصله ماه تا خورشید را ۳۴۰۰۰ فرسنگ و از خورشید تا آسمان(؟) ۳۴ هزار فرسنگ و از ستاره پایه تا زمین ۳۴ هزار فرسنگ و از روی زمین تا زیر زمین(قطر زمین) یازده هزار فرسنگ می باشد.[۳] پس ازآفرینش زمین اهریمن خرفستران (جانوران زیان رساننده) را روی زمین می آفریند و خداوند نیز به مدت ده شبانه روز چندان باران بر روی زمین می باراند که همه روی زمین را آب می گیرد و همه جانوران زیان آور می میرند و سپس در سه روز آب فرو می نشیند و سه دریای بزرگ و سی دریای کوچک از آن پدید می آید، بزرگترین دریای زمین دریای فراخکرد نام می گیرد که یک سوم زمین را می پوشاند ، و یک هزار دریاچه نیز در زمین بوجود می آید ،که بزرگی هر کدام ۱۹۲۰ فرسنگ است و هر فرسنگ نیز بیست هزار پا می باشد، سپس خداوند در میان آسمان ستارگان(اختران) و سیارات(اباختران)را می آفریند ستارگان که ثابتند در دین زرتشتی مظهر اهورامزدا و سیارات که متحرکند مظهر اهریمن شناخته می شدند ، در بندهش از ۱۲ صورت فلکی[۴] اصلی نام برده شده که خود به ۲۷ صورت فلکی فرعی منشعب می شوند و در ادامه می افزاید که هر کدام از این صورت های فلکی دارای : شش هزار هزار و چهارصد و هشتاد هزار[۵]ستاره می باشند و ستارگان و ماه و خورشید همواره در حال حرکتند و هرگز از حرکت باز نمی ایستند ،هریک از ستارگان و سیارات دارای یک ویژگی منحصر به فرد هستند ، برای نمونه ستاره تیشتر(شعرای یمانی) باران می آورد و سیاره کیوان با یوغی که دارد فرشته مرگ است ، در مرحله بعدی خداوند گیاه نخستین را می آفریند که در مرحله اول ده هزار گونه و در مرحله دوم صد هزار گونه گیاه از آن می رویند ، پس از آن نوبت به آفرینش حیوانات می رسد ،

---

[۱]- بن کوه آنچه درون زمین است ؛ یعنی آن مقدار از کوه که بیرون است به همان مقدار درون زمین است.

[۲]- در باور ایرانیان کهن آسمان چهار طبقه دارد: ۱ – پایگاه ستارگان ۲ – پایگاه خورشید ۳- پایگاه ماه ۴ – پایگاه روشنی بیکران (بهشت) .

۷- ۳۴۰۰۰ فرسنگ (با احتساب هر فرسنگ معادل ۶/۲۴ کیلومتر) برابر ۲۱۲۱۶۰کیلومتر و یازده هزار فرسنگ برابر ۶۸۶۴۰کیلومتر می شود ، که با واقعیت فاصله زیادی دارد (قطرزمین ۱۲۷۵۶ کیلومتر است).

[۴]- نام این ۱۲ صورت فلکی عبارتند از : بره – گاو- دوپیکر – خرچنگ - شیر– خوشه -- ترازو- کژدم –نیمسب – بز – دلو – ماهی

[۵]- می شود۳۶۴۸۰۰۰۰ ستاره در هر صورت فلکی.

نخستین جانوری که خدا می آفریند گاو یکتا آفریده می باشد ، پس از حمله اهریمن به زمین و مرگ گاو از تخمه گاو که برای پالایش به ماه برده شده بود ،یک جفت گاو نر و ماده و سپس از آن دو ۲۸۲ نوع حیوان بر روی زمین آفریده می شوند، نخستین انسانی که خداوند می آفریند کیومرث نام دارد ،کیومرث سه هزار سال روی زمین به خوبی زندگی می کند تا اینکه اهریمن با لشکری از دیوها به زمین می تازد و کیومرث سی سال پس از این حمله می میرد ، پس از مرگ کیومرث از نطفه او که روی زمین ریخته شده بود گیاهی شبیه ریواس می روید که یک زن و مرد به هم چسبیده درون شاخه هایش قرار داشتند ، آن دو پس از آفرینش اهورا مزدا را ستایش میکنند اما اهریمن از زبانشان جاری میکند که آفریننده اهریمن است ،به خاطر این دروغ و گناه آن دو پلید شمرده شده و روان شان به دوزخ رانده می شود ، آنها تا سی روز گیاه میخورند و سپس بزی سفید مو یافته و از شیرش می نوشند و سی روز بعد گوسفندی یافته و آن را می کشند و می خورند آن دو پنجاه سال در کنار یکدیگر زندگی می کنند تا فرزندانی به دنیا می آورند نخستین آنها سیامک و وشاگ نام داشت که از این دو فرواگ و فرواگین زاده شدند و فرزندان فرواگ و فرواگین نیز ۱۵ جفت بودند که در هفت اقلیم[۱] روی زمین پراکنده شدند ، چرا که زمین داری هفت بخش بزرگ دانسته می شد که بزرگترین آن خونیرس نام داشت و خونیرس[۲] نیز دارای هفت کشور بود که در مرکز آن ایرانویچ (ایران) قرار داشت ، در این میان هوشنگ و گورک به ایران آمدند و نژاد ایرانی برخاسته از آنهاست و تاز و گوازک به عربستان رفتند و نژاد تازی از آنان است .

این برداشتی از اسطوره اصلی آفرینش در دوره ساسانی است البته برداشت های دیگری نیز از آفرینش در این دوره وجود دارد که تفاوت هایی دارند برای نمونه در آیین زروانیسم ، زروان خدای زمان بیکرانه اهریمن و اهورامزدا را می آفریند و این دو به یک نبرد ۱۲ هزار ساله با یکدیگر می پردازند ،که سر انجام اهورامزدا پیروز می شود ،بیشتر بستر داستان آفرینش زروانیسم با آفرینش زرتشتی مشترک است ،در آفرینش مانوی نیز اسامی زرتشتی مانند : اهورامزدا ، اهریمن، دیو ها و... با تغییراتی در جایگاه تکرار شده اند، اما جنبه افسانه ای

---

[۱]- هفت اقلیم روی زمین مطابق بندهش عبارتند از : خونیرس (در مرکز زمین) ، ارزه ، فرددفش ، وروبرشن ، وروجرشن ، ویددفش ، سوه

[۲]- هفت کشور خونیرس عبارتند از : ایران ، سلم (یونان و روم) ، عربستان ، توران، چین ، هند ، دهستان (دایی ها درشرق خزر)

و تخیلی آن بیشتر است و ترکیباتی از دین مسیحیت ، یهودیت ، زروانیسم وبودیسم در آن مشاهده می شود.

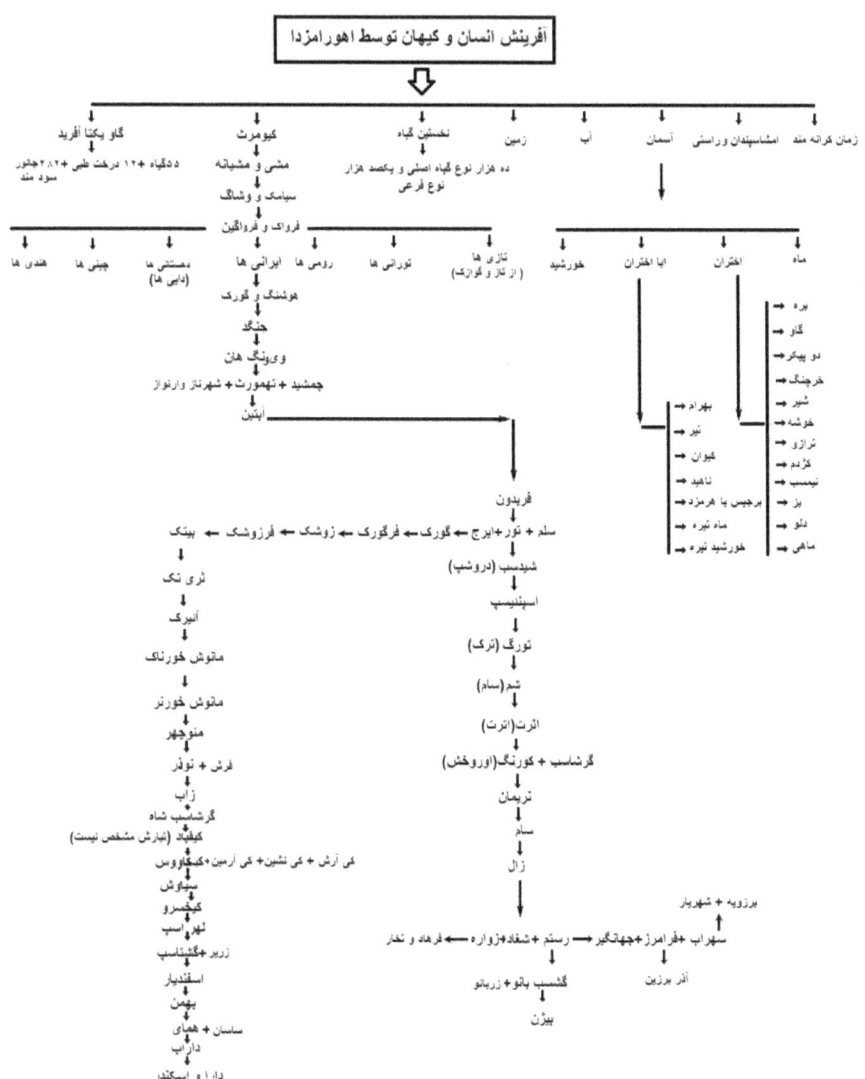

بررسی تقدس گیاه هوم در گاتاها و متون پهلوی

مقدمه:

هوم جاودانه برگردان واژه دورئوشم است که معنی دور دارنده مرگ را میدهد ، که ویژگی ایزد هوم از دیدگاه دیویسنی هاست، این گیاه در نزد آریایی های باستان مقدس بوده و در هند آن را سوما می نامیدند و در ایران هوم یا هئومه نامیده شده است مغان مادی از این گیاه در مراسم مذهبی استفاده میکردند و شیره آن را در ترکیب با شیر می نوشیدند ، پس از ظهور زرتشت ، او آشکارا با استعمال این گیاه توسط کرپن ها (مغان مادی)و کوی ها (شاهزاده ها)به مخالفت برخاست ،اما موفق نشد چرا که شواهد نشان میدهد که شهرت این گیاه و نیز قدرت کرپنهای مادی و شاه زادگان که از این گیاه استفاده میکردند آن قدر زیاد بود که موجب شد حکم تحریم آن شکسته شود و جوازاستعمال آن رسما وارد دین زرتشت و کتاب مقدس آنها اوستا شود و حتی در اوستای نو بندهایی به زبان خود زرتشت در ستایش این گیاه سروده شود ، در این مقاله جایگاه این گیاه باستانی را در متون پهلوی به ویژه در اوستای نو با گاتاها با یکدیگر مقایسه میکنیم تا این تفاوت نگرش ها را درباره تقدس این گیاه پیدا کنیم و با یافتن این تفاوتها به هدف خود که روشن ساختن انحرافاتیست که روحانیون مادی پیرو مکتب شیز وارد دین زرتشت کردند دست یابیم.پرسش هایی که در این مقاله در پی پاسخ آنها هستیم عبارتند از :

۱- هوم چه گیاهی است ؟

۲- آیا هوم در گاتا ها مقدس بوده یا منفور بوده است ؟

۳- دیدگاه گاتاها و متون پهلوی در باره هوم چه تفاوتی با هم دارند ؟

هوم چه گیاهیست ؟

همانطور که پیشتر گفتیم هوم یا هئومه یا در زبان هندی سوما یا سوم نام گیاهی باستانی بوده است که آریایی های مهاجر در مراسم مذهبی خود از آن استفاده می برده اند ، در ایران باستان از شیره این گیاه که در طی یک مراسم مذهبی با کوبیدن در هاون گرفته میشد ،در ترکیب باشیر و احیانا موادی دیگر نوعی نوشابه سکر آور بدست می آمد ، در اوستای نو در این باره می خوانیم : «بهرام مزدا آفریده را به شیوه نخستین آیین اهورایی با هوم آمیخته به

شیر با برسم ....میستاییم.»[1](دوستخواه ، ۱۳۸۵ :۴۳۲)؛ بنا بر تحقیق محققین معاصر هوم گیاهیست از تیره مخروطیان که « در نزد عامه به ریش بزی یا اورمک Ormac شهرت دارد، از این گیاه و سایر گیاهان این تیره که نام علمی آن افدرا است ،الکالوئیدی به نام افدرین می گیرند که اثراتی مانند آدرنالین دارد ».[2]

موبد رستم شهبازی درباره این گیاه می نویسد :

این گیاه امروزه در ایران و افغانستان و کشمیر و مغرب تبت می روید و اهالی بلوچستان و پاکستان آن را جوشانده و به جای مسکن و معرق می نوشند .[3]

نام علمی این گیاه ، افدرا Ephedra می باشد که در مناطق مختلف ایران تحت نامهای ارمک ، ریش بزی و علی جونک شناخته میشود « این جنس در ایران ۱۲ گونه دارد که در مناطق مختلف پراکنده اند ». [4]

گونه های مختلف این گیاه در ایران عبارتند از :

ارمک رونده تنگ پیرزالی Foliatavarpolylepis.E- ارمک رونده Foliatavarciliata.E- ارمک بیابانی یا ارمک آسیای مرکزی Strobilacea.E- ارمک ریش بز ceraroP.E- هوم Pachyclada.E- ارمک میانه Intermedia.E - ارمک رنگارنگ یا ارمک کبیر Major.E- ارمک گوشتی یا ارمک نقره ای Sarcocarpa.E - ارمک عباس آبادی Holoptera .E – ارمک کوتاه برگ Brevifoliata. E - ارمک دوردیفی distachya.E – ارمک برگه ریز bracteataMicro . E

در این میان شش گونه شناخته شده تر عبارتند از :

۱ –ciliata Ephedra در خراسان ، بلوچستان ، فارس ، بندر عباس و خوزستان دیده شده که گل زیادی ندارد و ساقه های آن باریک و درهم است ، نام کلی آن ریش بزی (krubby horse tailS) و در برخی مناطق علی جون ، علی جونک و ارمک نامیده می شود .

---

[1]- جلیل دوستخواه ، (۱۳۸۵)،« اوستا »، تهران : گلشن ، ص ۴۳۲ .

[2]- جان راسل هینلز ، (۱۳۸۳) ، «شناخت اساتیر ایران » ، ترجمه باجلان فرخی ،تهران : اساتیر، ص ۴۳۲.

[3]- رستم شهزادی ، (۱۳۸۸) ، « جهان بینی زرتشتی » ، تهران : فروهر ، ص۲۱

[4]- ولی الله مظفریان ، (۱۳۷۷) ، « فرهنگ نامهای گیاهان ایران » ، تهران : فرهنگ معاصر ، ص ۲۰۲ .

۲ -Gerardtana Ephedra در دره هراز و در ارتفاع ۱۳۰۰ متری دیده شده و نامش ارمک است.

۳ - Intermedia Ephedra بوته های کوتاه دارد و در اطراف نیریز ، تخت جمشید ، بلوچستان ، خراسان ، کوه بی بی شهربانو تهران ، کرج ، دامغان ، هزار مسجد ، چناران ،شهمیرزاد ، ورامین و یزد بسیار است و ریش بزی نامیده می شود.

۴-Pachyclada Ephedra این گونه شبیه ترین گیاه به هوم می باشد و در سروستان ، راه شیراز به کازرون ، دشت ارژن ، راه قم و دلیجان و کلاک کرج تا ارتفاع ۲۰۰۰ متر می روید و ریش بزی نام دارد .

۵- ceraroP Ephedra گیاهی سبز رنگ متمایل به آبی و بومی مناطق معتدله و کوهستانی می باشد که در ارتفاعات البرز ، آذر بایجان ، همدان ، اراک و قوچان بسیار است و آن را ارمک و ریش بزی می نامند .

۶- Strobilata Ephedra در مناطق بیابانی می روید در اصفهان ، شیراز ، یزد ، کرمان ، سبزوار ، نیشابور و کوههای جنوب شرقی تهران یافت می شود و آن را نیز ارمک یا ریش بزی می نامند.

البته گیاهان دیگری نیز هستند که در مناطق مختلف کشور تحت عنوان ریش بزی شناخته میشوند و از خانواده افدرا نیستند ، برای نمونه گیاه Aruncus Adans را نیز به نام ریش بزی میشناسند که با افدرا متفاوت است و « این جنس در ایران یک نوع گیاه علفی چند ساله دارد که در مناطق جنگلی استان مازندران می روید »[1]؛ همچنین «گیاه دیگری از گروه نهانزادان Gryptogam را نیز به نام ریش بزی و دم اسب می شناسیم که به انگلیسی آن را Horse Tail و به فرانسه Preli و به لاتینی Equisetum یعنی دم اسب میگویند و با گیاهان بالا ارتباطی ندارد و خواص این گیاهان را نیز ندارد . »[2]

خواص دارویی گیاه افدرا :

در اوستا ی نو ، هوم دور دارنده مرگ ، شادی بخش ودور کننده غمها معرفی شده است ، از منظر علمی خاصیت هیجان بخشی آن به دلیل هجم بالای آدرنالین موجود در آن است ،

---

[1]- همان ، ص ۵۹ .

[2]- گاتا ها ، ص ۱۷۰ .

همچنین گیاه افدرا «به خاطر داشتن افدرین دارای خاصیت دارویی بوده اما باید در مصرف آن با احتیاط کامل عمل کرد ».[۱]

در گونه چهارم و به ویژه پنجم از گونه های بالا ماده ای از گروه الکالوئیدها یافت میشود به نام Ephedrine که «دارای خواص دارویی متعدد و بخصوص مدر و تسکین دهنده قلب و آرام بخش کلی است که در بسیاری از ترکیبات دارویی جدید به کار می رود... دود دادن شاخه های آن گندزدا و آرام بخش کلی است .» [۲]

هوم در نزد آریایی های باستان :

«هوم نوشیدنی قربانی که دقیقا با سومه Soma ودایی تطبیق میکند در آغاز نوعی نوشیدنی بود که در واقع برای مست شدن درست می شده است . ».[۳]؛ این مشروب در نزد آریایی های باستان بسیار محبوب بوده و وبه همین جهت در مراسم مذهبی آن را به شیوه خاصی تهیه میکردند و به عنوان پیشکش به خدایان تقدیم می کردند ، آریایی های مهاجر با خوردن شیره این گیاه که سر شار از آدرنالین بود احساس سبکی و بیدردی و جاودانگی زودگذر میکردند که نوعی یکی شدن با عالم ارواح و خدایان بود ، جایگاه این گیاه در بین هند وها بسیار مهمتر از ایرانی ها بوده به طوری که در اساطیر هندی « سوم خدای زندگی و حیات و همان بارانی است که از پیمانه لبریز ماه به زمین می بارد ، در اثر آن گیاهان و اشجار می رویند ، انسانها و حیوانات از آنها تغذیه میشوند ...».[۴]خدایان هندی در نوشیدن سومه بسیار حریص بودند به طوری که ایندرا تا مقدار زیادی از سومه نمی نوشید به بزم نمی نشست ، در ویدا ، سومه هم نام گیاه و هم نام یکی از خدایان هندی می باشد .

هوم در گاتاها :

اوستا که کهن ترین کتاب باستانی ایران است از شش بخش تشکیل شده است ، نخستین بخش آن یعنی گاتاها که کهن ترین بخش اوستاست و شامل سروده های زرتشت و راز و نیاز عاشقانه او با مزدا می باشد دارای زبانی متفاوت با دیگر بخش های این کتاب می باشد ، این

---

[۱]- همان ، ص ۲۰۲.

[۲]- همان ، ص۱۷۰.

[۳]- گئو ویدن گرن ، دینهای ایران ، ترجمه منوچهر فرهنگ ، تهران : آگاهان ایده ، ص ۵۴ .

[۴]- عبدالعظیم رضایی ، اصل و نسب دین های ایران باستان ، تهران : رضایی ، ص ۷۳ .

تفاوت هم در نگاهی زبانشناختی دیده میشود و هم در محتوی ؛ ، پنج بخش بعدی اوستا شامل : یسنه ، یشتها ، ویسپرد ، خرده اوستا و وندیداد بعدها به اوستا افزوده شده است و زبان و محتوای آنها نیز با گاتاها متفاوت است ، ما نام این پنج بخش الحاقی را اوستای نو میگذاریم که در کنار اوستای کهن یعنی گاتاها متن کامل کتاب را می سازد . با نگاهی هرچند سطحی میتوان تفاوت اوستای کهن و نو را پیدا کرد در گاهان : « نشانی از اسطوره ها و افسانه های کهن آریایی و پرستش و نیایش ایزدان فراوان شمار باستانی آریاییان و بردن قربانی های خونین نزد آنان به چشم نمی خورد . ».[1]

یکی از تفاوتهای گاتاها با اوستای نو درباره هوم می باشد ، در گاتاها استعمال هوم به شدت مورد نکوهش قرار گرفته است و کرپن ها (مغان) و کوی ها(شاهزادگان) که از این مشروب سکر آور استفاده میکرده اند سرزنش شده اند ، در یسنای ۴۸ بند ۱۰ می خوانیم :
«ای مزدا کی مردم آیین تو را در خواهند یافت ؟ کی این زهرابه دیوانگی آور بر خواهد افتاد چیزی که کرپن های تبهکار با آن مردم را می فریبند و شهریاران ستمکار بد اندیش ، با آن بر کشور ها فرمان می رانند. ».[2]

و در یسنای ۳۲ بند ۱۴ از هوم با صفت دور دارنده مرگ یاد می کند که ، گرهمه ، که گویا یکی از شهریاران زرتشت بوده به همراه کوی ها از آن یاری می طلبیده :
«از برای به ستوه آوردن وی (منظور زرتشت است) کوی ها و گرهمه [کوی ها فرمانروایان آریایی پیش از زرتشت و گرهمه یکی از شهریاران است] دیرگاهی است که خرد خویش را از دست داده اند و میگویند که چارپا برای کشتن است ، تا اینکه دور دارنده مرگ را به یاری بر انگیزانند . ».[3]

---

[1]- اوستا ، ص ۳۶.
[2]- گاتاها ، ص ۱۱۳ .
[3]- هاشم رضی ، (۱۳۸۱)، آیین مهر ، تهران : بهجت ، ص ۱۱۲ .

هوم در اوستای نو :

برخلاف گاتاها در اوستای نو هوم بارها ستوده شده و مقامی خداگونه و جاودانی به آن داده شده است ، برای نمونه در یسنا ی ۳ بند ۲ میخوانیم : « خواستار ستایش هوم و پراهوم ام ؛ خشنودی فروشی زرتشت سپیتمان اشون را ... ».[1]

تکرار ستایش هوم در اوستای نو به مراتب بیشتر از نکوهش آن در اوستای کهن می باشد به گونه ای که حتی یک یشت(هوم یشت) کامل به ستایش آن پرداخته است ، در هوم یشت هوم در چهره ایزدی بسیار زیبا به نزد زرتشت می آید و زرتشت از او میپرسد :

« ...کیستی ای مرد که با جان تابناک و جاودانه خویش ، به دیدگان من نیکوترین پیکری می نمایی که در جهان استومند دیده ام ؟ ».[2]

هوم می گوید :

« ... ای زرتشت منم هوم اشون دور دارنده مرگ . ای سپیتمان ! به جستجوی من بر آی و از من نوشابه برگیر . مرا بستای ؛ آنچنان که واپسین سوشیانت ها مرا خواهند ستود ».[3]

در ادامه هوم اشاره میکند که نخستین کسی که از من شراب گرفت ، ویونگهان بود که به پاداش اینکارش خداوند جمشید را به فرزندی به او داد و نفر دوم آتبین بود که خداوند به پاداش ، فریدون را به او داد ، و نفر سوم اترت نام داشت که به پاداش کارش خداوند گرشاسب را به او داد و نفر چهارم نیز پوروشسب است که مزدا زرتشت را به فرزندی به او داد، پس از پایان گفتگو زرتشت به ستایش هوم می پردازد و صفاتی خداگونه را به او نسبت میدهد صفاتی نظیر : دور دارنده مرگ – دادن پسران نامور به زنان زاینده – کمک کننده به دلیران اسب سوار – کمک کننده به موبدانی که به دیگران اوستا می آموزانند– کمک کننده به دوشیزگان شوی ناکرده برای یافتن شوهرانی پیمان شناس و...

در اوستای نو هوم بیش از صد بار ستایش شده است وبسیاری از آنها از زبان خود زرتشت می باشد در حالی که در گاتاها ، هوم تنها دو بار و آن هم به شکل غیر مستقیم نکوهش شده ، واین می رساند که قدمت و محبوبیت آن چندان زیاد بوده که دین زرتشت نتوانسته آن را از

---

[1]- اوستا ، ص ۱۰۷ . ۱۳۷۱.
[2]- همان ، ص ۱۳۶.
[3]- همان ، ص ۱۳۶ .

زندگی مردم خارج کند و موبدان پس از مرگ زرتشت آن را وارد اوستا کرده اند و برای اینکه به آن مشروعیت ببخشند از زبان زرتشت به ستایش آن پرداخته اند.

هوم در متون پهلوی :

در نوشته های پهلوی که متاخر تر از اوستاست ، هوم یکی از ایزدان است و ستوده شده است ، در بندهش می خوانیم : « هوم ایزد اندر گوکرن است که هوم درمان بخش است که فر شکرد کرداری بدو بود .».[1]

در گزیده های زاد اسپرم هوم به یاری ایزد تیشتر میرود تا آفرینش را گسترش دهد و در مینوی خرد ، هوم مرتب کننده مردگان یاد شده و در پاسخ دانا ، مینوی خرد می گوید : « هوم مرتب کننده مردگان در دریای وورکش در ژرفترین جای رسته است و ۹۹۹۹۹ فروهر پارسایان به نگاهبانیش گماشته شده اند ...» .[2]

در ارداویرافنامه نیز ارداویراف موبد پس از خوردن می و منگ که گویا هوم مخلوط با مواد مخدر می باشد ، سفری روحانی را به بهشت و دوزخ آغاز می کند ؛ در منظومه درخت آسوریک بز در مناظره با نخل میگوید که از شیر من در ترکیب با هوم در مراسم نیایش استفاده میشود: « جز از من که بز هستم ، هیچکس یشتن نتواند ،چه شیر از من کنند ،اندر یزش یزدان ، گوشورون ایزد ، همه چهارپایان ، و نیز آن هوم جنگاور را نیرو از من است . ».[3]

در روایتهای پهلوی داتستان دینیگ گفته شده است که کی گشتاسب حامی زرتشت از هوم و منگ می نوشد و روانش به گرودمان (بهشت) میرود اورمزد نریو سنگ را با این واژه ها فرستاد : «آگاهانه برو و ... بنگ را با شراب در آمیز و به ویشتاسب بده ...».[4]

منظور از بنگ در اینجا ماده ای مخدر است که با شراب هوم مخلوط شده که موجب ایجاد حالت خلسه در انسان می شود.

---

[1]- رحیم عفیفی ، (۱۳۸۳)، اساطیر و فرهنگ ایران ، تهران : توس ، ص ۶۴۷ .

[2]- احمد تفضلی ، (۱۳۷۹) ، مینوی خرد ، به کوشش ژاله آموزگار ، تهران : توس ، ص ۷۰ .

[3]- سعید عریان ، (۱۳۷۱) ، متون پهلوی ، تهران : کتابخانه ملی جمهوری اسلامی ایران، ص ۱۴۸ .

[4]- دین های ایران ، ص ۱۰۷ .

نتیجه گیری :

همانطور که پیشتر اشاره شد دراوستای کهن یا گاتاها هیچ نشانی از واژه هوم به چشم نمی خورد و تنها دو بار با ذکر صفت از مشروبی سکر آور با دو صفت زهرابه دیوانه گی آور و دور کننده مرگ نام برده شده است و در هر دو بار نکوهش شده است ، مورخین این مشروب سکر آور را همان هوم پنداشته اند و معتقدند کرپن های مادی با تحریف پیام راستین زرتشت در اوستای نو، هوم منفور زرتشت را دوباره وارد آیین زرتشت کرده اند ، البته نکوهش مصرف زهرابه دیوانگی آور در گاتاها به خوبی تصریح شده است اما در بخش دیگر در وصف مشروبی با صفت دور کننده مرگ تنها صفت آن رد شده است و مصرف آن نکوهش نشده است ، شواهد گیاه شناسی حکایت میکند که وصف زرتشت از مشروب با صفت زهرابه دیوانگی آور در گاتاها با خواص هوم مطابقت نمی کند ، هوم یا افدرا دارای خواص دارویی و پزشکی شناخته شده ای مانند : تسکین درد ، ضد افسردگی ، مدر ، گشاد کننده عروق ، لاغر کننده ، ضد آسم و... می باشد ، و امروزه به صورت شربت یا قرص یا دمنوش مصرف طبی دارد و جزو مواد افیونی ، مخدر یا سکر آور به شمار نمی رود ، از طرف دیگر اگر هم مطابق گفتار این مورخین منظور از مشروب زیان رسان درگاتاها، هوم باشد ، مغان مادی پس از مرگ زرتشت میبایست با توجه به علاقه ای که به هوم داشتند این چند بند گاتاها در نکوهش هوم را میزدودند در حالی که می بینیم این بندها سالم به ما رسیده است ، پس نتیجه میگیریم که هوم در زمان زرتشت نیز تقدس خود را از دست نداده بوده و منظور زرتشت از زهرابه دیوانگی آورمیتوانسته مشروبهای دیگر مانند منگ باشد که تخدیر کننده بوده اند و این مشروبهای تخدیر کننده از مواد گوناگون مانند دانه های شاهدانه استخراج می شده است ،در بخش دیگر گاتاها از مشروب دور کننده مرگ نام برده است این یکی از صفات هوم می باشد که زرتشت این ویژگی آن را تنها رد کرده است اما مصرف آن را ممنوع اعلان نکرده است، پس در این مورد خاص نمی توانیم بگوییم که پیام گاتاها در اوستای نو و دیگر متون پهلوی تحریف شده است .

از مهر تا مسیح

هنگامی که سخن از نماد صلیب شکسته می رود ناخود آگاه ذهن ما به دوران جنگ جهانی دوم باز می گردد که هیتلر از این نماد برای انگیزه های نژاد پرستانه خود جهت اثبات

برتری نژاد آریا بر دیگر نژادها بهره می گرفت ،اما این نماد بر خلاف نام آن هیچ ربطی به صلیب و مسیحیت ندارد و در واقع نمادی چلیپایی است که مهر پرستان ایرانی نخستین بار آنرا به عنوان نماد دین تازه شان بکار بردند، چهار شاخه این نشان چلیپایی نمایشگر چهار عنصر اصلی حیات (آب ، باد ، خاک و آتش) بود که آرياییان نخستین بدان باور داشتند ، کوزه ها و لوحه های گلین یافت شده در تپه حصار دامغان که بر روی آنها نقش چلیپا (صلیب شکسته) دیده می شود و همچنین نشان چلیپا بر روی سینه شیر بالداری که در خوزستان یافت شده ودیگر یافته های باستانشناسی در دیگر گوشه های کشور گویای اینست که نشان چلیپا از ایران برخاسته و درسفرزمانی و مکانی خود به روم ، به صلیب و در ایران نخست به ستاره و سپس به نماد شیر و خورشید تبدیل شده است ، این نماد از شش هزار سال پیش (چهار هزار سال قبل از تولد مسیح) در بین مهر پرستان ایرانی بکار می رفته است و به همراه قدرت یافتن مهر پرستان و به سبب جنگهای طولانی بینایران و یونان (وسپس روم) به غرب رفت و درآنجا بود که مهرپرستی با نام جدید میتراییسم در شکلی متفاوت با ایران دوباره زاده شد و بیشتر اروپا را فرا گرفت تا آنجایی که در قرن سوم میلادی دیوکلوسین ، امپراتور مقتدر روم ، آنرا به عنوان دین رسمی کشورش پذیرفت و این دین در آنجا از آنچنان قدرت و نفوذی برخوردار شده بود که ارنست رونان ، فیلسوف فرانسوی می گوید : اگر دین مسیح ظهور نمی کرد اینک جهان پر از میترا و مهر بود ، پس از قدرت یافتن مسیحیان در اروپا آنها به کشتار و آزار میتراییان پرداختند و با انداختن جسد مرده گان به درون نیایشگاههای زیر زمینی میتراییان آنها را از درون معابد بیرون می کشیدند و می کشتند (میترا پرستان مرده ها را نا پاک دانسته واز آنها دوری می کردند) پس ازنابودی دین میتراییسم نشانه ها و آیینهای آن در دین نوین مسیحییت در شکلی دیگر و در باوری نو حفظ شدند و به حیات خود تا به امروز ادامه دادند یکی از این نشانه ها چلیپا بود که تبدیل به صلیب مسیحیت شد و نشانه دیگر ناقوس کلیسا بود که بدون تغییر به درون مسیحییت راه یافت ونیز جشن زایش مهر (خورشید) در آغاز زمستان که به جشن زاد روز مسیح تبدیل شد و همچنین رسم پدر خواندن موبدان مهر پرست و شبان خواندن میترا و خوردن شام آخر مسیح مانند میترا و صعود او به آسمان همانند صعود میترا و ساخت بهشت و دوزخ وپل چینوت (پل صراط) در دین مسیحیت بر اساس آیین مهر ونیز دیگر آیین ها و نمادها یی که نمایانگر نفوذ چشم گیر دین مهر در دین مسیحیت و دیگر

ادیان سامی می باشد و منابع و شواهد واسناد در این باره آنقدر زیاد است که خودغربیان نیزناگزیربه آن اعتراف کرده اند .[1]

اسکندر منفور یا اسکندر محبوب؟

ارداویرافنامه نام متنی ساسانیست که احتمالا در زمان خسرواول ،انوشیروان توسط روحانیان مذهبی نگاشته شده است ، این کتاب شرح معراج موبدی به نام ارداویراف به بهشت و دوزخ می باشد،هدف از این معراج در فصل یک کتاب اینگونه توضیح داده شده است: گجسته اسکندر رومی مصر نشین فرمانروای ایران را کشت و دربار و فرمانروایی را آشفته و ویران کرد و اوستا و زند را که در شهر استخر در دژنپشت(احتمالا کعبه زرتشت) نگهداری می شد را سوزاند و بسیاری از دستوران و موبدان و دین برداران ایرانی را کشت و در میان هر یک از بزرگان ایرانی کینه و اختلاف افکند و دین بهی را نابود کرد و در اینجاست که ارداویراف از جانب موبدان که در آتشکده آذرفرنبغ گرد آمده بودند مامور میشود که با سفر به عالم روحانی حقایق راستین دین را آشکار کند و آن را از خطر نابودی نجات دهد ؛ آنچه که در این مطلب حائز اهمیت است جایگاه اسکندر است ، در اینجا اسکندر دارای یک شخصیت منفور و ملعون و فرستاده اهریمن است که گناهانی نابخشودنی را مرتکب می شود گناهانی مانند : سوزاندن کتاب مقدس اوستا و زند ، کشتن موبدان و هیربدان دین زرتشت ، ایجاد اختلاف بین بزرگان ایرانی و تبدیل کشور به کرده خدایی . این چهره اسکندر منفور زاییده دوران تسلط سلوکیان بر کشور بود و مغان ایرانی که هرگز نمیخواستند تسلط یک بیگانه را بر کشور بپذیرند ، جریان مغ کشی داریوش اول را در یک دگردیسی تاریخی به اسکندر نسبت دادند و او را دشمن دین و میهن قلمداد نمودند ، اما این چهره منفور در اواخر دوره ساسانی با ترجمه کتاب سیرت اسکندر از یونانی به پهلوی به تدریج تغییر کرد به طوری که در منابع متاخر ساسانی و منابع آغازین ایرانی اسلامی نظیر شاهنامه و اسکندر نامه ، اسکندر دیگر فردی بیگانه نبود بلکه اسکندر فرزند دارای بزرگ و برادر ناتنی دارای کوچک (داریوش سوم)بود که در ازدواجی پنهانی مابین دارای بزرگ و دختر فیلیپ زاده شده بود و جهانگشایی دانا وخردمند ودیندار به

۱- متن کامل این مقاله به قلم اینجانب در ماهنامه چیستا به چاپ رسیده است. ماهنامه چیستا ،مهر ۱۳۸۶ شماره ۲۴۱ ،صفحه ۳۹ تا ۴۲

شمار می رفت ، این دو چهره گوناگون از اسکندر در دوزمان متفاوت ایجاد شده اند ، چهره منفور اسکندر از دوره سلوکی آغاز می شود و تا زمان خسرو اول ادامه داشته است و چهره مقبول اسکندر نیز زاده اواخر دوران ساسانی و اوایل دوران اسلامی است ، ریشه این چهره مثبت از اسکندر بنا به نظر دکتر ژاله آموزگار منشا ایرانی ندارد و در اصل از منابع رومی و سریانی به زبان پهلوی راه یافته است این داستان های مثبت درباره اسکندر ریشه در نوشته ای کهن از آثار کالیستنس دروغین مربوط به پیش از سده چهارم قبل از میلاد دارد این نوشته در سده ششم میلادی به فارسی میانه ترجمه شد و مضمون آن با پاره ای اصلاحات بعدها وارد پیکره تاریخ روایی ایران شد و در شکل ایرانی خود اسکندر پسر دارای یکم و برادر ناتنی دشمن خود دارای دوم گردید بر اساس این داستان دارا که بر اثر خیانت دو تن از سردارانش زخم برداشته بود در حال مرگ از اسکندر میخواهد که کین او را از کشندگانش بستاند و از او می خواهد که با دخترش ازدواج کند و اسکندر نیز این وصیت ها را اجرا می کند و به ادامه فتوحات خود و نیز جستجوی چشمه آب حیات می پردازد، پس این نگاه مثبت به اسکندر محصول اواخر دوره ساسانی و اوایل دوره اسلامیست ، پس نگاه منفی ارداویرافنامه به اسکندر خود بیانگر این است که این کتاب پیش از قرن پنجم و ششم میلادی نگاشته شده (احتمالا زمان خسرو اول)و به زعم کسانی که آن را محصول دوران اوایل ایران اسلامی (قرن ۳ ه.ق) میدانند متن اولیه کتاب در دوره ساسانی نگاشته شده است.

دومین نکته قابل توجه در آغاز فصل یکم کتاب زمان حمله اسکندر به ایران است که سیصد سال پس از ظهور زرتشت می باشد این زمان نیز در دیگر متون پهلوی تاکید شده است و تکرار آندر این متون نشان می دهد که ارداویرافنامه با آنها در این زمینه اشتراک دارد و احتمالا همه در یک زمان نگارش یافته و منشا اطلاعات آنها مشترک بوده است که خود نشان دهنده وجود دینی متمرکز و دولتی می باشد که از خصایص عصر ساسانی می باشد ، البته ذکر این سیصد سال در ارداویرافنامه ودیگر متون پهلوی خود منشا یک اشتباه تقویمی است که منجر به کوتاه حساب کردن دوره حکومت اشکانی شده است مطابق دیدگاه احسان یار شاطر که به واقعیت نزدیکتر است در دوره اشکانی و ابتدای دوره ساسانی تقویم سلوکی رواج داشته است و اردشیر بر اساس تاریخ سلوکی در سال ۵۳۸ به قدرت می رسد اما ساسانیان خواستگاه این تقویم را فراموش کرده بودند و آن را تاریخ بومی و محلی ایران به شمار می آوردند به این دلیل آنها

طرح هزاره زرتشتی را که معتقد بود هزار سال پس از ظهور زرتشت دین و دولت ایرانیان بر می افتد را به این تقویم پیوند زدند و آنان شروع این تقویم را که در اصل سال ۳۱۲ پیش از میلاد و در دوره سلوکی شروع شده بود به اشتباه با آمدن زرتشت در هزاره نهم پیوند دادند بنابر این محاسبه نخستین سال پادشاهی اردشیر برابر با سال ۳۵۸۳ از سال پیدایی جهان در آیین زرتشت بود و و از آنجایی که پذیرش آیین زرتشت توسط گشتاسب مربوط به ۲۵۸ سال پیش از آمدن اسکندر می دانستند با افزودن ۱۴ سال پادشاهی اسکندر و کم کردن ۲۷۲ سال از سال نشستن اردشیر بر تخت شاهی رقم ۲۶۶ سال به دست می آید که آن را مدت زمان فرمانروایی اشکانیان دانسته اند که البته رقم اشتباهی می باشد و موجب شده است بخش بزرگی از تاریخ اشکانی در متون پهلوی حذف شود.در واقع ساسانیان خود مبدا تاریخی نداشتند ،آنها مانند هخامنشیان تاریخگذاری را با سالهای پادشاهی شاه آغاز می کردند، حتی امروزه نیز زرتشتیان مبدا تاریخ خود را آغاز به تخت نشستن یزدگرد سوم آخرین شاه ساسانی محاسبه می کنند .

خدمت به بیگانگان

بیشتر دانشمندان دوره اسلامی ایران مخصوصا علما علوم دینی با نوشتن کتابهای خود به زبان عربی و وارد کردن لغات عربی به درون زبان فارسی در حقیقت به زبان عربی و اعراب خدمت کرده اند ،البته اندکی از این دانشمندان گرانمایه از این خطر هجوم فرهنگی آگاه شده بودند و در نوشتار خود اززبان فارسی بهره می گرفتند (مانند ابوریحان بیرونی و فردوسی و اسدی توسی ودقیقی و دیگران...) ،شور بختانه تازیان و گاه اروپاییان این دانش مندان ایرانی را به خاطر داشتن نام عربی و نوشتن کتاب هایشان به این زبان عرب می پندارند و تازیان آنها را به عنوان افتخار ملت عرب می دانند و به خود می بالند ، اما اعراب باید بدانند که داشتن یک نام بیگانه هویت و ملیت انسان را عوض نمی کند ، آنها از نژاد ایرانی هستند و در ایران زاده شده اند و با فرهنگ ایرانی رشد کرده و بارور شده اند و متعلق به ملت ایرانند .

میراث شوم بیگانگان

ایرانیان روزگاری در جهان به راستگویی شهره بودند به طوری که هرودوت مورخ یونانی در کتاب کوروش نامه راستگویی را در کنار سوارکاری و تیر اندازی یکی از اصول مهمی می دانست که پدران به فرزندان خود می آموختند و در اوستا و دیگرنسک های دینی ایرانیان نیز سفارش زیادی به راستگویی و مبارزه با دروغ شده بود و راستگویی پایه دین و نژاد ایرانی بود ، اما امروزه شور بختانه راستگویی از این دیار رخت بر بسته و جایش را دیو پلید دروغگویی گرفته، بگونه ای که دیگر هیچ کس بر کس دیگر اعتماد ندارد و اموال دولتی و خصوصی از تعرض ناراستان در امان نیستند فساد مالی و اداری وتملق و چاپلوسی و هزاران آسیب و فساد دیگر که فرزندان این دیو پلید هستند سرزمین اهورایی ما را به وادی تباهی کشانده اند ،غیرت ملی دیگر نابود شده است و دیگر کسی سنگ وطن را برسینه نمی زند، همه در اندیشه آنند که چگونه می توانند تنها بارخویش بر بندند و توشه خود سنگین تر کنند و کسی در اندیشه همسایه گرسنه خود نیست، گویا تازیان،تاتاران، ترکان و مغولان باهجوم شوم خود به این سرزمین تنها دین و فرهنگ ایرانیان را نابود نکرده اند بلکه عادات غلت و اندیشه های ناپاک و رسوم جاهلانه خود را نیزبه ایرانیان وام داده اند .

متن بعدی به عنوان شاهد و نمونه ای از دروغگوییهای و دورویی ها و تزویرهای ملت و دولت آورده می شود هر چند که در اینجا بیشتر روی سخن با دولت است، چرا که: الناس علی دین ملوکهم.

تزویر :

حافظا می خور و رندی کن وخوش باش ولی

دام تزویر مکن چون دگران قرآن را

دولت و ملت ما ید بیضایی در تحریف تاریخ دارند ، یادم است چند سال پیش تلویزیون سریالی پخش می کرد(اسمش یادم نیست)که در آن یک جوان خوش تیپ سفید پوست با کمک نامزدش که یک زن زشت و نابینای سیاه پوست بود بوسیله یک گربه که روزنامه آینده را می آورد از حوادث یک روز بعد مطلع می شدند و جوانک با به خطر انداختن جان خود از وقوع این حوادث جلوگیری میکرد این جوان یک خواهر هم داشت که همیشه با هم سر ارث و میراث

درگیری داشتند،وقتی دوباره اصل این فیلم را دیدم جا خوردم چون در اصل سریال به غیر از سانسورهایی که روی آن انجام داده بودند آن زن سیاه پوست دوست مرد سفید پوست بود و خواهر مرد در حقیقت زن سابقش بود که طلاق گرفته بودند و گویا مسئولان دوبلاژ فیلم ایران با عوض کردن شخصیت ها می خواستند بعد اخلاقی قهرمان داستان را بالا ببرند حتی به قیمت دروغ گفتن به بیننده ، خوب شاید این تحریفها و دروغها در نظر بعضی مهم نباشند ، اما میگویند: تخم مرغ دزد شتر دزد میشه (چه ربطی داره ؟) ، منظورم اینه که دروغهای کوچیک زمینه سازدروغهای بزرگترند ، البته تو کشور ما دروغگویی یک فرهنگ شده و با عناوین مختلفی مانند دروغ مصلحتی ، تقیه و... آن را توجیه می کنند ، این دروغگویی هر چند ممکن است در ظاهر سودی برای دروغگو داشته باشد اما هنگامی که فراگیر می شود اعتماد عمومی افراد به همدیگر و به دنبالش اخلاق و فرهنگ و اقتصاد را فاسد می کند و حتی نوع مصلحتی آن زیان بار است چرا که اخبار نادرست ، اندیشه نادرست و به دنبالش باور نادرست و رفتار نادرست را ایجاد می کند ، چرا که ریشه رفتار و باور و اندیشه ما دانش ماست و وقتی که دانش غلط باشد رفتار نیز تغییر می کند ، یکی از این دروغگوییهای حکومتی ، تحریف تاریخ است ،برای نمونه اخیرا فیلم یوسف پیامبر را از شبکه یک به صورت سریال نمایش دادند ، اصل داستان یوسف در تورات یا قرآن به چند صفحه نمی رسد اما کارگردان تاریخ ساز ایرانی با جعل تاریخ از این داستان کوتاه یک سریال طولانی ساخته است ایشان یوسف یهودی را از درون قرآن برداشته و گذاشته در دل اخناتون فرعون مصر همه اسامی تاریخی در مصر وجود داشتند اما این ترکیب بندی سینمایی یک واقعه دینی مبهم را در دل یک واقعه تاریخی گذاشته مثل اینکه اسکندر مقدونی را ذوالقرنین معرفی کنی و یا آقای رفسنجانی را به یعقوب لیث بچسبانی و یا احمدی نژاد را مهدی موعود بدانی !کسی که تاریخ مصر را خوانده باشد به راحتی می بیند که چگونه تاریخ را در این سریال به سود خود تحریف کرد ه اند و با چسباندن و ربط دادن وقایع جذاب تاریخ فراعنه مصر به یک شخصیت دینی فیلم دینی کسل کننده ای را جذاب کرده تا مخاطب بیشتری را جذب کنند ، البته این دروغهای تاریخی از شماره بیرونند وتنها دامن شاهان و شخصیتهای سیاسی و دینی را نگرفته اند بلکه هیچ شخصیتی اعم از شاعر و عارف وعالم و عامی از آن مصون نمانده است ، مانند شیعه معرفی کردن فردوسی ، و عارف و زاهد جلوه دادن حافظ زاهد گریز ، دیندار جلوه دادن زکریای رازی واخیرا در سریال هایی که

درباره شهریار و میرزاده عشقی و ایرج میرزا و دیگر شاعران ساخته اند سعی کرده اند آنها را شخصیت هایی ضد طاغوت(اندیشه شاهنشاهی) و موافق اندیشه خود معرفی کنند ، گویا ملت ایران را فاقد فهم و شعور و حافظه تاریخی می دانند ، از یکسو میرزاده عشقی را شاعری استبداد ستیز و مبارز و شهید راه اسلام معرفی می کنند و از سوی دیگر دیوان شعرش را ممنوع کرده و حق چاپ به آن نمی دهند تا مبادا کسی از وارونه جلوه دادن حقیقت با خبر شود ، در پایان برای نمونه چند شعر از دیوان ممنوعه میرزاده عشقی شاعری که در ۱۳۰۳ خورشیدی در سن ۳۱ سالگی به خاطر زبان تند و تیزش با شلیک گلوله ای کشته شد می آورم تا تفاوت اندیشه او را با اندیشه فیلمسازانش مقایسه کنید .

در مستزاد مجلس چهارم درهجو مدرس می سراید:

دیدی که مدرس وکلا را همه خر کرد –درب همه تر کرد

در مجلس چارم خر نر با خر نر بود – دیدی چه خبر بود

زد صدمه مدرس بسی از کینه به ملت – با نصرت دولت

و در نمایشنامه کفن سیاه در هجو حجاب زنان اینگونه می گوید :

هرچه زن دیدم آنجا همه آن سان دیدم – همه را زنده درون کفن انسان دیدم

وسپس ....

شرم چه مرد یکی بنده و زن یک بنده – زن چه کردست که از مرد شود شرمنده

چیست این چادر و روبنده نا زیبنده ؟ - گر کفن نیست بگو چیست پس این روبنده؟

مرده باد آنکه زنان زنده به گور افکنده

به جز از مذهب هر کس باشد – سخن اینجای دگر بس باشد

با من ار یک دو سه گوینده هم آواز شود- کم کم این زمزمه در جامعه آغاز شود

با همین زمزمه ها روی زنان باز شود – زن کند جامه شرم آر و سر افراز شود

ور نه تا زن بکفن سر برده – نیمی از ملت ایران مرده

فصل دوّم

شناخت جامعه

ملتی که به فرهنگ خود احترام نمی گذارد،حداقل جزایش این است که در زیریوغ فرهنگی بیگانه گرفتارشود.

پرسش همواره مهمتراز پاسخ است زیرا تا پرسشی وجود نداشته باشد پاسخی نیز وجود نخواهد داشت.

دانش عقیده انسان را عوض می کند ولی عقیده نمی تواند دانش را عوض کند.

شکست یا پیروزی در واقعیت وجود ندارند ، این دو ساخته ذهن ما هستند.

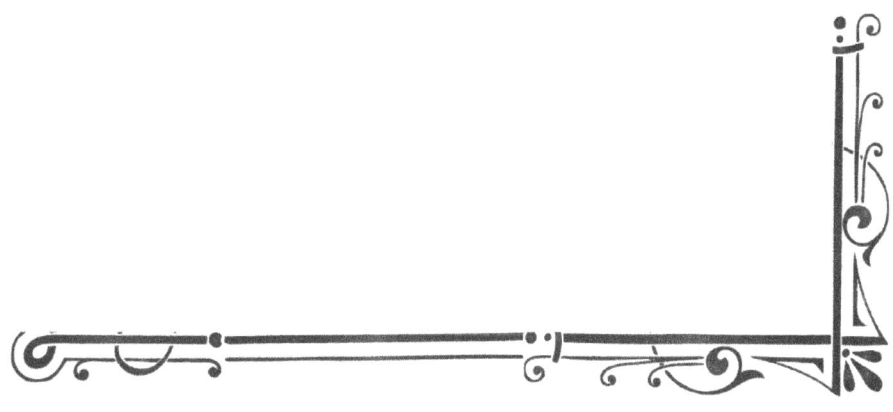

اصالت وجود انسان

وجود انسان بر ماهیت انسان برتری دارد و آنچه که اصل است وجود انسان است که باید حفظ شود و نه ماهیت انسان .

به خاطر یک عقیده و یا یک دین و یا مذهب خاص نباید آرامش زندگی انسان‌ها به هم بخورد ، زیرا مکاتب و ادیان برای آسایش انسان آفریده شده اند و نه انسان برای آنها ، پس بسیار احمقانه است اگر انسانها به خاطر دین و یا مذهب و یا عقیده خاص با هم بجنگند و دشمنی بورزند زیرا آنچه که اصل است خود انسان است و نه دین و مکتب ، و اگر انسان نباشد ، دیگر هیچ دین و یا مذهب و مکتب خاصی ارزشی ندارد ، پس بیاییم بی هیچ رنگ و بویی و فارغ از هر عقیده و مرامی با آرامش در کنار یکدیگر زندگی کنیم و همدیگر را فراتر از هر چیزی دوست بداریم، چونان محبت مادری به فرزندانش که آنها را فارغ از هر عقیده و مکتب و مرامی دوست دارد و می پرستد ، بیاییم به انسانیت یکدیگر احترام بگذاریم و به جای دشمنی با هم ، برای پیدا کردن بهترین راه خوشبختی و آسایش یکدیگر را یاری کنیم چرا که انسانها اعضای یک پیکرند و خوشبختی و بدبختی یک فرد یا یک گروه موجب خوشبختی یابدبختی دیگران خواهدشد.

آری آنچه که ارزش دارد انسانست و نه عقیده انسان، همه انسانها جدا از هر عقیده ای که داشته باشند با هم برابرند ، فرقی بین یک یهودی و مسلمان ، کمونیسم و یا مارکسیسم و ... وجود ندارد ، عقاید هرگز نباید موجب جدایی انسانها گردند ، عقیده را باید از انسانها جدا کرد و آنگاه انسانها را با یکدیگر پیوند داد ، انسانها باید چونان کودکان فارغ از هر بغض و کینه و مکتب و مرام و نژادی یکدیگر را دوست بدارند و مانند آنان پاک و بی آلایش باشند و با همیاری یکدیگر جهانی برتر و کامل تر بسازند جهانی که در آن فقر ریشه کن شود (هرچند که فقر نسبی است) و ثروت و دانش بیشتر ی تولید گشته و در دسترس همگان قرار گیرد ، و این نیازمند یک مکتب جهانی است که بر مبنای اصول اخلاقی مشترک در بین همه انسانها، مانند منشور حقوق بشر سازمان ملل، نوشته گردد ، مکتبی بر اساس اصول علمی نوین و یافته های جدید روانشناسی و علوم اجتمائی و اقتصادی که بوسیله نخبه‌ترین دانشمندان فارغ از هر گونه اصول اعتقادی نوشته و در سطح جامعه جهانی اجرا شود ، واین امری است واقعی ونه یک آرمانشهر خیالی، زیرا پایه آن اصول مسلم علمی است ونه متافیزیک .

ماهیت اخلاق: (بخش اول)

فعل اخلاقی آن کاری است که انجام دادن یا ندادن آن برای انسان یا جامعه یا هر دو فایده دارد ، اخلاق امری نسبی و قرار دادی (در بین انسانها و حیوانات) است و بر خلاف

تصور عامه تنها در بین انسانها وجود ندارد بلکه حیوانات نیز آنرا می آموزند برای نمونه گربه نوازش کردن و مهربانی صاحب خود را دوست دارد و بدان پاسخ مثبت می دهد ، نه از آن رو که می داند مهربانی فعلی اخلاقی است بلکه از این جهت که آموخته است نوازش و مهربانی صاحبش به بقایش کمک می کند و غذایی را نصیبش می کند و نیازی از اورا بر آورده می نماید ، ما نیز اگر به حیوانی غذا بدهیم ، در نظر آن حیوان یک فعل اخلاقی را انجام داده ایم زیرا نیازی از اورا برطرف کرده ایم ، پس فلسفه وجود اخلاق رفع نیاز های مادی و معنوی ما می باشد ، منتهی در انسان نسبت به حیوان در سطحی پیشرفته تر و بر مبنای عقل است زیرا ما جوانب کار را بیشتر ازحیوانات در نظر می گیریم و آینده بسیاری از کارها را می بینیم و بر مبنای آنها ارزش اخلاقی را تعیین می کنیم ، ولی حیوانات تنها به صورتهای عینی و ظاهری اکتفا می کنند و قادر به تفکر پیچیده نیستند ،برای ساده تر فهمیدن مطلب مثالی می زنم : تصور کنید که ما یک جوجه مرغ را گرفته ایم و آنرا زنده به یک گربه گرسنه می دهیم تا بخورد و این کار را هر روز تکرار کنیم واضح است که پس از مدتی گربه با ما انس می گیرد و در نظر او این کار ما یک عمل اخلاقی و ارزشی است چرا که برخی از نیاز های او را با این کار بر طرف کرده ایم و باعث بقای او گشته ایم ولی در نظر جوجه ما یک جلاد و قاتل هستیم و اینکار ما در مغز کوچک او ضد ارزش نام خواهد گرفت ، حتی در نظر خود ما اینکار چندش آور و ضد اخلاقی است زیرا ما این کار را با وجود خود مقایسه می‌کنیم و می‌بینیم که انجام اینکار نه تنها فایده ای برای ما در بر نداشته بلکه با اصل بقای ما نیز سازگار نبوده است زیرا ما هرگز دوست نداریم که بلایی که خود بر سر جوجه می آوریم کسی بر سر ما بیاورد .

در پایان فعل اخلاقی راستگویی را مثال می زنم : راستگویی در بین همه ملل ارزش است و به عنوان فعل اخلاقی شمرده می شود زیرا عمل به آن مانع تلف شدن وقت ، نیرو و هزینه های مادی انسانها می شود و برای همه سودمند است ، پس فعل اخلاقی کاری است که برای ما سودمند باشد و نیازی از نیازهای ما را برطرف کند .

ماهیت اخلاق(: بخش دوم)

معیارهای اخلاقی و گناه و ثواب را انسان پس از اجتماعی شدن خود بوجود آورده است تا آسوده تر زندگی کند و این معیار های اخلاقی با توجه به بافت و نیاز های جوامع متفاوت است به گونه ای که گاه معیارهای اخلاقی یک جامعه ضد معیار های اخلاقی جامعه دیگر می باشد ، ملاک و پایه سنجش هر معیار اخلاقی برطرف کردن نیازهای متعدد آدمی می باشد ، برای مثال : عدالت یک فعل اخلاقی است که باعث می شود هر کس برمبنای تلاش و لیاقت

خود به حق خود برسد و نیاز های اساسی اش را ارضا کند و یا کسب دانش برای ما یک کار و ارزش اخلاقی است زیرا نیاز مادی وروحی ما را برآورده می کند وبه ما سود می رساند .

اخلاق را می توان به دو بخش تقسیم کرد :

۱ – اخلاق غریزی: که بین انسان و حیوان مشترک می باشد و در مورد انسان آنرا فطری می گویند (مانند مهر مادری نسبت به فرزند).

۲ – اخلاق آموختنی : این اخلاق از آن انسان است و گاه برخی از حیوانات باهوش نیز آنرا فرا می گیرند ، کودک،انسان پس ازتولد رفته رفته و بر اساس نیازهای هر جامعه معیارهای اخلاقی آن جامعه را می آموزد و سعی می کند برای اینکه مورد تحسین قرار بگیرد رفتارهای خودرا با آن معیار ها همگون سازد ، مثلا: راستگویی یک فعل اخلاقی است که انسان آن را به تدریج در جامعه می آموزد و هیچ کودکی فطرتا راستگو و دروغگو به دنیا نمی آید ویا فعل اخلاقی حیا وعفت داشتن را انسان از جامعه خویش می آموزد و اگر کسی این فعل را به او نیاموزد انسان درارضای غریزه جنسی خود مانند حیوانات عمل می کند ،(در بینش مذهبی ما نام فعل های اخلاقی و ضد اخلاقی را گناه و ثواب می گذاریم).

فعل اخلاقی نوع اول در بین همه انسانها مشترک است ولی اخلاق نوع دوم در بین انسانها به اشکال گوناگونی دیده می شود که برخی از آنها مشترک و برخی دیگر متفاوت وگاه متضاد هستند مثلا ملاک ارزشی راستگویی و دانش طلبی در بین همه انسانها مشترک است و همه آنرا ارزش می شناسند اما فعل اخلاقی قربانی کردن حیوانات تنها مخصوص برخی از ملل شرقی (مانند مسلمانان) است و بسیاری از ملت ها آنرا قبیح می دانند .

لزوم پایبندی به اخلاق

هرچند که معیارهای اخلاقی و ارزشهای ما قرار دادی و نسبی هستند و تنها برای انسانها ارزش دارند ولی این به معنی زیر پاگذاشتن آنها نیست ، زیرا معیارهای اخلاقی بر اساس نیاز جوامع مختلف و انسانها شکل گرفته اند و بسیاری از آنها در دوره ما برای ما مفید و سود مندند ، ارزشهایی مانند ، راستگویی ، کمک به همنوع ، احترام به والدین و دیگر ، ما باید این ارزشهای سودمند را شناسایی کرده وآنها را در جامعه گسترش دهیم ، زیرا عمل به آنها موجب آسایش و رفاه بشر می گردد ، برخی ارزشها نیز در جوامع وجود دارند که زیان آورند ، مانند پست شمردن زنان ،فرد پرستی، یا نجس شمردن برخی از انسانها و ..... که ما بهتر است این ارزشهای واپسگرا را شناسایی و با دادن آگاهی به مردم آنها را به مرور زمان از بین ببریم .

خوب ؟ بد ؟ زشت ؟ زیبا ؟

در دیدگاه ما انسانها چه کسی خوب است و چه کسی بد است ؟ دوست کیست ؟ و دشمن کیست ؟

در نگاه بیشتر ما کسی خوب است و می تواند دوست ما به شمار بیاید که بتواند یکی از نیازهای بیشمار مارا برآورده کند ، خواه نیازهای فیزیولوژیک و مادی ما ، مانند خوراک و مسکن و خواه نیازهای روانی ما ، نظیر نیاز به تعلق به گروه و نیاز به عزت نفس و خودشکوفایی و حتی نیازهای کاذب ما مانند نیاز به مواد مخدر ، برای نمونه گوسفند حیوانی سودمند برای ما است که بسیاری از نیازهای مادی و فیزیولوژیکی ما را برآورده می کند پس ما او را دوست خود می شماریم و آنرا - گو اسپنتا - یعنی جانور پاک نامیده‌ایم

و در نظر ما کسی بد است و دشمن ما بشمار می آید که نه تنها یکی از نیازهای ما را برآورده نمی کند بلکه مانع رفع نیازهای ما می شود و یا نیاز های ما را تشدید می‌کند ، اعم از نیازهای مادی یا معنوی ، و یا نیاز جدیدی را برای ما بوجود می آورد .برای نمونه ما جانورانی را مانند : مار و کژدم ، دشمن خود می دانیم زیرا نه تنها سودی برای ما ندارند (البته در گذشته) بلکه نیاز به امنیت و آرامش رانیزاز ما سلب می کنند، ونیز در نظر ما کسی یا چیزی که بر ما تاثیری ندارد یعنی نه نیازی از ما را بر آورده می کند و نه مانع رفع نیازهای ما می شود خنثی است و ما نسبت به وی بی تفاوتیم و او یا آن را نه دوست و نه دشمن خود می دانیم ، مانند یک قطعه سنگ .

پس خوبی و بدی امری نسبی است و در نگاه افراد گوناگون متفاوت است ، در نگاه ما مار حیوان بدی است ، زیرا مانع رفع نیاز آرامش و آسایش ما می شود ولی همین مار از نظر راسو حیوان خوبی است زیرا نیاز به تغذیه وی را رفع می کند ، درباره نیازهای دیگرخود نیز می توانیم نمونه های بسیاری را نام ببریم ، برای نمونه ما در اجتماع به کسانی مهر می ورزیم و آنها را دوست خود بشمار می‌آوریم که بیشتر به ما توجه می‌کنند و ما را تحویل می‌گیرند و در حقیقت نیاز به پذیرش از طرف گروه را برای ما رفع می کنند نمونه ملموس دیگری را نام می برم : برخی از ما از رهبر و یا رئیس جمهور کشورمان خوشمان می‌آید زیرا او یکی از نیازهای مادی یا معنوی ما را بر طرف می‌کند و برخی از ما نیز از ایشان دل خوشی نداریم زیرا ایشان را مانع رفع نیاز های مادی یا معنوی خود به شمار می آوریم ، و برخی از ما نیز نسبت به وی بی تفاوتیم زیرا بین او و نیازهای خود پیوندی برقرار نکرده ایم .

گناه و ثواب در طبیعت

گناه و ثواب تنها درنگاه و باور ما وجود دارد و ما انجام فعلهای اخلاقی را ثواب و انجام کارهای ضد اخلاقی را گناه می‌پنداریم در حالی که طبیعت به گناه و ثواب اعتقادی ندارد و تنها بر اساس اصول فیزیکی خود عمل می کند و کاری به اخلاق ندارد چرا که اخلاق ساخته ذهن انسان است که آنرا در طی قرون متمادی بر اساس نیازها و تجارب خود ساخته است ، اخلاق طبیعت همان قوانین فیزیکی طبیعت است که غیرقابل تغییرند،مثلاً اگرکسی بهداشت را رعایت نکند مجازاتش این است که بیمار می شود و یا اگر کسی راستگو باشد نتیجه‌اش این است که دیگران به سخن او اعتماد می کنند و یا اگر کسی به دیگران کمک کند دیگران نیز او را یاری می کنند و اگر کسی خود را در آب بیندازد غرق خواهد شد و اگر کسی زهر بخورد خواهد مرد و اگر کسی دنبال دانش برود آگاه خواهد شد و اگر به دنبال ثروت برود ثروتمند خواهد شد و اگر بدنبال دین برود دیندار خواهد شد و غیره ، پس هر کسی نتیجه کارش را بر اساس قوانین طبیعت خواهد دید و هیچ کس نباید توقع داشته باشد که با انجام یک کار نتیجه دیگری بگیرد مثلا یک انسان دیندار نباید توقع داشته باشد با انجام فرایض دینی ثروتمند شود و یا دانشمند شود، ما نیز اگر می خواهیم به اهدافمان برسیم باید به قوانین طبیعت احترام بگذاریم و بر اساس این قوانین کارهای خود را برنامه ریزی کنیم تا به نتیجه ای درست برسیم زیرا اگر ما از قوانین طبیعت بطور نادرست استفاده کنیم نتایج نادرستی نیز خواهیم گرفت ،برای نمونه ما هرگز نباید توقع داشته باشیم که با جمع کردن سنگهای بیابان و یا به هم زدن آب یک حوض کسی به ما مزدی بدهد و یا به نتیجه مثبتی برسیم زیرا مطابق قانون سوم نیوتن هر کنشی واکنشی دارد و ما باید اعمال مورد نظرمان را بر اساس واکنش آنها انتخاب کنیم که برای ما سودمند باشند و مطابق اهداف ما باشند (به طور خلاصه می توانیم بگوییم در طبیعت هر عملی عکس‌العملی دارد اگر این واکنش مثبت بود می توانیم عملمان را ثواب بدانیم و آنرا تکرار کنیم و اگر این واکنش منفی و به زیان ما یا دیگران بود می توانیم آن کار را گناه بنامیم و از آن دوری گزینیم).[1]

ما مقصریم یا جامعه

آیا انسانها را می توان از جامعه جدا کرد و هر کدام را به تنهایی به عنوان یک سیستم مورد مطالعه قرار داد ؟

۱- ملاک فعل اخلاقی بهتر است سود و زیانی در نظر گرفته شود که با کارمان به انسان یا محیط زیست وارد می شود،پس اگر کاری به سود انسان و یا محیط زیست و یا هر دو بود آن کار خوب است و اگر به زیان انسان یامحیطزیست یا هر دو بود آن کار بد است و اگر نه سودی داشت و نه زیانی ، آن کار نه خوبست و نه بد است .

آیا ما می توانیم رابطه خود را با جهان خارج قطع کنیم و هیچگونه تاثیر و تاثری را نپذیریم؟

بدون شک جواب پرسشهای بالا منفی است هر یک از ما به ظاهر با اینکه هویت فردی جداگانه ای داریم اما در اصل بخشی از هویت جمعی جامعه هستیم ، ما از دیگران تاثیر می گیریم و بر دیگران تاثیر می گذاریم جامعه است که هویت ما را شکل می‌دهد و ما هستیم که جامعه را می سازیم .

جامعه چون هویت ما را می سازد در اعمال ما نیز سهیم است ،ما اگر جرمی مرتکب می شویم جامعه نیز سهیم است و اگر کار نیکی انجام می دهیم جامعه نیز در انجامش سهیم است ،این جامعه است که در بستر خود جنایتکارانی مانند صدام را پرورش می دهد ،چرا که اگر محیط رشد مناسب نباشد هرگز بذر جرمی جوانه نمی‌زند صدام به تنهایی مجرم نیست بلکه جامعه عراق نیز مجرم است که افرادی را مانند صدام در بستر خود می‌پروراند و رشد می دهد همه سر بازان و فرماندهان و مردمی که باعث رشد افرادی مانند صدام شده‌اند در اعمالش سهیم می باشند ، هیچ کس به تنهایی مسئول اعمال خویش نیست یک جامعه سالم انسان های سالمی را در دامن خود می‌پروراند و یک جامعه فاسد خود فاسد پرور است در حقیقت همه ما نسبت به یکدیگر مسئول هستیم طبیعت نیز این‌را خوب درک می کند و اجرا می کند چرا که در طبیعت بمانند یک سرباز خانه اصل مجازات جمعی وجود دارد وهر فردی که جرمی مرتکب شود کل مجموعه مجازات می شود .

جامعه بدون طبقه!؟

در اوایل انقلاب این واژه بسیار به گوش می خورد مخصوصا از نوع اسلامیش ، که با آمدن امام زمان تحقق می یافت،به طوری که می گفتند :با آمدن امام زمان همه با هم برابر می شوند و هر کسی می تواند دست تو جیب برادرش کند و هرچه می خواهد بردارد بدون اینکه او اعتراض کند، حزب توده هم یه چیزی در همین مایه ها راتبلیغ می کرد اما از نوع غیر اسلامیش ،در حکومت آرمانی کمونیسم همه چیز دولتی است و هر کس به اندازه نیازش از امکانات رایگان دولت استفاده می کند؛ امروزه دیگر از این حرفا کمتر زده میشود چون همه می دانند که هیچ چیزبدون طبقه نمی شود،مثلا امام زمان خودش یک طبقه است در بالا (بعد از خدا) ونائب امام زمان یه طبقه دیگر و مجمع تشخیص مصلحت و مجلس شورای اسلامی و خبرگان و شورای نگهبان و رئیس جمهور .....تا این پایین برسد طبقاتش سر به فلک می زند (مثلا طبقه زنا ن و مردا ن و روستاییان و شهریان و...)، حکومت های کمونیسم هرچند کمتر طبقه دارند ،اما دارند و طبقه بالاییشان نیز همیشه ثابت است (یک نوع دیکتاتوری) ؛اما

مضحک تر از این شعار(جامعه بی طبقه) شعار جامعه برابر است از یک طرف همه مردم رابرابر میدانند و از طرف دیگه مردم را به خودی و غیر خودی ،مومن وکافر ،شیعه وسنی ،مسلمان و اهل کتاب ، پیرومذاهب ضاله و غیر ضاله ،ترک و فارس ،کرد و بلوچ و...تقسیم بندی می کنند ودر این تقسیم بندی برخی را کاملا طرد و برای برخی نیز مزایای ویژه ای در نظر می گیرند (در انقلاب ما کردها ، سنیها ،بهاییها ، یهودیها مسیحیها زرتشتیها، بیخداها و بیدینهاو کمونیستها و سوسیالیستها و.... غیرخودی اند)، اما این تقسیم بندی ها همه بی پایه واساس است ، چرا که یک انسان را هزار جور میتوانی تقسیم بندی کنی ،اگر بخواهی از روی عقیده ایرانی ها را تقسیم کنی ۷۰ ملیون ایرانی ۷۰ ملیون عقیده دارند که با هم کلی فرق دارند و تازه عقاید هر آدم نیز هر روز عوض می شود از نظر نژادی نیز ایرانیان، شتر گاو پلنگ اند، یعنی نژادشان خالص نیست که بخواهی یک نژادرا انتخاب کنی وبهتر بدانی در یک تقسیم بندی مطابق ارزش های نظام می توانی یک آدم را خودی بدانی و شایسته تقدیر و در تقسیم بندی دیگرغیر خودی و شایسته تنبیه ، آخر ما آدمها ملغمه ای از افکار و عقاید و باورهای گوناگون هستیم که همه شان را یا به ارث برده ایم یا از محیط اطرافمان یاد گرفته ایم و در هر صورت اختیاری در کسب آنها نداریم ، نتیجه این که باید از خیر تقسیم بندی و طبقه بندی آدمها بگذریم و درقوانین مان آدمها را فقط به عنوان یک طبقه یعنی آدم محاکمه کنیم و ملاک های دیگر را کنار بگذاریم و جامعه بی طبقه هم هر چند که در عمل وجود ندارد اما می توانیم این طبقات را کم کنیم و به هم نزدیک کنیم و یا لا اقل در قوانین مان بین آنها فرق نگذاریم .

ارزشهای ما نسبی هستند ونه مطلق

اشیاء مادی اطراف ما مانند : خانه، ماشین، باغ،وسایل زندگی و .... برای ما ارزشی به همراه نمی‌آورند و ارزش ما را بالا نمی‌برند،زیرا این اشیاء بیرون از وجود ما قرار دارند و خوبی و بدی آنها وابسته به خودشان است و از سوی دیگر فانی و نابود شدنی هستند و جاویدان نیستند (استحاله می گردند) ارزش این اشیاء از خود آنها نیست و این ما هستیم که به آنها ارزش و بها می‌دهیم و گر نه در طبیعت تفاوتی میان سنگ گچ و یا طلا نیست و هیچ کدام نیز از دیگری باارزش‌تر نیست، پس اشیاء خارج از وجود ما در واقع هیچ کدام ارزش و بهایی ندارند و ارزش و بهای آنها را ما تعیین می‌کنیم، در وجود خود ما نیز بدنمان نمی‌تواند دارای ارزش باشد زیرا جاویدان نیست و هر شش ماه یکبار همه سلولهای آن می میرند و سلولهای جدیدی جایگزین می شوند و جسم ما دائما در حال تغییر است، از سوی دیگر ما در ساخت و چگونگی اجزا

وشکل جسم خود نقشی نداریم ، زیرا چگونگی آن بستگی به نژاد و محیط پیرامون ما دارد که خارج از کنترل ما ست، پس جسم و نژاد نمی توانند ملاک ارزشمندی ما باشند .

روحیات و به طور کلی ، شخصیت ما نیز ثابت نیست و همواره در حال تغییر است، در کودکی به یک گونه است و در نوجوانی به گونه دیگر ، و خود متاثر از محیط و نژاد می باشد که بر اولی اختیار اندکی داریم و دومی نیز از حیطه اختیار ما خارج است ، دانش و اطلاعات ورودی به مغز ما در دوره های مختلف زندگی متفاوت است و مغز ما نیز در گذر زمان پیر و فرسوده می شود پس خروجی آن که عقاید و دیدگاه های ما می باشد نیز در گذر زمان متفاوتند و چه بسیار پیش می‌آید که ما در یک دوره زندگی چیزی را ارزش می‌نهیم و چیزی را ضد ارزش می نامیم و در دوره دیگر زندگی نظر مان کاملاًتغییرمی کند.

نگرشهای ما نسبت به محیط اطرافمان همواره در حال تغییر و دگرگونی است زیرا اطلاعات ورودی به مغزمان ثابت نیست، پس ارزش‌های ما نیز که حاصل پردازش مغز ما از اطلاعات ورودی به آن است پیوسته در حال تغییر است در جهان چیز باارزش و بی ارزش وجود ندارد ، همگان با هم برابرند و همگان یکسانند، انسان غارنشین و انسان قرن بیست ویک و مگس و پشه در طبیعت فرقی با هم ندارند و هیچ مزیتی نیز بر یکدیگر ندارند ، چرا که برتری و کهتری زاییده خیال ماست و در جهان واقعی وجود عینی ندارد ، آری در طبیعت هیچ ارزش و ضد ارزشی وجود ندارد و خوبی و بدی در جهان بی معنا ، انتزاعی ، نسبی و ساخته ذهن خیال پرداز ماست ،حتی خداوند نیز معیارهای اخلاقی ما را باور ندارد و بر اساس آن رفتار نمی‌کند ، با نگاهی به اعمال وحشیانه و ضد اخلاقی(از نظر ما) جانوران و حیوانات با یکدیگر و حتی برخورد وحشیانه طبیعت با ما (که تابع اصول فیزیکی خود است نه اصول اخلاقی ما) کاملاً به این مطلب پی خواهید برد .

ملاک ارزش واقعی

آنچه ارزش دارد انسان است و نه عقیده انسان ، همه انسانها جدا از هر عقیده ای که دارند با هم برابرند و فرقی بین یک یهودی و مسلمان وکمونیست و زرتشتی و ... وجود ندارد، عقاید هرگز نباید باعث جدایی انسانها شود ، عقیده را باید از انسان جدا کرد و آنگاه انسانها را با یکدیگر پیوند داد ، مانند محبت مادر به فرزندش که او را فارغ از هر عقیده و مکتب و مرامی دوست دارد و می‌پرستد ، انسانها باید چونان کودکان فارغ از هر بغض و کینه و عقیده و کیش وآیینی یکدیگر را دوست بدارند و مانند کودکان پاک و بی آلایش باشند و با همیاری یکدیگر جهانی برتر و کاملتر بسازند و همه بر اساس اصول انسانی همدیگر را یاری کنند تا دیگر فقیری در جهان نباشد و ثروت و دانش افزون شود و این خود نیازمند یک مکتب جهانی

است که بر مبنای اصول مشترک اخلاقی برای همه کشورهای جهان نوشته شود و درسطح جامعه جهانی اجرا گردد ، مکتبی بر اساس اصول علمی نوین و یافته های جدید روانشناسی و علوم اجتماع و اقتصاد که بوسیله نخبه ترین دانشمندان فارغ از هر گونه نظر و غرضی نوشته و در جهان اجرا گردد و این به معنای یک آرمان شهر خیالی نیست بلکه امریست واقعی و بر مبنای اصول علمی .

راز موفقیت ملتها

کار رمز موفقیت ملتهاست ، کار نه تنها باعث سلامت روحی و روانی جامعه می شود و زمینه رشد فساد در جامعه را از بین می برد بلکه باعث رشد اقتصادی و علمی و اخلاقی جامعه نیز می گردد هیچ کارسودمندی فاقد ارزش نیست و هیچ کار سودمندی پست نیست این ما هستیم که کارها را بر مبنای ارزشهای خود ساخته مان طبقه بندی می کنیم و گرنه کار یک کشاورز از کار یک رئیس جمهور اگر مهمتر نباشد کمتر نیست ،رفتن به دستشویی و توالت گاهی برای ما بسیار مهمتر است از رفتن به یک کنفرانس علمی ویا جلسه ای سری ، کار یک رفتگر همان قدر مهم هست که کار یک پزشک و یا یک پلیس و گاهی اوقات بسیار هم مهمتر است زیرا همه ما به رفتگر ، کشاورز ، و یا نانوا نیاز داریم ولی ممکن است بسیاری از ما به پلیس یا پزشک یا مهندس نیازی نداشته باشیم ، باید فرهنگ ارزش کار در جامعه جا بیفتد و فرهنگ عیاشی و رفاه طلبی و تنبلی و یک شبه (بی زحمت)پولدارشدن که امروزه در جامعه ما رسوخ کرده از بین برود .

دولت باید تلاش کند که بیکاری را در جامعه از بین ببرد و زمینه رشد و فعالیت جوانان را فراهم کند برای نیل به این هدف با تشکیل اتحادیه های کارگری می تواند بیکاری را تا حدود زیادی از بین ببرد، بدینگونه که بوسیله سازمان کار و امور اجتماعی می توان انجمنی تاسیس کرد که جوانان جویای کار به آنجا مراجعه کنند ، وظیفه سازمان این است که با استفاده از جوانان، گروهها و اتحادیه های کاری تشکیل بدهد،تا جوانان هر کدام سرمایه ای را که در اختیار دارند بر روی یکدیگر بگذارند و با سهام مشترک خود و یاری دولت موسسه صنعتی و یا تولیدی بوجود بیاورند و در آن مشغول به کار شوند دولت در این میان میتواند ضمن نظارت برروند کار با اعطای وامهای کم بهره از این اتحادیه های کاری حمایت کند و نیز دولت می تواند به هزینه خود کارگاهها و کارخانه های کوچکی را بسازد و آنرا به صورت سهام به جوانان جویای کار واگذار کند تا در آنجا مشغول بکار شوند.

فسادجنسی ؟

هر ملت وکشور یا دین وآیینی تعریفی از فساد جنسی دارد وملاک و معیاری را برای آن در نظر می گیرد، برای نمونه در اسلام چند همسری جایز است ولی در دین زرتشت ممنوع است و یا در عربستان زنان روبند می بندند ونداشتن آن را نشانه فساد می دانند ولی در ایران نداشتن روبند نشانه فساد اخلاقی نیست در کشورهای دیگر نیز این خط قرمز ها و معیارها متفاوت است ، این تفاوت در تعریف فساد جنسی نمایشگر تفاوت ارزشهای جوامع گوناگون می باشد و مشکل ما نیز در حل فساد جنسی این است که ملاک و معیار مشخصی را برای آن در نظر نمی‌گیریم و به هدف اصلی ایجاد میل جنسی توجه نمی‌کنیم!هیچکس شک ندارد که هدف از ایجاد این میل در انسان و حیوان تولید مثل و بقای نسل می باشد پس میل جنسی برای انسان و حیوان لازم است و نباید هر گز با آن مبارزه کنیم بلکه باید ملاکها و ارزشهای مان را در باره این میل با توجه به هدف ایجاد این میل بازسازی و باز نگری کنیم .

همه می دانیم که انسان با حیوان تفاوت دارد چرا که انسان موجودی اجتمایی است ودر متن جامعه ای کوچک به نام خانواده پرورش می یابد که بقا و استحکام این جامعه کوچک موجب بقا و استحکام اجتماع می گردد و هر چه بنیاد خانواده مستحکم تر باشد اعضاء آن احساس آرامش بیشتری کرده و زندگی بهتر و شادتری را تجربه خواهند کرد و این بنای کوچک می تواند در ساختن جامعه فردا سهم عمده ای را ایفا کند ، پس ما باید حفظ بنیاد این بنای مقدس را در راس ارزش هایمان قرار بدهیم . بنابر این ما در ارزش گذاری و برنامه ریزی در مورد غریزه جنسی دو هدف را باید در نظر بگیریم :

۱– حفظ بقای نسل بشر

۲ – حفظ بنیاد خانواده

بهتر است همه معیارها و ملاکهای ما در زمینه مهار میل جنسی بر اساس این دو هدف باشد یعنی اگر فعل و یا عملی یکی از این دو هدف را تهدید کرد می توانیم آنرا فساد بنامیم .

- برای نمونه عمل زنا محصنه هدف اولی را تامین می کند ولی هدف دوم یعنی بنیاد خانواده را از هم می پاشد پس این عمل چون یک هدف ما را تهدید کرده فساد جنسی شناخته می شود ولی ازدواج بین زن ومرد هم هدف اول را تامین می کند و هم هدف دوم را پس فساد جنسی نیست و می تواند ارزش باشد.

- نداشتن حجاب و پوشش اسلامی در برخی از کشور های اسلامی (مانند ایران) که به این نوع پوشش عادت کرده‌اند ممکن است هدف دوم را تهدید کند(در این جوامع گذر از پوشش اسلامی به سمت پوشش غربی باید به تدریج انجام بگیرد تا مردم بتوانند آنرا در فرهنگ خود

هضم کنند و بدان عادت کنند و اگراین کار یک باره انجام بگیرد می تواند موجب فساد شده و بنیاد خانواده ها را تهدید کند).

- تحصیل زنان در جامعه نه تهدیدی برای هدف اول و نه تهدیدی برای هدف دوم می باشد پس غیر اخلاقی نیست وهمچنین روابط اجتماعی بدون سکس بین زن ومرد نیز به این دو هدف لطمه ای وارد نمی‌سازد و مجاز می باشد.

- عمل خود ارضایی قبل از ازدواج زیانی به این دو هدف وارد نمی‌سازد ولی بعد از ازدواج ممکن است برای حفظ بنیاد خانواده مضر باشد.

- همجنس بازی جنسی که بنیاد خانواده و بقای نسل را تهدید می کند می تواند غیر اخلاقی و به عنوان فساد جنسی شناخته شود.

- نمایش فیلم های سکس از رسانه های همگانی نیز می تواند برای بقای بنیاد خانواده مضر باشد و می توانیم آنرا ضد ارزش معرفی کنیم و...

پوشش مناسب زنان و مردان در جامعه :

زن و مرد در جوامع کنونی با توجه به خط قرمزهایی که جامعه جهانی برای آنها در نظر می گیرد ، بهتر است در انتخاب نوع پوششان آزاد باشند واین جزء اصول اولیه حقوق بشر است ولی به طور کلی در زمینه نوع پوشش زن و مرد شاید بهتر باشد یک پوشش مشترک جهانی را در نظر بگیریم که در بین همه مردان و زنان و در همه کشور ها یکسان باشد و حتی می توانیم برای زن ومرد یک نوع پوشش همانند در نظر بگیریم همانطور که قبلا گفتم نوع پوشش بستگی به عادت یک جامعه دارد به طوری که یک پوشش خاص در یک جامعه می تواند موجب فساد شود و در جامعه دیگرنشود برای نمونه در کشور ما که نوع پوشش اسلامی است تغییر آنی آن می تواند موجب فساد شود (تهدید هدف دوم) لذا هر تغییری در نوع پوشش باید به تدریج انجام بگیرد تا مردم بدان عادت کنند . لازم به ذکر است نوع پوشش و حتی نداشتن پوشش بنیاد خانوادگی را تهدید نمی کند ومحرک میل جنسی نیست بطوریکه امروزه بسیاری از قبایل وحشی و بدوی آفریقائی و جنگلهای آمازون بدون داشتن هیچ نوع پوششی بنیاد خانوادگی مستحکمی را تجربه می کنند چرا که انسانها موجوداتی سازش پذیرندو با هر وضعیتی می سازند و به تدریج خود را با آن تطبیق می دهند ولی اگر این وضعیت یکباره تغییر کند مشکلاتی را برای آنها به وجود می آورد در کشور ما نیز چون زنان قبلا در داشتن نوع پوشش تا حدودی آزاد بوده‌اند و با فرهنگ آن آشنائی دارند اختیاری شدن نوع پوشش مشکل چندانی را ایجاد نمی‌کند ولی اگر بخواهد این امر انجام بگیرد برای احتیاط بهتر است اندک اندک انجام شود برای مثال در مرحله اول اختیاری بودن چادر و پوشیدن مانتوبه جای چادر ودر مرحله دیگر پوشیدن کت به جای مانتو و ... تا به سطح جهانی برسیم بطوری که لباس زن

و مرد در همه جهان یکسان باشد و همه به یک لباس و پوشش خاص عادت کنند و دیگر مشکلی به نام بی حجابی ویا بد حجابی نداشته باشیم . این پوشش واحد جهانی را می توانیم به عنوان یک ملاک در نظر بگیریم و اگر کسی بر خلاف آن عمل کرد کار او را به خاطر تهدید هدف دوم فساد جنسی تلقی کنیم همه مردم جهان به تدریج با این پوشش واحد جهانی عادت خواهند کردوما نباید این پوشش را در کوتاه مدت تغییر دهیم (برای نمونه پوشیدن کت و شلوار برای زن و مرد) وما ناگزیر به انجام این کار هستیم و بهتر است در پوششمان همرنگ جوامع دیگر باشیم، چرا که در دهکده جهانی امروز که همه کشورها با هم ارتباط دارند اگر یک کشور پوشش اسلامی را رعایت کند چون کشورهای دیگر رعایت نمی‌کنند به علت ارتباط گسترده بین جوامع مشکلات زیادی نخست برای مردم این کشور و سپس برای مردم کشور های دیگر که با این کشور مراوده دارند بوجود می آید . (لازم به ذکر است آیت الله طالقانی و برخی دیگر از علما نیزدر آغاز انقلاب با اجباری شدن حجاب اسلامی در کشور مخالفت می ورزیدند) .

نگاهی دوباره به روابط زن و مرد(کنکاشی درنقش باز دارنده گی پوشش اسلامی از فساد جنسی).

بیشتر علماء دین اسلام و همچنین عوام معتقدند که رعایت حجاب و پوشش اسلامی نقش باز دارنده گی مهمی درکنترل غریزه جنسی دارد و برای نمونه جامعه ایران را با کشور های غربی مقایسه می کنند ،غافل از این که این قیاس از پایه باطل می باشد چرا که هنجارها و ملاک های ارزشی دو جامعه با هم متفاوتند.

اگراندکی اندیشه کنیم در می یابیم که این حجاب و پوشش اسلامی نیست که مانع فساد می شود بلکه این فرهنگ و سنت‌ها و ارزش های مردم است که میتواند مانع رشد فساد جنسی در جامعه شود مثال گویای آن کشورهای ژاپن و چین وکره و کشورهای آسیای جنوب شرقی می باشند ، با این که پوشش اسلامی در این جوامع رعایت نمی‌شود ولی آمار فساد جنسی در این کشورها بسیار کمتر از جامعه ما می باشد زیرا آنها برسنت و فرهنگ خویش تکیه دارند و بدان پایبندند واز سوی دیگر شاید لازم به گفتن هم نباشد که در جامعه جهانی باز و گسترده امروز که همه کشورها با هم ارتباط دارند داشتن حجاب اسلامی نه تنها مانع فساد جنسی نمی‌شود بلکه با آسیب پذیر کردن جوانان در برابرمحرک‌های خارجی خود مسبب فساد میباشد و از سویی دیگر تکیه صرف بر مسائل جنسی و نادیده گرفتن دیگر نیاز های انسان وبدین بهانه جدا کردن زن ومرد در جامعه آزاد امروز کار خردمندانه‌ای نیست و فرهنگ نوین جهانی به هیچ وجه آنرا نمی‌پذیرد چرا که انسان آزاد معاصر معتقد است زن و مرد هر دو انسانند و نباید

مانند حیوانات با آنها برخورد کرد حیواناتی که گویا روابط آنها تنها روابط جنسی و بر مبنای غرایز است و باید همواره آنها را از همدیگر دور نگه داشت ؛ زن و مرد هر دو با هم برابرند و باید نگرش به آندو برمبنای اصول انسانی باشد وهر حقی که برای مرد در نظر گرفته می‌شود برای زن نیز باید در نظرگرفته شود زن نباید مانند کشورهای غربی در نقش یک کالای تبلیغاتی ظاهر شود ونباید به چشم یک اسباب بازی به او نگریسته شود و نیز نباید همانند برخی از کشورهای اسلامی در چهار دیوار خانه محصور شود و تمام حقوق اجتمایی او گرفته شود زن و مرد هر کدام به عنوان یک انسان باید محترم شمرده شوند و به آزادی های آنان تا آنجائی که به آزادی دیگران لطمه ای وارد نسازد احترام گذاشته شود بهتر است که نوع پوشش زن ومرد نیز همانند هم باشد و در مسائل مشترک مانند ازدواج و طلاق هر دو تصمیم گیرنده و انتخاب کننده باشند نه مانند جامعه ما که زن باید در خانه بنشیند تا مرد به خواستگاری او برود و شانس و بخت او را رقم بزند و در طلاق نیزتنها حق به مرد داده شود ،این بر خلاف اصول انسانی است ، در امر مهمی مانند ازدواج بهتر است زن و مرد پس از شناخت یکدیگر هر دو با اختیار خود و بدون دخالت دیگران ازدواج کنند نه این که فقط مرد به خواستگاری زن برود و تنها او انتخاب کننده باشد و اختیار زن در انتخاب تنها در حد خواستگارانی باشد که به سراغش می آیند و نه بیشتر (و متاسفانه باز در اینجا نیز زن بدون جلب موافقت والدین خود مخصوصا پدر حق انتخاب ندارد) .

در پایان پیشنهاد می شود که در کشورهای بسته اسلامی (مانند عراق و افغانستان) که قصد دارند آزادیهای بیشتری را به مردم خود اعطا کنند ، اعطای آزادی به زنان بهتراست به تدریج و یواش یواش انجام بگیرد تا بتواند در فرهنگ جامعه هضم شود زیرا اگر این کار به یکباره انجام بگیرد به دلیل عادت به قید و بندهای پیشین و عدم هضم فرهنگ جدید فساد و بی بند وباری ،برای مدتی موقت، در جامعه رشد خواهد کرد (همانگونه که دردوره پهلوی در جامعه ما به وجود آمد) .

فصل سوّم

فلسفه آفرینش

در این جهان که هیچ از آن نمی دانیم ،بزرگترین وظیفه ماهمانا تولید دانش و نشر آن است تاشاید بتوانیم روزی به رازآفرینش پی ببریم.

آدمی دنبال هر چیزکه می رود از چیزی دیگرباز می ماند.

با افزایش دانایی ما نادانی ما نیز افزایش میبابد.

با پیشرفت دانش اندیشه ها نیز تکامل میبابند.

در جستجوی راز خوشبختی - بخش نخست

این قافله عمر عجب می گذرد

در یاب دمی که با طرب می گذرد

اکثر شعرای فارسی زبان (مخصوصاً خیام) در اشعار خود مردم را به شاد زیستن و لذت بردن از دوران محدود و معدود حیات دعوت کرده اند ، اما متاسفانه نمی توان با خواندن یک بیت شعر و دعوت افراد به شاد بودن ، شادی را به عمق ضمیر آنها فرستاد ، چرا که احساس شادی و خوشبختی برداشتی ذهنی و درونی است و عوامل متعددی در شکل دهی آن دخیل هستند که گاهی از کنترل ما نیز خارج می شوند ، ناپلئون بناپارت و هلن کلر دو نمونه تائید کننده این ادعا هستند ، ناپلئون قدرتمندترین پادشاه اروپا که از هیچ به همه چیز رسیده بود می گفت که: من حتی شش روز خوش هم در زندگی نداشته ام، در حالی که هلن کلر نابینا و کر و لال از زندگی اظهار رضایت می کرد و می گفت : زندگانی را بیش از حد تصورم زیبا یافتم .

تجربه خوشبختی در نزد انسان ها متفاوت است و هر کدام خوشبختی را با روش های مختلف و در معانی متفاوتی جستجو می کنند .

۱- آلبرت آلیس صاحب نظریه - عقلانی ،عاطفی - معتقد است آنچه که باعث بروز ناراحتی و احساسات منفی در ما می شود در حقیقت خود مشکل نیست ، بلکه باورهای غلط ما درباره زندگی است که ایجاد مشکل می کنند ، آلیس از یازده باور و عقیده غیر منطقی نام می برد که باید آنها را تغییر بدهیم تا بتوانیم احساس خوبی در باره زندگی داشته باشیم و بهتر بتوانیم مشکلات مان را حل کنیم ، دیل کارنگی در تایید این عقیده می گوید : دو زندانی از یک دریچه به بیرون نگاه می کردند اما یکی آسمان پر ستاره را تماشا می کرد و دیگری زمین لجن زار را می نگریست .

وشما دوست عزیز اگر از زندگی تان راضی نیستید و می‌خواهید آنرا تغییر دهید ، نخست باید افکار خود را عوض کنید وباورهای منفی را از ذهن خود بیرون بریزید ، راز خوشبختی در خوشبینی و داشتن ذهنیت مثبت است چرا که ما همان هستیم که فکر می کنیم پس بیاییم درست فکر کنیم .

ای برادر تو همه اندیشه ای

ما بقی خود استخوان و ریشه ای

گر بود اندیشه ات گل ، گلشنی

ور بود خاری ، تو هیمه گلخنی

۲ – پرز روانشناسی که مکتب گشتالت درمانی را ارائه کرده معتقد است که بیشتر اضطراب و ناراحتی افراد به خاطر تا کید آنها بر زمان گذشته یا آینده و فراموش کردن زمان حال به وجود

می آید ، زیرا افرادی که در گذشته زندگی می کنند با سپر قرار دادن وقایع و تجارت گذشته ، مسئولیت رفتار جاری خود را به دوش گذشته می اندازند و در نتیجه از مسئولیت زمان حال خود سر باز می زنند ، و افرادی هم که ذهن خود را با افکاری درمورد آینده مشغول می کنند ، آنچه را که اکنون اتفاق می افتد نمی بینند و مدام انتظار روی دادن اتفاقات بد را دارند و مضطرب هستند .

این روان شناس به ما توصیه می کند که حوادث تلخ گذشته را اگر نمی توانید فراموش کنید آنها را با استفاده از خیال پردازی و بازی نمایشی به زمان حال بیاورید و دوباره تجربه کنید تا دیدگاهتان درباره آنها عوض شود .

از دی که گذشت هیچ از او یاد مکن
فردا که نیامدست فریاد مکن
بر نامده و گذ شته بنیاد مکن
حالی خوش باش و عمر بر باد مکن

۳ – یکی از مطمئن ترین راههای رسیدن به خوشبختی این است که برای خوشبخت کردن دیگران تلاش کنید ، زیرا وقتی شما باعث خوشحالی دیگران می شوید ، رضایت خاطر و شادی آنها به شما نیز سرایت می کند (دیل کارنگی)

زرتشت نیز در این باره می گوید : خدمت به خلق وظیفه نیست ، نوعی لذت است ، زیرا به سلامتی و خوشی شما می افزاید .

۴- دل خود را از کینه خالی کن تا خوشبختی در آن لانه کند ، مانند حضرت عیسی (ع) که وقتی به صلیب کشیده می شد همه دشمنانش را بخشید و فرمود : خداوندا آنها را عفو کن ! زیرا نمی دانند که چه می کنند. . شاید ما نتوانیم دشمنانمان را دوست بداریم ولی حد اقل می توانیم آنها را ببخشیم تا موجب یاد آوری دردهای ما نشوند ، کنفسیوس می‌گوید : زیان و درد برای ما آنقدرها مهم نیست ، چیزی که باعث ناراحتی ما می شود به خاطر آوردن آنهاست .

۵ – با استفاده از قدرت تخیل، شادی و نشاط و موفقیت را برای خود بیمه کنید .

آندره آغاسی تنیس باز معروف آمریکائی می گوید : در ده سالگی هزاران بار در ذهنم تجسم می کردم که همه حریفانم را شکست داده ام و عاقبت نیز به آرزویم رسیدم .

۶ – موفقیت واقعی اینست که با تقویت ایمان و اعتقادات سازنده ، نیروهای عظیم درونی خود را فعال کنیم .

۷ - در زندگی شکست وجود ندارد ، فقط نتیجه موجود است ، اگر از یک راه به نتیجه نرسیدید ، راههای دیگر را امتحان کنید ، یک مساله راه حلهای متعددی دارد ، حتما راه حل مورد نظر خود را پیدا خواهید کرد .

از هر کرانه تیر دعا کرده ام روان
باشد کز این میانه یکی کارگر شود

۸ - مسئولیت پذیر باشید و تقصیر شکستها و ناکامی های خود را به گردن دیگران نیندازید .

نیکی و بدی که در نهاد بشر است
شادی و غمی که در قضا و قدر است
با چرخ مکن حواله کاندر ره عقل
چرخ از تو هزار بار بیچاره تر است

۹ - وجود آدم عصبانی همیشه پر از زهر است (کنفسیوس)

۱۰ - فرانکل روانشناس آلمانی می گوید : این رنج و درد نیست که باعث ناراحتی و اندوه ما می شود بلکه فقدان معنا در زندگی باعث ناراحتی ماست او می گوید ، بشر برای یافتن معنا درزندگی یا باید خلاقیت و نو آوری و سازنده گی کند و یا باید در زیبایی های طبیعت غوطه ور شود یعنی به عالم هنر پناه ببرد و اگر به خاطر محرومیت نمی تواند هیچ یک از این دو کار را انجام بدهد می تواند مانند زندانیان با پذیرفتن درد و رنج به زندگی خود معنا بدهد .

۱۱ - به جای اینکه به تاریکی لعنت بفرستید شمعی روشن کنید (کنفوسیوس).

۱۲ - اگر برای دیگران کاری انجام می دهید توقع سپاسگزاری و قدرشناسی نداشته باشید چرا که سرشت دنیا ناسپاس است ، میتوانید هدفتان را رضایت و خشنودی خاطری در نظر بگیرید که از بابت بخشش و گذشت به شما دست می دهد .

ارسطو می گوید : انسان واقعی از نیکی کردن به دیگران خوشحال می شود اما از اینکه دیگران به او نیکی کنند شرمنده می شود زیرا آن نهایت بزرگواری و این نهایت حقارت است و هیچ کس دوست ندارد حقیر شود .

۱۳ - قانع و سپاسگزارنعماتی باشید که خداوند به شما عطا کرده است ، سعدی در گلستان می گوید : به خاطر نداشتن کفش بسیار ناراحت بودم و از خداوند گله و شکایت می کردم تا اینکه در شهر مردی را دیدم که پا نداشت ولی خدا را شکر می کرد ، خجل شدم و در یافتم که ناسپاسی کرده ام و بزرگترین نعمت خداوند را (سلامتی) فراموش کرده ام .

دیل کارنگی در این زمینه می گوید : موهبت هایت را بشمار نه محرومیت هایت را .

۱۴ - از لیموی ترشی که در دست دارید ، بکوشید ! لیموناد گوارایی درست کنید .

بدترین مزرعه آن است که علاوه برغیر قابل کشت بودن پر از مارهای سمی نیز باشد اما کشاورز اندیشمند و خوشبین در چنین مزرعه ای با اندکی ابتکار از سم مار ها آنقدر استفاده می برد که اگر حاصلخیز بود آن اندازه سود نمی برد (دیل کارنگی)

۱۵ - خوشبختی از درون خانواده شروع می شود ، افراد خانواده شما جملگی انسان هستند به آنها انگیزه بدهید تا خوشبخت شوند (ناپلئون هیل)

۱۶ - راز بدبختی و بیچاره گی ما ایام فراغتمان است که آنرا با فکر درباره خوشبختی و بد بختی می گذرانیم (برنارد شاو)

۱۷ - هیچگاه تسلیم نومیدی نشوید (روتشیلد)

هان مشو نومید چون واقف نه ای ازسرغیب
باشد اندر پرده بازی های پنهان غم مخور

۱۸ - اگر نتوانستید برخی از مشکلاتتان را حل کنید (مانند معلولیتهای جسمی) بهتر است آنها را بپذیرید و با مشکلاتتان سازگار شوید تا احساس بهتری پیدا کنید .

تن را به قضا سپار و با درد بساز
کین رفته قلم ز بهر تو ناید باز

۱۹ - دوستانی منا سب برای خود در نظر بگیرید تا خوشبختی شما کامل شود .

دوستان به که ز وی یاد کنند
دل بی دوست دلی غمگین است (پروین اعتصامی)

۲۰ - خود را دست کم نگیرید شما شاهکار خلقت هستید بدانید که به ازای هر عیب و نقص که در وجود شماست هزاران استعداد و امتیاز مثبت نیز وجود دارد که تنها بخشی از آنها را کشف کرده اید ،

بودا می گوید : در تنی نحیف می تواند اندیشه ای بزرگ مسکن بگیرد .

۲۱ - و خوشبختی از نظر سهراب سپهری یعنی نگاه عاشقانه به جهان و شاید نگاهی کودکانه و بدون واسطه به جهان ، یعنی باورها و پندارهای غلط را از چشم مغزمان بشوریم و جهان را همانگونه که هست (زیبا) ببینیم ،

- چشمها را باید شست ، جور دیگر باید دید .

جهان بینی سهراب درباره زندگی تا اندازه ای متاثر از فلسفه هندی مخصوصا کریشنا مورتی فیلسوف معاصرهند است ، در این دیدگاه که به نگاه بدون واسطه به جهان تاکید می کند ، همه چیز زیباست ، گل شبدر و لاله قرمز ، کرکس و کبوتر ، مگس ، پروانه ، کرم و حتی مرگ همه زیبا هستند و فرقی با هم ندارند .

گل شبدر چه کم از لاله قرمز دارد ؟

و از نگاه سهراب هر چیزی می تواند برای ما دلخوشی ایجاد کند حتی یک کبوتر، دلخوشی ها کم نیست ، مثلا این خورشید ، کودک پس فردا ، کفتر آن هفته ....[۱]

در جستجوی راز خوشبختی - بخش دوم

خوشبختی در درون ماست و به تعبیر ما از زندگی بستگی دارد ، به اینکه چگونه به زندگی نگاه کنیم و حوادث آنرا برای خود تعبیر کنیم ، خوشبختی یعنی همه چیز را زیبا نگاه کنیم و هیچ چیز را زشت ندانیم و به همه چیز بدون واسطه بنگریم و برای پدیده ها ارزش تعیین نکنیم ، کرم و پروانه ، سیاه و سفید ، مرگ و زندگی، شب و روز و... همه را با هم برابر بدانیم و هیچ کدام را بر دیگری برتری ندهیم ، خوشبختی یعنی نگاه عاشقانه و کودکانه به جهان ، چه بسا که یک کودک و یک دیوانه بسیار خوشبخت تر از ما باشند و از زندگی خود بیشتر لذت ببرند و چه بسا که یک کشاورز فقیر روستایی ویک مادر گرسنه آفریقایی خود را بسیار خوشبخت تر از لردهای انگلیسی و یا ملیونر های آمریکایی ببینند ، خوشبختی به ثروت نیست و به دانش نیست و به دین و مذهب نیز وابسته نیست . خوشبختی یک فرد شاید تا اندازه زیادی در دستان خودش باشد ولی خوشبخت کردن و شاد نمودن یک ملت وظیفه دولتش است ، دولت مردان ایرانی با اجرای برنامه های زیر می توانند شادی بیشتری را به شهروندانشان هدیه کنند :

۱ – با برپایی جشنهای ملی مردمی و برخاسته از سنتهای دیرین مانند : جشن نوروز ، سده ، سیزده به در ، چهارشنبه سوری ، مهرگان ، تیرگان ، جشن برداشت محصول ، جشن آغاز مدارس و .....

۲ – اجرا و تولید بیشتر برنامه های شاد و طنز در رسانه های همگانی

۳ – اعطای آزادیهای بیشتر به شهروندان و شرکت دادن همه اقلیتها و قومیتها و احزاب در سیاست گذاریهای کشور

۴ – اصلاح تدریجی فرهنگ ایرانی از فرهنگ عزا به فرهنگ شادی

۵ – محترم شمردن حق آزادی بیان

۶ – مبارزه با فقر و بیسوادی

۷ – پاسداشت فرهنگ و آداب و رسوم گروههای مختلف مردم و معرفی فرهنگ آنها در رسانه های گروهی

۱- متن کامل این مقاله به قلم اینجانب در ماهنامه دانشمند به چاپ رسیده است.ماهنامه دانشمند ،آذر ۱۳۸۲، شماره ۴۸۲ ،صفحه ۱۱ تا ۱۳

۸ - گسترش ورزش در جامعه
۹ – حفظ زیستگاههای طبیعی کشور و گسترش پارکهای مصنوعی و فضای سبز در شهرها
۱۰ – توجه بیشتر به بهداشت روانی مردم
۱۱ –ایجاد سازمانهای رفاه اجتمایی و کمک دولت به - ان جی او- های مردمی مانند موسسسه حمایت از زندانیان ، موسسه کمک به کودکان خیابانی ، انجمن پخش غذای رایگان بین بینوایان و ...
۱۲ – مشارکت بیشتر مردم در سیاست کشورشان از راه انتخابات واقعی و حذف رهبران ما دام العمر .

بازگشت به خویشتن

استالین می گفت : من حاضرم یک سال گرگ زندگی کنم اما صد سال گوسفند نباشم منظورش این بود که انسان نباید برده وار زندگی کند بلکه باید برده دار باشد، من روی این قضیه خیلی فکر کردم و آخر به این نتیجه رسیدم که انسان بهتر است نه گرگ باشد و نه گوسفند انسان باید خودش باشد ،برده گی وبرده داری را باید کنارگذاشت ، وبه خویشتن خویش بازگشت، خیلی چیزها بردگی می آورند و یا مصداق برده داری هستند ،برای نمونه دراین عصر همه دارند به نوعی تلاش می کنند،از تحصیلات شروع می شود، بعد شغل، بعد ازدواج، بعد خانه ،بعد ماشین، بعد... تا آخر عمر حرص وجوش می خورند و می دوند تا اینکه یک دفعه به آخر خط می رسندومی بینند عمرشان تمام شده و آن چه را که بدست آوردند در برابر آنچه که از دست دادند بسیار ناچیز و بی ارزش است چیزهای با ارزشی مانند لحظات شاد کودکی و جوانی که دیگر هرگز باز نمی گردند ، میبیننددر این هفتاد یا هشتاد سال عمر خود یک لحظه هم از زندگیشان راضی نبودند و هرچهاندوخته اند، باید بگذارند و بروند، این یک رقابت نادرستیست که ما را از طبیعتمان دور کرده ما هر چی باشیم فلز و آهن نیستیم ما هنوز همان میمونهای فرضیه داروینیم که دلمان به جنگل وصله یا بچه های آدم و حواییم که آرزوی باغ جنت را داریم فرقی نمی کند ،کامپیوتر و موبایل و ماشین هر چند که مدتی مارا مشغول می کند اما نمی تواند ما را ارضا کند ،برای همین است که همواره بیشتر می خواهیم ،بهترین ماشین ،بهترین خانه، بهترین شغل، بیشترین درآمد ،اما هیچ وقت راضی نمی شویم، چون می بینیم باز بالاتر از آن هم است ؛مدتی پیش در تیتر اخبار روزنامه ها خواندم که یک زن و شوهر فرانسوی، لخت وعور بدون هیچ وسیله ای حتی کبریت به درون جنگلهای آفریقا رفتند تا بقیه عمر خودشان را مثل اجدادشان در آرامش زندگی کنند چون معتقد بودند زندگی صنعتی آرامش را از انسان گرفته، خوب برای همه اینکار امکان پذیر نیست چون با این سیل مهار

نشدنی جمعیت که به راه افتاده و تنها راه کنترلش زندگی در یک سیستم منظم اجتمایی است، نمی شود با سیستم سنتی این همه آدم را سیر کرد، اما هرفردی می تواند خودش را به طبیعت نزدیک کند و یا طبیعت را به درون خانه خودش بیاورد،کارهایی مانند : نگهداری از حیوانات خانگی ،کاشت و پرورش گیاهان، پیاده روی در طبیعت،استفاده از دوچرخه به جای خودروی شخصی که هم ورزش است و هم برای محیط زیست زیانی ندارد، کوهنوردی ، غار نوردی ، جنگل نوردی و.....

انسان در عصر کنونی نمی تواند تمدن و زندگی شهری را کاملاکنار بگذارد ،اما این به آن معنی نیست که انسان بایدخودش را فدای تمدن کند، انسان باید تا میتواند از لحظات زندگی خودش لذت ببردو مانند کودکان که بدون دلیل شادند وهر چیز ساده ای مانند راه رفتن یک سوسک آنهارا می خنداند ،دوباره به شادی انسانهای نخستین بازگردند،امروزه بسیاری از قیدوبندهای اجتمایی و سیاسی، مذهبی ایرانیان را افسرده و ناشاد کرده ،آمارهای جهانی نشان می دهند که ایرانیها در دوران اخیر اندوهگین تر و افسرده تر شده اند و در رده های آخر ملتهای شاد قرار دارند،حتی کشورهای فقیر افریقایی نیز از نظر شادی اجتمایی از ما بالاترهستند،خوب خیلی از شادیها سیاسی اجتمایی اند و باید دولت یا بخش خصوصی آنها را ایجاد کند، مثل باشگاههای ورزشی ، باشگاههای خنده ،باشگاههای رقص ،سیرک ها و کارناوال های شادی یا برنامه های شاد رادیو و تلویزیون اما بسیاری نیز در دستان خودماست ،مانند: شاد کردن انسان های دیگر و مهرورزی با حیوانات و پرورش گیاهان که باعث شادی ما می شوند.

نگاهی تازه به وجود و بقای روح

اعتقاد به وجود و بقاء روح آدمی ، اعتقاد به پدیده ای متا فیزیکی است که از هزاران سال پیش ذهن انسانها را به خود مشغول داشته است و باعث ایجاد جنجال های زیادی در محیط های علمی و یا غیر علمی شده است ، این اعتقاد شاید بیشتر به خاطر ترس از مرگ و فنا و نیستی باشد چرا که این باور قبل از اینکه ادیان بوجود بیایند در بین بسیاری از قبایل بدوی به اشکال گوناگون وجود داشته است ، تناسخ یکی از این باور هاست که برخی از ملل معتقد بودند (و هستند) که روح انسان پس از مرگ دوباره در کالبدی جدید به زندگی باز می گردد و در میان اهل تناسخ برخی معتقدند که روح انسان پس از مرگ می تواند در کالبد یک حیوان یا انسان حلول کرده و در قالبی جدید دوباره زنده شود و برخی معتقدند روح انسان فقط می تواند در کالبد یک انسان جدید از نو متولد شود .

امروزه با توجه به اهمیت مسئله روح ، علماء متا فیزیک تلاش کرده اند علی رغم یک باور دینی و یا قومی از نگاه علمی به این پدیده نظر بیندازند و با استفاده از روش تحقیق علمی به

صورت تجربی آنرا اثبات کنند ، وجود جلسات و گروههای متعدد احضار کننده ارواح در کشورهای صنعتی و غیر صنعتی و فیلم برداری و عکس برداری از این جلسات و آزمایشاتی که در زمینه تله پاتیک (ارتباط از راه دور) و آینده بینی و هاله دور بدن انسان انجام شده است و همچنین چاپ کتب متعدد در این زمینه با تیراژ بالا در جهان نمونه هایی از تلاش گسترده محققین جهت اثبات روح می باشد و آنها تا اندازه زیادی در این کار موفق شده اند ، بطوریکه بر اثر تلاش این افراد دیدگاه جهان مادی ما به سمت اعتقاد به وجود روح و عالم ماوراء طبیعت تغییر یافته است . این جانب (نگارنده) در چندین جلسه احضار روح این گروهها شرکت داشته ام ، در این جلسات افراد گروه در یک اتاق تقریبا تاریک حاضر می شوند (احضار کننده ها معتقدند روح در روشنائی نمی تواند ظاهر شود) و بوسیله یک مدیوم (واسط) یعنی شخصی که به حالت خلسه فرو رفته است با روح ارتباط بر قرار می کنند و روح فرد در گذشته با استفاده از بدن مدیوم با حضار حرف می زند و یا به صورت اثیری ظاهر می شود و از آن عکس و یا فیلم می گیرند ، در برخی از جلسات بدون استفاده از مدیوم ، روح بوسیله یک شئ و به صورت رمز گونه (مانند حرکت سوزن در داخل نعلبکی بر روی حروف الفباء و یا زدن ضربات مورس بر روی میز) با افراد گروه ارتباط بر قرار می کند .

امروزه علی رغم تحقیقات گسترده ای که در زمینه اثبات روح و بقاء آن انجام شده است هنوز هم سئوالات بی جواب زیادی وجود دارد، که محققین مسائل متا فیزیک از پاسخ گویی با آنها ناتوانند، پرسش هایی مانند :

- آیا روح انسان پس از مرگ هم باقی می ماند ؟
- آیا مطابق باور برخی از قبایل بدوی اجسام و اشیاء (مانند کوه و زمین) نیز روح دارند ؟
- آیا در صورت اثبات بقاء روح ، روح انسان پس از مرگ به کالبدی دیگر حلول می کند ؟ و یا اینکه به آسمان و نزد خدا باز می گردد ؟
- آیا گیاهان و حیوانات نیز روح دارند ؟ و در صورت مثبت بودن جواب ، روح آنها چه تفاوتی با یکدیگر و با روح انسان دارد ؟
- ماهیت و ساختار روح چیست ؟
- آیا روح مرکب است یا بسیط ؟ودر صورت مرکب بودن از چه اجزایی تشکیل شده است ؟
- آیا ماهیت روح ما در طول عمر با تغییر جسم ما تغییر می کند ؟ یا ثابت است ؟

و دهها سوال دیگر نظیر اینها .

شاید پاسخگوئی به بسیاری از این پرسشها از حیطه و توانایی علوم تجربی خارج باشد و به علوم نظری باز گردد .

در طول تاریخ بسیاری از فلاسفه و علماء دین به انحاء گوناگون و گاه مخالف با عقاید یکدیگر به این پرسشها پاسخ گفته‌اند، برای مثال موریس مترلینگ (Mauricemaeterlink) اندیشمند و فیلسوف شهیر بلژیکی (۱۸۶۲-۱۹۴۹) در مورد روح معتقد است :

- روح وجود دارد.
- روح انسان پس از مرگ باقی مانده و جاویدان است .
- وجوب وحدت وجود یعنی همه ارواح در نهایت به اصل وجود هستی یا خداوند باز می‌گردند.
- عذاب و عقاب روح توسط خداوند انجام نمی شود بلکه در آنجا خود تنبیهی وجود دارد و هر کس خودش در درونش شاد است یا درد و عذاب می کشد .
- در میان ادیان و مذاهب شیعیان به تناسخ اعتقاد ندارند ولی برخی از فرق سنی معتقد به تناسخ روح از انسان به انسان هستند و همچنین هندوها نیز به تناسخ اعتقاد دارند .
- پیروان کیش مانی چون به دو اصل روشنایی و تاریکی (ثنویت) باور داشتند ، معتقد بودند روح برخی از انسانها پس از مرگ به درون عالم تاریکی و برخی دیگر به عالم روشنایی باز می گردد و در آخر جهان این دو عالم از یکدیگر جدا می شوند .
- بوداییان نیز به تناسخ اعتقاد دارند و معتقدند روح انسان در این عالم خاکی آن قدر باید بماند و در کالبد های مختلف زجر بکشد تا پاک و صاف شود و به تکامل برسد .
- سرخ پوستان آمریکایی نیز به حلول روح انسان به کالبد یک انسان دیگر و یا یک حیوان اعتقاد داشتند .
- مهر پرستان ایرانی و رومی نیز به و جود و بقاء روح اعتقاد داشتند و معتقد بودند روح انسان های پرهیزگارپس از مرگ به کمک مهر(میترا) به آسمان می رود و روح بدکاران به درون زمین باز می گردد. .

با نگاهی سطحی به باور های ادیان و اقوام مختلف به راحتی درمی یابیم که تقریبا همه ملل دنیا به نحوی به وجود روح اعتقاد دارند و تفاوت و اختلاف آنها دراعتقاد به وجود روح نیست ، بلکه آنها بیشتر برسر ماهیت و ساخت و کارکرد روح با یکدیگر اختلاف دارند .

در اینجا هدف ما تلاش در جهت اثبات و یا رد هیچ کدام از این عقاید نیست بلکه ما می خواهیم دیدگاهی تازه را بر پایه اطلاعات علمی گذشته در زمینه روح بیان کنیم که در قالب نظریه ای علمی قابل بررسی باشد و همچنین ناقض دست آوردهای گذشته ما در این زمینه نباشد .

جهت شروع بحث ابتدا به تعریف سیستم بر می گردیم :

- سیستم به مجموعه ای از اجزا گفته می شود که با هماهنگی یکدیگر هدف یا اهداف خاصی را دنبال می کنند .

ملاحظه می کنید که مطابق این تعریف بدن انسان نیز یک سیستم پیچیده است که خود از سدها سیستم فرعی و کوچکتر تشکیل شده است که همه این سیستم های فرعی و اجزاء آنها با یکدیگر هماهنگ هستند و همچنین می دانیم که هر سیستمی کارکردی دارد (مانند چرخ گوشت که کار کردش چرخ کردن گوشت میباشد)بدن انسان نیز به عنوان یک سیستم کارکردهای گوناگونی دارد (مانند : توانائی تولید مثل ، یادگیری ، سخن گفتن ، و ...) و همچنین برای ما کاملا واضح است که کارکردهای بدن انسان به عنوان یک سیستم بسیار پیچیده ، بسیار بیشتر از کار کردهای یک چرخ گوشت می باشد .

ما مجموعه مواد و عناصری که در دنیا وجود دارد را بر مبنای تعریف سیستم می توانیم به سه دسته تقسیم کنیم.

الف – مجموعه ای از مواد و عناصر که منظم نیستند و ظاهرا سیستمی را نیز تشکیل نمی دهند و لذا کار کردی نیز ندارند ، مانند یک قطعه سنگ .

ب – سیستم های ساده باز (مانند خودکار) و سیستم های پیچیده باز(مانند رایانه) که کار کردی دارند ولی توانایی تولید مثل ندارند و از خارج کنترل می شوند .

پ – سیستم های پیچیده بسته که علاوه بر کارکرد توانایی تولید مثل داشته و دارای سیستم کنترل کننده درونی می باشند ، مانند : انسانها ، حیوانات ، گیاهان ، سلولها و قارچها و باکتریها و ویروسها.

شما در تقسیم بندی های خود معمولا دسته اول و دوم را موجوداتی بی جان و دسته سوم را جاندار می شناسید در صورتیکه اگر شما روح را به عنوان کارکرد یک سیستم تعریف کنید دیدگاه شما تغییر خواهد کر د ، مطابق این دیدگاه هر سیستمی چون کارکرد دارد پس روح نیز دارد ، مثلا همین خودکاری که با آن می نویسیم دارای روح می باشد که همان کارکردش است و خورشید و زمین و کارخانه همه دارای روح هستند ولی روح آنها متفاوت است زیرا کارکردشان متفاوت است . یک ملت (مانند ایران) نیز دارای روح می باشد زیرا از اجزاء تشکیل شده است و هدف دارد .

روح یک انسان (کار کردهای انسان) بسیار پیچیده تراز یک گیاه و روح یک گیاه بسیار پیچیده تر از روح یک ماشین چمن زنی می باشد ، در واقع هر چقدر سیستم پیچیده تر باشد کار کردهای آن بیشتر بوده بنابر این روح آن نیز پیچیده تر خواهد بود .

مطابق این تعریف : اولا روح یک امر انتزاعی و وابسته به ماده می باشد و ثانیا روح مرکب است زیرا سیستم پیچیده ای مانند انسان خود از هزاران سیستم فرعی و ساده تر تشکیل شده

است که هر کدام کارکرد خاص خود را دارند و مجموعه کارکردهای این سیستمهای ساده روی هم (جمع روحها) کارکرد اصلی (روح کلی) انسان را می سازد . آنچه که در باره روح مهم است نظم بین عناصر و اتمهاست و نه خود این ذرات زیرا دو عنصر و اتم همانند(مانند هیدروژن)از نظر مادی هیچ تفاوتی با یکدیگر ندارند ، پس دو ماشین پیکان پیکان که کاملا شبیه یکدیگر ساخته شده اند روح و کار کردشان نیز با یکدیگر یکی است و همچنین دو برادر دو قلو ی (یک تخمکی) که محیط رشدشان با هم تفاوت نداشته باشد روحشان نیز با هم یکسان است .

ما اگر در فناوری به آن حد از پیشرفت برسیم که بتوانیم همه اجزاء بدنمان را دوباره بدون کم و کاست شبیه سازی کنیم و مثل خودمان را بسازیم ، بدن دوممان نیز روحی یکسان با بدن اولمان خواهد داشت .

در طول زمان بدن ما تغییر می کند و با تغییر نظم اجزای بدن ،کارکردهای آن نیز عوض می شود ، پس روح ما نیز در طول زمان تغییر می کند و روح دوران کودکی ما با روح دوران پیری ما یکی نیست چرا که روح وابسته به جسم است و خارج از جسم معنی ندارد .

شاید در اینجا پرسیده شود که اگر روح کارکرد مجموعه منظم است و بدون جسم وجود خارجی ندارد ، پس احضار روح مرده گان در جلسات احضار روح و یا عکس برداری از هاله دور بدن انسان و یا تله پاتی و دیگر امور مربوط به روح چگونه قابل توجیه است .

در پاسخ باید گفته شود که هاله دور بدن انسان را لازم نیست که حتما روح بنامیم بلکه می توانیم آنرا انرژی ناشناخته ای بدانیم که متاثر از نظم درون بدن ما می باشد و در جلسات احضار روح نیز شخص مدیوم و یا حضار با استفاده از انرژیهای ناشناخته درونی خود (کارکردهای ناشناخته بدن) اشیاء را حرکت می دهند و یا با سلولهای بدن خود چیزی شبیه روح میسازند و با استفاده از همین انرژی های درونی است که تله پاتیک انجام میشود ، نکته قابل توجه در اینجا نقش باور و تلقین است یعنی کسانی که به وجود روح اعتقاد دارند یا در این زمینه فکر می کنند بیشتر از دیگران با پدیده های ناشناخته ای مواجه می شوند که آنرا به روح و جن نسبت می دهند در اینجا فکر وذهن ما نقش اساسی را ایفا می کند یعنی با تلقین به ذهن، ذهنمان با استفاده از انرژی های ناشناخته ای که خود بر گرفته از نظم درونی بدنمان می باشند ، آنچه را که بدان فکر می کنیم می سازد و ما ندانسته آنرا به موجودات خارجی مانند جن و روح نسبت می دهیم در صورتی که منبع آن خود ما هستیم .

از آنجا که بحث در اینجا به درازا کشید جهت جلوگیری از درازای سخن چکیده ای از نتایج بحث را در زیر عنوان می کنیم .

۱ ۱ – روح کار کرد یک سیستم است.

۲ – همه سیستم ها دارای روح هستند .
۳ – سیستم های پیچیده تر و منظم تر روح کاملتری دارند ، مراتب روح از پیچیده به ساده عبارتند از : انسانها – حیوانات – گیاهان – موجودات تک سلولی – ویروسها – ماشینهای پیچیده – سیستمهای ساده
۴ – روح مفهومی انتزاعی و غیر مادی دارد ولی وابسته به ماده است ، یعنی ماده علت و روح معلول است .
۵ – روح می تواند مرکب باشد ، یک روح مرکب از مجموعه روح های سیستم های کوچکتر تشکیل می شود (مانند روح یک کشور).
۶ – با تغییر نظم یک سیستم روح آن نیز تغییر میکند .
۷ – با مرگ یک سیستم (یعنی با از بین رفتن نظم بین اجزای مجموعه) روح یا کار کردش نیز از بین می رود .
۸ – دو سیستم کاملا شبیه هم (مانند دو ماشین پیکان یا دو برادر دوقلو هم شکل) که کار کردشان یکی است روحشان نیز یکی است .
۹ – مطابق این نظریه تناسخ وجود ندارد ، زیرا روح موجودی جدا از جسم نیست که آنرا رها کند و وارد جسم دیگری شود ، هر جسمی روحش منحصر به فرد است و در طول زمان تغییر می کند
۱۰ – در تشکیل روح ما ، خود ذرات بنیادی مهم نیستند بلکه نظم بین آنها و نحوه چیده شدن آنها در کنار یکدیگر مهم است چراکه همه کوارکها و الکترونها و پروتونهای جهان با هم یکی هستند[۲].

چیستی روح انسان از نگاه دانش فیزیک

پدیده های روانی که من آنها را در نوشتار پیشین متاثر از جسم دانستم و هنوز هستی و چیستی آنها در دانش ما پنهان است ، می تواند بدینگونه توضیح داده شوند(البته این تنها یک فرضیه است) : جهانی که هم اکنون در آن زندگی می کنیم در نگاه فیزیکدانان یک جهان چهار بعدی است که شامل سه بعد مکان و یک بعد زمان می باشد ولی فیزیکدانان هم اکنون می گویند در جهان تا یازده بعد میتواند وجود داشته باشد ، این بعد ها از دسترس ما خارج هستند و بوسیله حواس ما قابل شناسایی نمی باشند ، ممکن است پدیده های ناشناخته روانی

۲- متن کامل این مقاله به قلم این جانب در ماهنامه دانشمند به چاپ رسیده است.ماهنامه دانشمند ،اردیبهشت ۱۳۸۵ شماره ۵۱۱ ،صفحه ۱۰ تا ۱۲

ما (مانند تله پاتی ، فکر خوانی ، آینده بینی ...) نیز در یکی از این جهانهای دور از دسترس چند بعدی اتفاق بیفتند که ما آگاهی و دسترسی به آنها نداریم .

تفاوت بین موجودات جاندار و بی جان

تفاوت بین یک موجود جاندار با بی جان در نظم موجود بین اجزاء آنها نهفته است ، در واقع موجود جاندار یک سیستم پیچیده بسته می باشد که نظم آن از داخل کنترل می شود و قابلیت تولید مثل و یا تولید محصول دارد ، ولی موجودات بیجان دو دسته می باشند یک دسته آنها سیستم نیستند (نظمی بین اجزایشان وجود ندارد مانند تکه ای سنگ) و دسته دیگر سیستم منظم هستند ولی نظم آنها از بیرون کنترل می شود و کنترل درونی ندارند (مانند خودکار یا دیگر فن آوریهای ساخت بشر)، پس ما اگر بتوانیم یک سیستم پیچیده بسته بسازیم که از داخل نظمش کنترل شود یک موجود جاندار ساخته ایم (مانند یک روبات پیشرفته یا یک ویروس کامپیوتری که موجودی زنده است).

اما منظور از کلمه روان یا روح چیست ؟

روان یک کلمه انتزاعی است و مفهومی عینی ندارد ، در واقع ما با به‌کارگیری کلمه روان می خواهیم تفاوت بین یک سیستم منظم بسته خود کنترل را (اصطلاحا جاندار) با یک مجموعه فاقد نظم مشخص کنیم و تفاوت کارکرد این دو مجموعه در ذهن ما به صورت مفهوم جان متصور می شود .

برخی از پیشینیان (وامروزیها) عقیده داشتند که همه اجسام دارای روان می باشند (مانند زمین و سنگ و خورشید و ...) ولی مراتب روح آنها با یکدیگر متفاوت است ، نظر آنها تا اندازه ای درست می باشد ، زیرا مفهوم روان در واقع نشان دهنده کارکرد یک سیستم و یا مجموعه می باشد ، پس هر سیستم و یا مجموعه منظمی دارای روان می باشد ، که با توجه به میزان کارکرد هر سیستم می توانیم روان آنرانیز دارای مراتب گوناگون بدانیم ، مثلا می توانیم بگوییم دوچرخه که یک سیستم منظم است و کارکرد دارد پس جاندار است ولی روح آن نسبت به روح یک گیاه در مرحله نازلتری قرار دارد زیرا کارکرد آن پست تر است و بالعکس روح یک دوچرخه نسبت به روح یک خودکار کاملتر است ، زیرا کارکردش بیشتر است .

از سوی دیگر می توانیم بگوییم که همه مواد دارای روح می باشند ، زیرا هر جسمی از ذرات (مولکولها واتمها) تشکیل شده است و اگر خود مجموعه منظم نباشد و کارکردی نداشته باشد،ولی ذرات تشکیل دهنده آن منظم هستند و کارکرد دارند پس هر کدام به تنهایی موجودی زنده‌اند .

نتایج :

۱- کلمات جاندار و بیجان مفاهیمی انتزاعی هستند که ما آنها را در ذهن خود پرورانده و ساخته ایم .

۲ – با توجه به مفهوم انتزاعی بودن روان ما هر سیستم منظم بسته خود کنترلی که توانایی تولید مثل داشته باشد را جاندار می نامیم و منظورمان از بیجان نیز مجموعه منظمی است که از بیرون کنترل میشود و یا مجموعه ای که اصلا نظمی بین اجزایش ندارد .

۳ – مفهوم جان نشان دهنده کارکرد یک سیستم می باشد پس ما می توانیم با نگاهی نو به مفهوم روان همه مجموعه های منظم را جاندار بنامیم، زیرا دارای کارکرد هستند.

۴- در نگاه نوین به مفهوم جان ، ما می توانیم آنرا در مراتب صعودی و نزولی ، از بالا به پایین طبقه بندی کنیم زیرا کار کرد مجموعه های منظم با هم متفاوت است و دارای درجات گوناگون هستند .

۵ – می توانیم بگوییم همه مواد دارای جان هستند ، زیرا هر ماده ای (حتی غیر منظم) خود از مجموعه ای از ذرات منظم (مانند مولکولها و اتمها و ...) تشکیل شده است که این ذرات به تنهایی سیستم هستند

۶ - ممکن است یک سیستم پیچیده از چندین سیستم فرعی تشکیل شده باشد ، که در این صورت هم سیستم کلی دارای روح می باشد (مجازا) و هم اینکه هر کدام از سیستمهای فرعی دارای روح جداگانه می باشند ، مثلا بدن انسان یک سیستم پیچیده است که دارای یک روح واحد می باشد که نشان دهنده کارکرد کل بدن است و در داخل بدن میلیاردها سلول (و میلیونها بافت و عضو) وجود دارد که هرکدام دارای روح جداگانه می باشند ، می توانیم بگوئیم روح کل بدن ما از ترکیب این ارواح سیستمهای فرعی بدن تشکیل شده است و با تغییر کارکرد این سیستمهای فرعی ماهیت روح بدن ما نیز تغییر خواهد کرد.

۷ – می توانیم بگوییم منظور از خداوند روح کل جهان می باشد که از ترکیب ارواح سیستمهای فرعی این جهان(یا ترکیب کارکردهای سیستمهای فرعی جهان) تشکیل شده است ، زیرا ما می توانیم کل جهان را یک سیستم بسته منظم خود کنترل بنامیم که با توجه به تعریف جان دارای کارکرد است و خود از میلیاردها سیستم فرعی تشکیل شده است ونیز میتوانیم بگوییم هر ماده و موجودی در این جهان بخشی از خداوند است (زیرا داخل سیستم کل جهان قرار دارد) ، واژه خدا بر خلاف معنی ظاهری اش(خود آی) بیشتر مفهوم سلطه را می رساند ، که خود امری نسبی است ، برای نمونه می توانم ادعا کنم که من خدای بدنم هستم زیرا بر سیستمهای فرعی بدنم مسلطم و میتوانم آنها را از بین ببرم و یا کارکرد آنها را تغییر دهم و لی من نسبت به سیستم پیچیده طبیعت تسلطی ندارم ، بلکه طبیعت خدای من است ، زیرا او مرا کنترل می کند و پیر می کند و می میراند و به جای من انسانهای جدیدی

می آورد و هر کدام از انسانها به خودی خود یک سیستم فرعی و زیر مجموعه سیستم طبیعت هستند و تابعی از آن می باشند ، پس طبیعت خدایشان است و برآنها تسلط دارد ، کل جهان هستی خدای تمامی سیستمهای فرعی خودش است و آنها را کنترل می کند و اختلال در کارکرد هر کدام از سیستمها ی فرعی بر روی کارکرد کل جهان تاثیر می گذارد (هرچند ناچیز) لذا کارکرد هرکدام از سیستمهای فرعی برای کل جهان مهم است ، پس هر انسانی به تنهایی میتواند در سرنوشت کل جهان موثر باشد .

۸ – چون منظور از روح کارکرد جسم است ، پس روح خارج از جسم وجود خارجی ندارد و تا هنگامی که بدن ما وجود دارد روح یا کارکردش نیز وجود دارد و با مرگ بدن ما یا نابودی سیستم بدن ما ، روح یا کارکردش نیز از بین می رود و بطور کلی روح زیر مجموعه جسم است و جدای از جسم وجود ندارد و قابلیت تغییر و تحول و نابودی دارد (مانند روح یک ملت که در طول زمان تغییر می یابد) .

نظم (سرچشمه وسازنده ماهیت موجودات زنده و غیر زنده)

ماهیت انسان در طول زمان پیوسته در حال تغییر است ، منی که الان دارم این مطلب را می نویسم با من یک ساعت پیش تفاوت دارد ، این تفاوت ممکن است اندک و ناچیز باشد ، اما در هر صورت وجود دارد ، این تفاوت ناشی از تغییر بافت بدن من به خاطر مرگ سلولهای فرسوده بدن و یا تولد سلولهای جدید و همچنین ناشی از تغییر یادگیری من درطول زمان می باشد که خود ناشی از تغییر اطلاعات ورودی از محیط بیرون به مغز و تغییر پردازش مغز از این اطلاعات می باشد و دگرگونی محیط اطراف من نیز اطلاعات دگرگونه ای را وارد مغز من می کند که برداشت من را نسبت به دنیا تغییر می دهد ، پس من در اینجا هم از بعد روانی و هم از بعد جسمی ثابت نبوده و پیوسته در حال تغییر می‌باشم و ماهیت من در طول زمان ثابت نیست ، من کودکی من با من اکنون هرچند که شباهت هایی دارد اما یکی نیست و فرق دارد.

آنچه که ماهیت من را در هر لحظه از زمان شکل می دهد نظم بین سلولهای بدن من (از مغز تا دیگر اعضای بدن)و تعداد سلولهایی است که در این نظم شرکت می کنند و واضح است که با تغییر تعداد سلولها و تغییر نظم بین آنها ماهیت من نیز تغییر خواهد کرد ، در شکل گیری ماهیت ما نظم بسیار مهم است ، برای نمونه : ما هر ساله در کشور خود هزاران خودروی سمند تولید می کنیم که همه مردم ماهیت این هزاران خودرو را یکی می دانند و همه را بدون استثنا دارای ویژگیهای سمند می نامند ، ولی ما خود می دانیم که اتمهای بکار رفته در هر خودرو منحصر به فرد بوده و با خودروی دیگر متفاوت است، پس چه چیزی باعث شده که ما همه خودروها را با وجود تفاوت موادشان یکی بنامیم، مگر نه این است که نظم بین مواد همه

این خودروها شبیه به یکدیگر است ، و از عناصر مشترکی در ساخت این خودروها استفاده شده است که این عناصر نیز به خاطر نظم مشترک بین الکترونها و پروتونها و نوترونهایشان با هم یکی هستند ، پس آنچه که تفاوت بین خودروها را شکل می دهد نظم بین مواد تشکیل دهنده خودروها می باشد.

درباره ما نیز همین گونه است ، آنچه که باعث تفاوت ماهیت من با شماست ، در واقع به خاطر تفاوت نظم بین سلولهای بدن من با شماست (ونه به خاطر تفاوت روح بدن من با شما) ، این تفاوت نظم بین سلولهای بدن من با شما در چند بعد می باشد :

۱ – در چگونگی چیده شدن سلولها ی بدن ما در کنار یکدیگر

۲ – تعداد سلولهای چیده شده در کنار یکدیگر

۳ – نظم داخلی هر سلول (نظم بین ژنهای داخل هر سلول)

ماهیت انسان به نظم درونی اش بستگی دارد و نه تنها انسان بلکه همه موجودات زنده اعم ازحیوانات و گیاهان و موجودات غیر زنده ماهیتشان به نظم درونی اشان بستگی دارد، ومنظور از نظم نیز در اینجا چگونگی چیده شدن کوچکترین اجزاء ماده در کنار هم میباشد ، و نیز می توانیم نتیجه بگیریم آنچه که باعث تفاوت جانداران با موجودات بی جان شده است چیزی به نام روح نیست بلکه تفاوت نظم بین اجزاء آنها می باشد ، در واقع یک ماده جاندار از یک ماده بیجان منظم تر است و همچنین یک حیوان از یک گیاه منظم تر است و یک انسان نیز از یک حیوان منظم تر است و می توانیم فرض کنیم که اگر به ما تعدادی سلول بدهند و به ما بگویند که شخصی را (مثلا حسن آقا) را بسازید ، ما با توجه به نظم سلولی او می توانیم سلولها را دقیقا کنار یکدیگر بچینیم و کپی حسن آقا را با همان خلقیات و شخصیت بسازیم ، زیرا خلقیات و شخصیات ما نیز به نظم سلولهای مغز ما ونظم مواد شیمیایی موجود در آن بستگی دارد ، و گر نه فرقی بین حسن و علی و حسین نیست ، جانداران با تغییر نظم ذرات سازنده شان بیجان میشوند و بیجانان با تغییر نظم جاندار می شوند ، چرا که نظم همواره وجود دارد تنها نوع آن متفاوت است که می تواند ساده یا پیچیده باشد .

نتایج بحث :

۱ – ماهیت انسانها در طول زمان تغییر می یابد .

۲ – علت تفاوت (و تغییر) ماهیت انسانها ، تفاوت و تغییر در نظم سلولهای بدن آنها و افزایش و کاهش سلولها می باشد .

۳ – دلیل تفاوت بین موجودات جاندار و بی جان به خاطر تفاوت نظم بین ذرات سازنده آنها می باشد یعنی با تغییر نظم بین اجزاء میتوان یک جاندار را بیجان و یک بیجان را جاندار کرد و گر نه چیزی به نام روح دلیل تفاوت جانداران با بیجانان نیست .

۴ – جانداران نسبت به بیجانان دارای نظم بیشتری بین ذرات سازنده خود هستند.

۵ - بسیاری از مفاهیم نظیر ، زیبایی و هنر و ... در واقع توابعی از نظم هستند.

۶- اخلاقیات را با توجه به مفهوم نظم می توانیم به گونه ای دیگر تعریف کنیم ،بدینگونه : هر آنکس که به نظم مجموعه خود کمک کند یک فعل ارزشمند اخلاقی انجام داده و هر آن کس که نظم مجموعه خود را بر هم بزند فعل مغایر اخلاق انجام داده است ، و مفهوم جرم نیز تابعی از نظم خواهد بود و مجرم کسی است که نظم مجموعه خود را برهم بزند و علت جرم نیز تغییر نظم درونی بدن مجرم در زمان و مکانی خاص می باشد .

نقش دانش واطلاعات در ساخت باورهای ما

هرکس برپایه دانش خود،باورهاوعقایدخودرامی سازد وابزارشناسایی هرکس نسبت به جهان دانش شخصی اومی باشد واز آنجاکه دانش انسانها بایکدیگریکی ونیزبرابرنیست نگرش های آنان نیزبه جهان متفاوت می باشد؛ شما اگر می خواهید فکر یا عقیده انسانی را عوض کنید مستقیما با افکار و عقاید او مبارزه نکنید ، زیرا هر کسی از افکار و عقاید خویش ولو به بهایی گزاف دفاع خواهد کرد ، شما برای تغییر باور های افراد بهتر است از راه غیر مستقیم تلاش کنید اطلاعاتی را که باعث آن فکر و یا عقیده در وی شده است را تغییر بدهید و یا نقض کنید ، زیرا اطلاعات و تجارب قبلی ما سر چشمه عقاید و افکار کنونی ماست و اگر دانش پایه ما تغییرپیدا کند باورها و به طور کلی جهان بینی ما نیز تغییر می یابد ، دانش واطلاعات سنگ بنای باورها و عقاید ماست،تفاوت نگرش یک آخوندبایک پزشک ویک شیمیدان تنها به خاطردانشهاواطلاعاتی می باشدکه درطول عمرشان کسب کرده اندوگرنه هیچ کس ازشکم مادرش شیخ یاپزشک ،زاده نمی شود ، روحانیون مذهبی که دانش پایه آنها علوم دینی می باشد دارای اعتقادات قوی مذهبی می شوند و به شدت از باورهای خود دفاع می کنند و پزشکان و مهندسان فنی که دانش پایه آنها بیشتر علوم غیر دینی است ، عقاید مذهبی آنها سست می باشد و چندان پایبند به دین نمی باشند ،در حقیقت هر دانشی جهان بینی خاص خود را بدنبال می آورد.

در این میان وظیفه رسانه ها بسیار مهم می باشد ، رسانه ها باید اطلاعات درست راچه مثبت و چه منفی بدون سانسور در اختیار افراد جامعه قرار داده و نگران قضاوت مردم نباشند مردم با داشتن اطلاعات درست بهتر می توانند با واقعیت روبه رو شوند و درست تر می توانند قضاوت کنند ، با افزایش دانش و اطلاعات یک ملت، بسیاری از سنت ها و باور های غلت و عادات نادرست از بین می روند و افراد آن ملت از سطحی نگری و تحجر دست برداشته و دید واقع بینانه تری به مسائل پیدا می کنند ، در حقیقت رسانه ها نباید به مردم بگویند کدام راه

درست و کدام راه نادرست است ،آنها فقط باید اطلاعات صحیح را در اختیار مردم قرار داده و قضاوت را برعهده خود آنها بگذارند.

پس مهمترین وظیفه مادراین جهان کسب دانشهای درست(نه خرافات) می باشدتانگرشهای درستی به مابدهدوهرگزنبایدروی دانش ونگرش وباورهایمان تعصب بورزیم چراکه ممکن است دانشهای اکتسابی ما نادرست ویاناقص باشدویاپردازش مغزماازاین دانشهاخوب انجام نگرفته باشدچراکه مغزمامانندیک کامپیوتردارای بخش ورودی پردازش وخروجی است واگرورودی(اطلاعات) ویاپردازش ناقص باشد،خروجی نیزدرست نخواهدبودوناقص ازکاردرمی آید .[۳]

۳- لازم به ذکر است که این بحث یکی از بحث های جنجالی فلاسفه و روانشناسان است که ریشه آن به افکار رواقیون در یونان باستان باز می گردد که معتقد بودند احساسات و اعمال و رفتارهای ما تابع اندیشه و شناخت ما نسبت به جهان می باشد

ای برادر تو همه اندیشه ی
ما بقی خود استخوان و ریشهای
گر بود اندیشه ات گل گلشنی
ور بود خا ری تو هیمه گلخنی

همچنین اعتقاد به مسئله اطلاع رسانی صحیح خود حکومت تک حزبی را زیر سئوال می برد زیرا ما حق نداریم با اعمال فشار و زور و یا نیرنگ و دروغ نظر مردم را تغییر دهیم بلکه ما تنها حق داریم با ارائه اطلاعات صحیح نظر مردم را به سمت یک دیدگاه صحیح تغییر بدهیم ، ما حق نداریم به مردم بگوییم تنها حزب ما درست می گوید و برحق هستند و احزاب دیگر در گمراهی به سر می برند و شما تنها باید به کسانی که ما برای شما برمی گزینیم رای دهید و تنها از قوانین ما اطاعت کنید ، این خیانت و ظلم به بشریت است ، ما باید اطلاعات درست را در اختیار مردم قرار دهیم و حق انتخاب را به آنها واگذاریم ، همه احزاب و گروههای سیاسی باید در جامعه آزادانه تشکیل گردند و هر یک مرام و راهبرد و راهکار اجرایی خویش را در اختیار مردم قرار دهند و مردم با مرامنامه احزاب آشنا گردند و بدانند که هر یک جامعه را به کدام سو سوق می دهند و با این آگاهی قبلی به حزب منتخب و برتر خویش رای بدهند ، نه اینکه چند نفر از یک حزب را به مردم معرفی کنیم و بگوییم یکی از اینها را انتخاب کنید ، این رای گیری نیست و تنها نیرنگ و فریب مردم است ، چرا که این افراد از قبل مشخص شده اند و رویه تمام این نامزدها تحقق اهداف حاکمان حزب خودشان است و هیچ فرقی با هم ندارند و کسی که با این حزب مخالف باشد نمی تواند به هیچ یک از این افراد رای بدهد ، و از سوی دیگر نتیجه انتخابات به شهرت شخص و میزان تبلیغات که خود متاثر از سرمایه و ثروت فرد یا حامیانش می باشد بستگی دارد و از آغاز مشخص است و به لیاقت او بستگی چندانی ندارد، رای دادن باید به یک عقیده و فکر و یا حزب خاصی باشد و نه به اشخاص یا افراد زیرا ماهیت درونی افراد و عقاید آنان برای همگان مجهول است ، ولی از یک مرام و عقیده و دیدگاه حزبی خاص همه می توانند کسب آگاهی کنند و این درست ترین راه گزینش است .

هوش ملاک اصلی برتری انسان بر حیوان

چندی پیش برخی از زیست شناسان اعلام کردند که بر اساس یافته های نوین آنهامیکروبها نیز بوسیله محرکهای شیمیایی با یکدیگر سخن می گویند (در اخبار علمی فرهنگی شبکه دو سیما نیزاین خبر اعلام شد) ، در گذشته نه چندان دور آزمایشهای مشابهی روی گیاهان نیز انجام شده بود و به این نتیجه رسیده بودند که: گیاهان نیز دارای درصدی هوش بوده و توانایی ارتباط با دیگران را دارند و در برابر دوستان و دشمنان خود واکنشهای متفاوتی از خود نشان می دهند؛ هنگامی که گیاهان و میکروب ها دارای بهره هوشی می باشند خوب جای حیوانات دیگر مشخص است ،در بین حیوانات دریازی دولفینها و هشت پاها و نهنگهای ارکا دارای بهره هوشی بالاتری هستند و در بین حیوانات خشکی زی، شامپانزه ها ، گونه ای از سگهای انگلیسی و فیلها و گونه ای از طوطی های سخنگو بهره هوش بالایی دارند ، دیگر فکر نمی کنم امروزه کسی به افسانه ، انسان حیوان ناطق یا انسان حیوان متفکر باور داشته باشد ، چرا که تمام ویژگیهایی را که در گذشته به انسانها نسبت می دادند در حیوانات نیز به طور ناقص تر (ودر برخی ویژگیها کاملتر) یافت می شود ، حیوانات نیز مانند انسان متفکرند، باهوشند و توانایی حل مساله را دارند ، ناطقند، احساس دارند و پایبند اخلاقی قراردادی هستند ،اراده دارند و...، اینها را با مراجعه به کتب زیست شناسی و یا اگر حوصله داشته باشید با توجه و دقت روی حرکات حیوانات اهلی یا وحشی می توانید کشف کنید ، تفاوت اصلی انسان با حیوانات و تنها وجه برتری ما نسبت به آنها بهره هوشی بالاتر و قدرت تفکر برترما می باشد، ، حیوانات نیز اگر به اندازه انسان باهوش بودند چه بسا که در تکنولوژی و دانش از ما پیشی می گرفتند چرا که آنها اکثرا از نظر نیروی بدنی بر ما برتری دارند اما هوش از همه فاکتورها وملاکها مهمتر است ، زیراتفکر و اختیار و تکلم و اخلاق و دیگرمزیتهای انسانی ما همه زیر مجموعه هوشند و حیوانات نیز با افزایش هوش می توانند به این مزیت ها دسترسی پیدا کنند، ما اگر به جوامع انسانی خودمان نیز نگاه کنیم می توانیم این امر را در یابیم چرا که عقب مانده گان ذهنی که بهره هوشی کمتری نسبت به ما دارند قوه اختیار و تکلم و تفکر آنها هم ضعیف تر است و نظام ارزشی پست تری دارند و بیشتر به غرایز خود متکی هستند.

مرز

شاید بسیار برای شما پیش آمده باشد که هنگامی می خواهید کار تازه ای را شروع کنید یا رفتارتازه ای را آغاز نمایید و یا با موقعیت جدیدی در زندگی مواجه شوید دچار دلشوره و به قول روانشناسان استرس می شوید اما همین که وارد کار تازه می شوید و با موقعیت جدید عادت می کنید این دلشوره یواش یواش برطرف می شود؛ همه ما از افکار جدید ، باورهای جدید ، رفتارهای جدید و بطور کلی هر چه که در سیستم شناختی مغز ما ناشناخته باشد می

ترسیم ، این ترسها اکثرا مانع تجربه ویادگیری موقعیتهای تازه می شوند و به زیان ما می انجامند ، چسبیدن به باورها و افکار کودکی و رها نکردن آنها نیز به خاطر احساس امنیتیست که این باورها و افکار به ما می دهند ، پیرزنی از آشنایان را می شناسم که به شدت از افکار خرافی خود دفاع می کند هر چند که این تعصب او برای جوانان غیر قابل قبول است اما این باورها باعث امنیت روانیش می شوند و باورهای جدید این امنیت را در او به مخاطره می اندازد پس باید از افکار و باورهای قدیمیش هر چند نادرست دفاع کند تا امنیت روانیش به مخاطره نیفتد ،نتیجه اخلاقی اینکه هیچگاه تلاش نکنید باور و یا عقیده پیرزنان و پیر مردانی که عمری با آن زندگی کرده اند و نسبت بدان تعصب می ورزند رااز آنها بگیرید چون تغییر باور و عقیده در آنها بسیار مشکل و درد آور است و آنها مجبورند برای حفظ امنیت روانیشان بشدت از عقایدشان دفاع کنند ، مورد دوم جوانی دانشجو و اهل مطالعه بود که پدر و مادری بسیار مذهبی داشت اما خود در مرز انتخاب دین و بی دینی قرار گرفته بود و در وادی شک غوطه ور بود از استرس و نگرانی و دلشوره خود برای من ددرد دل می کرد و می گفت :نمی دانم چکار کنم و به کدام سو بروم از هر دو مسیر می ترسم ؛به او گفتم :شک مرز است و تو در برزخ و حد فاصل بین دو باور و اندیشه هستی هر انسانی که در مرز باشد دچار استرس می شود اما این استرس دائمی نیست چون تو همواره در مرز نمی مانی یا وارد دین می شوی یا بیدینی در آن هنگام استرس و دلشوره ات نیز برطرف خواهد شد ؛بحث و گفتگو با انسانهایی که در مرز انتخاب دو باور و اندیشه هستند سنجیده تر است چون این انسانها روی باورها تعصب نمی ورزند و خرد ورز ترند ،من خود در گفتگو و بحث با دیگران اعم از علمی و سیاسی و دینی هر گاه ببینم طرف مقابل دانش را به باور شخصی خود تبدیل کرده و متعصبانه دارد از آن دفاع می کند بحث را قطع می کنم زیرا این گونه بحثها در پایان تبدیل به نزاع و دلخوری می شوند و به نتیجه ای نیزنمی رسند .

تجربه

بسیاری از پدیده ها راانسان درون کتابها نمی تواند پیدا کند و باید خودش از نزدیک تجربه کند ،گرفتاری روزمره وکار(که علت اصلیش بی پولی بود) باعث شد مدتی از اینترنت و اخبار و تا حدود زیادی مطالعه دور شوم ؛ انسان گویا هرگاه چیزی را از دست می دهد چیزهای دیگری را پیدا می کند و بالعکس هر گاه چیزی را پیدا می کند چیزهای دیگری را از دست می دهد ؛ زندگی و کار در کنار کارگران ساختمانی و کوره پز خانه هایی که مردان و زنان زابلی با کودکانشان از سپیده دم تا شامگاه بی وقفه کار می کنند هر چند که در ظاهر سخت می نماید اما وقتی داخلش می شوی می بینی نه تنها سخت نیست بلکه بسیار شیرین تر از زندگی بیرون است ،صحبت با کارگران ساده دلی که تنها مشکل زندگی شان شام شب یا خرید یک دوچرخه

یا موتور سیکلت است و رضایت شان از زندگی و کمال خوشبختی شان با یک نوشابه یا بستنی تامین می شود و از مرفه ترین مردم شهر نیز شادترو سالم ترند ،گویا انسان هرچقدر بی خبر تر باشد و هرچقدر از تکنولوژی و تجملات دورتر باشد خوشبخت تر می شود ، چرا که تمدن آنچه را که از انسان می گیرد خیلی بیشتراست از آنچه که به انسان می دهد ، برای مثال بسیاری از آزادی هایی که سدها سال به خاطرش جنگیده ایم حیوانات و نیز انسانهای ابتدایی از قدیم داشته اند مانند : آزادی جنسی ،آزادی پوشش ،آزادی بیان ،آزادی تعیین مکان زندگی و... تمدن اینها را قرنها پیش از ما گرفته و ما دوباره می خواهیم آنها را با زحمت پس بگیریم و در صورت موفقیت تازه می شویم مثل انسانهای اولیه پس هیچ پیشرفتی نکرده ایم ؛ ظریفی از آنان می گفت: زنان پولدار تهرانی را نگاه کن صد تا آمپول در ...می زنند تا یه بچه بزایند اما ما شب میخوابیم و صبح ده تا بچه سر می اندازیم ، کاملا راست می گفت، زنانشان علی رقم کار سخت بدنی همه سالم بودند و بسیار شاد و خوشحال ، گویا هیچ مشکلی نداشتند ؛ آرزوهایشان کوچک و سهل الوصول بود و از سیاست و اخبار جامعه که از عوامل تنش روحی هستند کاملا دور بودند و یا در صورت گوش دادن نسبت به آن بی تفاوت بودند چون کار سخت فرصتی برای فکر کردن برای آنها باقی نمی گذاشت ، یکی از آنها نه تنها روزها بلکه فصلها را نیز گم کرده بود و اواخر بهاراز من می پرسید که بهار کی می آید تا با پس اندازم(از حقوق ماهی ۲۲۰ هزار تومان)یک موتور بخرم ، هرچند که زندگی باشرایط کار سخت بدنی و حقوق پایین برای بسیاری وحشتناک است ، اما به قول ظریفی از آنها :"آدم مثل خره اگر یه مدت تو طویله هم زندگی کنه به آن عادت میکنه و میشه بهشتش؛ "خوشبختی و رضایتمندی از زندگی کاملا شخصی و درونی است گاه ممکن است یک مگس که روی مدفوع نشسته است از مشهورترین سیاستمداران و دولتمردان و سرمایه داران خوشبخت تر باشد و بیشتر از زندگیش لذت ببرد ،هوشیاری و دانش ما نه تنها خوشبختی ما را افزایش نمی دهد بلکه مخرب است برای نمونه گوسفند ی یا مرغی را در نظر بگیرید اگر بیچاره میدانست چگونه بوسیله بشر استثمار می شود و عاقبت زندگیش چیست ، چه حالی داشت؟ آیا از زندگیش لذتی می برد و زندگی برایش جهنم نمی شد ؟ ، آدمها نیز همین گونه اند.

سلطه جویی و سلطه پذیری در انسانها

در همه انسانها دو نیرو ومیل درونی وجود دارد :

۱ – میل به سلطه جویی

۲ – میل به سلطه پذیری

در برخی از انسانها میل اول برتری دارد ودر برخی دیگر میل دوم اما به طور کلی آمیزه ای از این دو میل در هر انسانی وجود دارد و رفتار اورا شکل می دهد.

هنگامی که انسان موجودی ناتوانتر از خود را می بیند میل سلطه جویی در وی تقویت می شود و سعی می کند آن موجود را تحت سلطه خود قرار دهد و هنگامی که فرد موجودی

مقتدرتر و قویتر از خود را می بیند که نمی تواند بر وی سلطه یابد ، میل سلطه طلبی وی فروکش کرده و جای خود را به میل سلطه پذیری می دهد و فرد سعی میکند با پذیرفتن سلطه فرد قوی تر برای خود نقطه اتکایی پیدا کرده و احساس امنیت نماید.

ما در اطراف خود نمونه های فراوانی از این دو میل را می توانیم مشاهده کنیم : کودکی که با عروسکش بازی میکند ، پسری که با حیوان کوچک خانگی دوست می شود واورا نوازش یا اذیت می کند ، جوانی که از موتور سیکلت سواری لذت می برد ، مرد یا زنی که دوست دارد از بچه های کوچک مراقبت کند ، ورزشکاری که برای اول شدن تلاش می کند ، فردی که برای رسیدن به یک پست ومقام مهم تلاش می کند و ..... همه نمونه هایی از میل سلطه طلبی انسانها می باشند .

- احترام انسانها به مظاهر قدرت مانند شیر ویا فاتحان بزرگ مانند اسکندر و کوروش و قدرتهای اقتصادی و نظامی ، عبادت خداوند یا بتها ، تقلید کودک از بزرگترها ، اطاعت یک سرباز از فرمانده خود ، عضویت یک فرد در یک انجمن یا حزب و گروه و........ نمونه هایی از میل انسانها به سلطه پذیری می باشند .

ناگفته نماند که این دو میل انسانها فقط به موجودات زنده منتهی نمی شود، بلکه اشیاء و مفاهیم انتزاعی را نیز در بر می گیرد ، برای نمونه پرستش خداوند نوعی سلطه پذیری انتزاعی و تمایل کودکان به عروسک نوعی سلطه جویی نسبت به اشیاء بی جان می باشد .

الگوی مناسب جوانان :زنده - واقعی و عینی

الگوی انسانها باید، زنده ، واقعی و عینی و در دسترس و مربوط به جهان معاصر باشد و از الگوهای خیالی و مرده و مبهم ومربوط به زمان و قرون گذشته نمیتوان پیروی کرد ولی می توان از تجارب آنها بهره برداری کرد ، اگر از گذشتگان الگو برداری کنیم هرگز پیشرفتی نخواهیم داشت چون پیشرفت با نو آوری مترادف است و تقلید از گذشتگان باعث رکود می شود و مانع پیشرفت است و بهتر است که ما از انسان های زنده نیز الگو برداری کرده ولی تقلید نکنیم ، زیرا بدینگونه ما تنها به عنوان نسخه ای از آنها تبدیل خواهیم شد و نه چیز دیگر، بهتر است که ما از تجارب انسانهای موفق بهره بگیریم و تجارب موفق آنها را تکامل ببخشیم حتی متکامل تر از نمونه اصلی آن و چیزهایی را مطابق زمان و مکان به آن افزوده و یا بکاهیم و هر گز تقلید صرف نکنیم که این باعث رکود ما می شود ، ما باید بدانیم که آنچه باعث پیشرفت و موفقیت یک انسان در یک مکان و زمان خاص شده ممکن است در زمان و مکان ما صدق نکند و تجارب او و کارهای او در زمان ما حتی باعث عقب ماندگی و شکست مابشود.

پس در یک سخن باید بگوییم هرگز از دیگران تقلید نکن و دیگران را الگوی صرف خود قرار مده بلکه از پیروزی ها و شکستهای آنها برای ساختن زندگی بهتر بهره گیری کن و بدان که راه برتر که مطابق وجود و زمان و شرایط تو باشد را باید خودت انتخاب کنی و راه هایی که دیگران برای رسیدن به موفقیت طی می کنند ممکن است هرگز با شرایط تو سازگار نباشند .

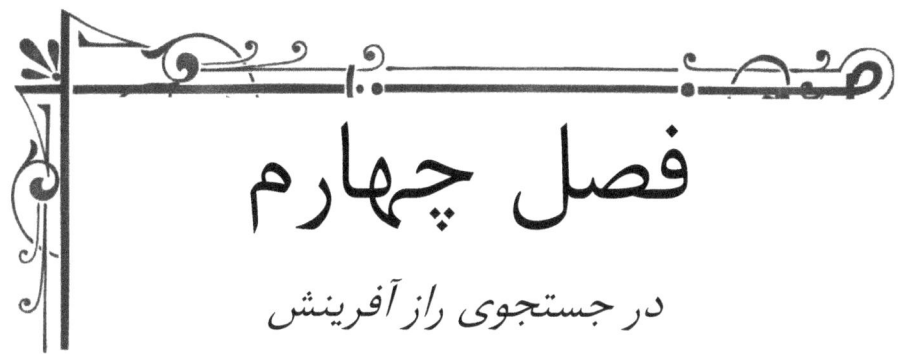

فصل چهارم
در جستجوی راز آفرینش

جهان چون ساختمانیست که از مصالحی ساخته شده است ما اگر این مصالح را بشناسیم می توانیم جهان را هر آنگونه که خود می خواهیم بسازیم.

پرسش همواره مهمتر از پاسخ است زیرا هنگامی که پرسشی مطرح می شود،عاقبت کسی نیزپیدا می شود که آن را پاسخ گوید.
بین عشق و نفرت ،جهل و دانش ،راست و دروغ ،زشت و زیبا ،خوب و بد ،آرامش و خشم و.....تنها یک واو وجود دارد.
با انسان های آرمان گرا ازدواج نکن زیرا آنها تو را و خود را فدای آرمانهای خویش می کنند.
تا هنگامی که انسان وجود دارد امید نیز وجود دارد.
راز آفرینش در وجود ما نهفته است.

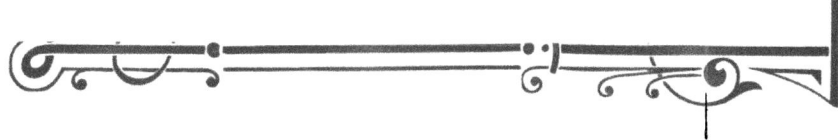

ریاضیات،دانش پایه در شناخت جهان:

دربین علوم بشری ریاضیات ازاعتباربیشتری برخورداربوده وبه عنوان دانش مادر،سازنده ومرجع همه دانشها (مانندفیزیک وشیمی وفلسفه روانشناسی وجامعه شناسی و ....) می باشدبرای نمونه نگاهی به هندسه اقلیدسی بیندازیدکه بیش ازدوهزارسال ازعمرآن میگذرداماهنوزازبین نرفته ودرمدارس تدریس می شود وهندسه نااقلیدسی برضدآن بنا نهاده نشد بلکه آنراتکمیل کرده،من صرفاروی ریاضیات وفیزیک تاکیدنمیکنم ولی این دوراتواناترازعلوم دیگردر پاسخگویی به چیستی هستی میدانم دانشهای دیگرمانندروانشناسی وجامعه شناسی حوزه اشان محدوداست وپرازنظریات متناقض هستندومحقق رابیشترگمراه می کنندوفلسفه نیزهرچندکه حوزه اش محدودنیست ولی پرازنظریات متناقض است بحث های صرف فلسفی و نظری هیچ فایده ای ندارند و هرگز به نتیجه نمی رسند از دیدگاه فلسفه هر کس جهان را بگونه ای می بیند که خود می خواهد ببیند و نه آنگونه که باید ببیند ، از اینرو فلاسفه هرگز باهم کنار نمی آیند و نظر یکدیگر را قبول ندارند زیرا بحثهای فلسفی بر هیچ پایه استوار علمی قرار نگرفته اند ، تنها علومی مورد تایید هستند که متکی بر اصول و پایه های محکم ریاضیات هستند و بوسیله قضایای ریاضی اثبات شده اند و در صورت امکان در آزمایشگاه و یا در طبیعت تجربه شده اند، مانند اکثرنظریات انیشتین که هم با ریاضیات اثبات شده است و هم در تجربه ثابت شده است و به صورت یک قانون درآمده است وهمگان به آن اعتماد دارند ولی اکثر رشته های علوم انسانی چون متکی بر قضایای محکم ریاضیات نیست همواره تغییر می کنند و مورد اعتماد نیست و نمی توان آنها را به عنوان علم اصیل بشمار آورد ،(دلایلی که در اثبات ادیان و خداوند نیز آورده می شوند چون متکی بر قضایای ریاضی نیستند قابل اعتماد نبوده واز اینرو است که همه ادیان خود را برحق می دانند و دلایل حقانیت یکدیگر را رد می کنند).

پاسخ به برخی از چالشهای فیزیک

ماهیت زمان :

انیشتین در نظریه نسبیت خاص خویش زمان را در کنار سه بعد دیگر فضا (طول ، عرض و ارتفاع) بعد چهارم ماده معرفی می کند و این چهار بعد را متاثر از جرم و سرعت ماده می داند ، به گونه ای که با افزایش جرم ماده، فضا و زمان اطراف آن نیز خمیده می شود واین خمیده گی ،فضا - زمان ، باعث می شود در اطراف اجرام سنگین زمان کندتر بگذرد ، لازم به یاد آوری است که خمیدگی فضا در اطراف خورشید را هنگام یک کسوف در آفریقای جنوبی به اثبات رساندند چرا که مشاهده کردند نور ستارگان هنگام گذر از کنار خورشید اندکی تغییر

جهت می دهند (این تغییر جهت میتواند به خاطر تاثیر جاذبه خورشید بر روی نور نیز باشد) ،از سوی دیگر با افزایش سرعت ماده ،زمان نیز بر ماده کندتر می گذرد ، به گونه ای که در سرعت حد نور زمان متوقف و ساکن می شود و در سرعتهای بالاتر از نور ، که مطابق تئوری انیشتین دستیابی بدان غیر ممکن است (چون در سرعت نور جرم بینهایت می شود) زمان به عقب باز می گردد .

مطابق تئوری انیشتین اگر زمان را بعد چهارم در نظر بگیریم می توانیم در امتداد محور زمان به گذشته و آینده نیز سفر کنیم که فیزیک دانان محض چندین راه برای آن پیشنهاد کرده اند که عبور از کرمچاله ها (سوراخهای ورودی سیاه چاله ها) یکی از آنهاست ؛ اما انتخاب زمان به عنوان بعد چهارم هرچند که از نظر ریاضی امکان پذیر است اما از نگاه عقل سلیم غیر قابل قبول است چرا که زمان هیچ سنخیتی با سه بعد دیگر فضا ندارد ، من ترجیح می دهم زمان را مطابق دیدگاه فلاسفه قدیم همان حرکت و تغییر ماده در مکان فرض کنم که معیار آن نسبی بوده و نسبت به تغییرات و حرکات مواد دیگر سنجیده می شود ، برای نمونه هنگامیکه می گوییم از انفجار بزرگ (بیگ بنگ) - ۱۳/۷ – میلیارد سال گذشته است این عددی نسبی و قرار دادی است که تغییرات و حرکات گوناگون مواد جهان را از نخستین حرکت تا کنون را بر پایه قرار داد اندازه گیریمان به ما نشان می دهد ؛ زمان بعد جداگانه و محوری ریاضی نیست که بتوان از روی آن به گذشته و یا آینده سفر کرد ، در صورت پذیرفتن زمان به عنوان بعد چهارم با پارادوکسها و تضادهای غیر قابل حلی روبرو می شویم که هیچ جوابی ندارند برای نمونه فرض کنید از طریق یک کرمچاله به گذشته سفر کنید و پدر خود را قبل از تولدتان بکشید با این فرض پس در آینده نیز وجود نخواهید داشت که بتوانید به گذشته سفر کنید و این یک پارادوکس بی پاسخ است ، اما با فرض زمان به عنوان حرکت ماده و انرژی هیچگاه به گذشته یا آینده سفر نخواهیم کرد ، اما میتوانیم حوادث گذشته را عینا باز سازی و تاریخ را تکرار کنیم .

ماهیت مکان :

ما عموما تصور واضح و روشنی از مکان نداریم و اگر از کسی پرسیده شود که مکان چیست ؟ اغلب جواب درست و پاسخ روشنی به ما نمی دهد ، بیشتر این افراد می گویند که محل قرار گرفتن ماده را مکان می نامند ، می بینید که این پاسخ خود یک پرسش است زیرا باز سخن از یک محل و جایگاه آمده است بدون اینکه گفته شود ماهیت آن چیست ؟ برای روشن کردن برداشت اشتباه مردم از مکان مثال روشنی می زنم ، تمامی مسلمین جهان از خانه کعبه به عنوان مکانی مقدس یاد می کنند ، در صورتی که بدینگونه نیست چرا که مکان کعبه (با

همان برداشت عوام به عنوان جای ماده) هر لحظه در حال تغییر است زیرا نه تنها زمین در حال چرخش بدور خورشید و خورشید در حال حرکت در کهکشان راه شیری است بلکه کهکشان راه شیری و کل منظومه کهکشانی و کل جهان در حال حرکت است و مکان آنها در نتیجه مکان خانه کعبه پیوسته در حال تغییر است و هرگز ثابت نمی باشد پس درست تر است که مسلمین بگویند کعبه ماده ای است مقدس ، چون ماده آن ثابت است و مانند مکانش تغییر نمی یابد .

فلاسفه قدیم مکان را ظرف ماده می دانستند ، اما در واقع بدینگونه نیست ، مکان بر خلاف ماده که موجود است ،همان عدم است و هیچ است و وجود خارجی ندارد ، ماده اعم از انرژی و جرم موجودیت دارد پس می تواند حرکت کند ، اما مکان عدم است و فاقد حرکت است ، و هیچ نیرویی نمی تواند بر ماده وارد کند ، در وجود ماده مکان وجود ندارد چرا که ماده هستی است و در وجود هستی نیستی نیست در عدم وجود ماده یا نیستی است که مکان بوجود می آید ماده نمی تواند در ماده داخل شود چون هر دوهستی هستند و نمی توانند یک هستی هستی دیگر را ساقط کند ولی ماده می تواند در مکان وارد شود چون مکان عدم است و هستی هنگامی که می آید نیستی هست می شود . برای روشن کردن این تعریف ماده را به شیر و مکان را به شیشه شیر تشبیه می کنیم هنگامی که شیشه از شیر خالی است فضای تهی آن مکان شیر است اما هنگامی که پر از شیر شود مکانش تبدیل به شیر و در حقیقت عدمش تبدیل به وجود می شود پس ماده در عدم داخل می شود و مکان را از بین می برد، شاعر فرهیخته محتشم کاشانی در چند بیت عارفانه به این موضوع اشاره کرده است :

گر به اقلیم عشق روی آری

همه آفاق گلستان بینی

آنچه ناشنیده گوشت آن شنوی

وآنچه نادیده چشمت آن بینی

پا گذاری به منزلی که آنجا

وسعت ملک لا مکان بینی

همانطور که در بیت پایانی این ترجیح بند می بینید سخن از لامکان آمده است و چون مکان عدم و نیستی است ، پس لامکان غیر از نیستی ، یعنی هستی می باشد .

ماهیت جهان (ازلی وزاینده):

نظریه قالب در باره ماهیت جهان ، امروزه بر مبنای نظریه بیگ بنگ میباشد ، که به طور خلاصه می گوید جهان در ۱۳/۷میلیارد سال پیش با یک انفجار بزرگ آغاز شد وتا به امروز نیز

در حال انبساط است وبر سرعت انبساط آن نیز هر لحظه افزوده می شود و این انبساط نیز تا به آنجا ادامه می یابد که در پایان جهان به جز یک ماکرو ویو یا موج کوتاه چیزی وجود نخواهد داشت و در پاسخ به اینکه قبل از بیگ بنگ چه بوده است ؟ و پایان نهایی جهان واقعا به چه صورت خواهد بود؟ ونیز اینکه شکل جهان به چه گونه است ؟ و آیا جهان بی انتهااست یا محدود می باشد؟و پرسشهای دیگر نظیر اینها ، نظریات گوناگونی ارائه شده که هر کدام پشتوانه ریاضی محکمی از هندسه نا اقلیدسی را به همراه دارند.

اما در دیدگاه من جهان بایدازلی و ابدی باشد ،چرا که در صورت فرض غیر ازلی بودن جهان ، پیش پا افتاده ترین و قابل قبول ترین قانون فیزیک که می گوید انرژی و ماده هم عرض هم و قابل تبدیل به یکدیگرند و مجموع ماده و انرژی جهان ثابت بوده و هیچگاه تغییر نمی کند ، نقض می شود .

کل جهان را می توانیم مانند سیاه چاله بزرگ تصور کنیم که دارای دو قطب می باشد در یک سو با جرم عظیم و نیروی جاذبه بی نهایت خود هر چه را که در افق رویدادش باشد حتی نور را می بلعد و در قطب دیگر این سیاه چاله سفید چاله ای قرار گرفته که مواد درون سیاه چاله را مطابق قانون دوم ترمودینامیک به فضاپرتاب می کند و این همان نقطه ای است که ما آن را بیگ بنگ نامیده و آغاز جهان می شناسیم در صورتی که بر خلاف تصور ما بیگ بنگ در هر لحظه در حال اتفاق افتادن است و جهان همواره در حال زایش است ، سفید چاله کیهان با پرتاب ماده درون سیاه چاله به بیرون ،ستاره ها و کهکشان های ما را می سازد و این ستاره ها و کهکشان ها ،پس از تریلیون ها سال دوباره در یک چرخه وارد این سیاه چاله کیهانی می شوند و این چرخه تا بینهایت ادامه خواهد یافت ،سرعت موادی که از سفید چاله به بیرون پرتاب می شوند در اغاز بسیار زیاد و نزدیک سرعت نور می باشد اما هنگامی که دور تر می شوند نیروی جاذبه سیاه چاله این سرعت را کاهش می دهد و در مرحله سوم هنگامی که کهکشان ها دوباره در سوی دیگر نزدیک دهانه سیاه چاله می گردند این سرعت افزایش می یابد و ما هم اکنون در میانه راهیم .

ماهیت نور :

درباره ماهیت نور سه نظریه قالب وجود دارد که نظریات دیگر زیر مجموعه ای از آن می باشند ؛ نظریه نخست دیدگاه کلاسیک و سنتی نیوتن درباره نور است که نور را متشکل از ذراتی با جرم و وزنی مشخص بنام فوتون معرفی می کرد و انتشار نور درامتداد یک خط مستقیم را یکی از دلایل ذره ای بودن آن می دانست ، دیدگاه دوم نظریه موجی بودن نور است که پایه های اصلی آن بوسیله یانگ و فرنل پی ریزی شد آنها تلاش می کردند با اشاره به پدیده هایی مانند تداخل و پراش و قطبش نور ثابت کنند که نور خاصیت موجی دارد ، اما

اشکال کار در این بود که نور هم خاصیت ذره ای و هم خاصیت موجی بودن را از خود نشان می داد ، پس موج سوم نور شناخت در قرن بیستم شروع شد ، در این موج سوم که انیشتین نیز از طرفدارانش بود می خواستند ثابت کنند که نور از بسته های انرژی به نام کوانتوم تشکیل شده است که دارای خاصیت ذره ای و موجی به صورت توام هستند و جرم و وزن و فرکانس دارند .

من با پذیرفتن دیدگاه سوم درباره نور سعی می کنم آنرا کامل تر نمایم و بخشهای ناگفته اش را روشن تر نمایم، در این دیدگاه مطابق نظریه مکس پلانک هر کوانتوم نور با انرژی ($e=hv$)انتشار می یابد که $-h-$ یک ثابت جهانی بوده و مقدار آن برابر است با($h=JS 6/6256×10^{-34}$) و (v) نیز فرکانس کوانتوم نور میباشد ، مشخص است که هر چقدر فرکانس بیشتر باشد مقدار انرژی کوانتوم نیز بیشتر می شود ، این کوانتومها می توانند مطابق دیدگاه پلانک با ضرایب مشخصی به الکترونهای اتم برخورد کرده و آنها را به مدارهایی بالاتر صعود بدهند ، از سوی دیگر در دیدگاه موجی نور گفته می شود که نور ترکیبی از امواج الکتریکی E و مغناطیسی B می باشد ،در دیدگاه من امواج الکتریکی و مغناطیسی نور که با سرعت ۳۰۰۰۰۰ کیلومتر بر ثانیه حرکت می کنند ،در بازه های زمانی و مکانی مشخص در یکدیگر به گونه عمود تداخل می کنند ، در این نقاط تداخل امواج که لحظه ای و گذراست ، ذره یا همان فوتون متولد می شود ، اما این ذره ناپایدار است و با حرکت امواج EوB ذره ناپدید و از نو در بازه زمانی و مکانی دیگری ظاهر می شود ، پس نورهمواره در حال تبدیل موج به ذره و ذره به موج می باشد ، این فوتونهاکه دارای جرم لختی یعنی جرم در حال حرکت می باشند و در سکون وجود ندارند جرمشان قابل اندازه گیری می باشد و جرم این فوتونها همان جرم بنیادی جهان است که مقدار آن ربطی به فرکانس نور نیز ندارد در واقع فرمول پلانک ($e=hv$) کاملا درست می باشد ، تنها برداشت ما از آن است که اشتباه می باشد ، بر خلاف تصور همگان ما به ($e=hv$)نمی توانیم مفهوم بسته ای بودن و کوانتومی بودن بدهیم و آنرا به صورت ذره تصور کنیم ، زیرا همانطور کهمی دانیم ($v=1/t$) و ($te=h$/) می شودپس (e) به زمان تناوب (t) نیز بستگی دارد پس ($e=hv$) نمی تواند یک کوانتوم و یا یک ذره باشد چرا که یک ذره و یا یک کوانتوم در یک لحظه به الکترون برخورد می کند و آنرا به مدار بالاتر گسیل می دارد و نیازی به زمان تناوب (t) ندارد و اگر الکترون با کوانتوم ($e=hv$) می خواست به مدار بالاتر صعود کند مطابق فرمول ($te=h$/) به یک ثانیه وقت نیاز داشت تا انرژی کوانتوم را دریافت کرده و به مدار بالاتر برود و این با مفهوم بسته ای بودن نور در تضاد است ، در حقیقت آنچه را که ما می توانیم به عنوان یک کوانتوم ثابت در نظر بگیریم ($e=h$)می باشد که یک مفهوم ثابت و جهانی است و آنچه که الکترون را از مدار خود حرکت می دهد نه (

e=hv)می باشد و نه (e=h) ، بلکه الکترون برای گسیل به مدار بالاتر نیاز به انرژی (e=nhv) دارد که(n) میتواند یک عدد درست و یا یک عدد کسری باشد ($\frac{1}{2}$،$\frac{1}{3}$،$\frac{2}{3}$ ....)، این مقدار انرژی (e=nhv) برای گسیل الکترون به مدار بالاتر در مدارهای مختلف اتم تفاوت می کند و ثابت نیست و الکترون در زمان (t) به مدار بالاتر جهش پیدا میکند ، این زمان بستگی به فرکانس موج دارد هر چه فرکانس موج بیشتر باشد زمان t،(زمان گسیل الکترون به مدار بالاتر) کوتاه تر خواهد بود ،فرکانس نور در واقع تعداد فوتونها یی می باشد که در یک ثانیه منتشر شده و می توانند به الکترون برخورد کنند و آنرا به مدار بالاتر در اتم بفرستند جرم و انرژی همه این فوتونها در همه امواج گوناگون نوریکسان و ثابت بوده و قابل اندازه گیری می باشد ، از نگاهی دیگر می توانیم بگوییم که (e=hv) هنگامی می تواند به عنوان یک کوانتوم شناخته شود که (v=1) باشد در این صورت (e=h) را می توانیم به عنوان یک کوانتوم ثابت در نظر بگیریم که از تر کیب یک میدان الکتریکیE و یک میدان مغناطیسیB (عمود بر هم) بوجود آمده است ، و به زمان تناوب (t)نیزبستگی ندارد و لذا می توانیم آنرا به عنوان یک ذره و یا بسته انرژی بدون زمان در نظر بگیریم .

(e=h) همانطور که پلانک آنرا به دست آورده است یک مقدار ثابت و جهانی است و کوچکترین مقدار انرژی شناخته شده جهان می باشد ، ما می توانیم مقادیر دیگر انرژی را بر اساس آن و به عنوان مضرب درستی از آن تعیین کنیم ، ، جرم این کوانتوم ثابت و جهانی(یا فوتون)که در حقیقت جرم بنیادی جهان نیز می باشد مطابق رابطه انیشتین($e=mc^2$)بدینگونه بدست می آید :

با فرض: v=1 داریم : e=h پس $e=mc^2=h$

پسجرم یک فوتون که از ترکیب میدان الکتریکی- EوB- بدست می آید و جرم بنیادی جهان نیز می باشد برابر است با :

$$M=h/c^2$$

$$M=6/6256\times10^{-34}\div9\times۱۰^{16}=۷۳۶۱۷۷۷77\times10^{-59}kg$$

چرا اجسام تحت شتابی ثابت و همزمان به سطح زمین سقوط می کنند ؟

هنگامی که گالیله دانشمند سرشناس ایتالیایی آزمایش معروف خود را بر روی برج کج پیزا انجام داد به همگان ثابت شد که اجسام چه سبک و چه سنگین (در خلا) تحت شتابی ثابت و همزمان به سطح زمین سقوط می کنند ، این همان چیزی است که امروزه نیز در کتب درسی به دانش آموزان آموزش داده می شود و همگان بدان باور دارند؛ اما در واقع بدینگونه نیست ، بر خلاف نظر گالیله همه اجسام با جرمهای متفاوت به طور همزمان به سطح زمین

سقوط نمی کنند بلکه اجرام سنگین زودتر به سطح زمین می رسند ، مسئله اینجاست که چون جرم این اجسام نسبت به زمین بسیار کم می باشد و نیروی جاذبه اندکی را بر زمین اعمال می کنند لذا ما با ابزارهای اندازه گیری معمولی قادر به اندازه گیری تفاوت زمان سقوط آنها نیستیم و گرنه اجسام سنگین در خلا با تفاوت کسری از ثانیه زودتر از اجسام سبک به زمین می رسند ولی این تفاوت سقوط آنقدر کم است که گالیله قادر به مشاهده و سنجش آن نبود ، از نظر تئوریک نگاهی به رابطه نیروی جاذبه بین دوجسم این مساله را به راحتی اثبات می کند ، مطابق رابطه نیوتن، $(f= m \times Me \div R^2 \times G)$، نیروی جاذبه به حاصل ضرب دو جرم نسبت مستقیم دارد ، ولی چون جرمی (m) که به طرف زمین سقوط میکند نسبت به جرم زمین(Me) خیلی کوچک است ما می توانیم آنرا حذف کرده و نادیده بگیریم ، این فرمول نیوتن نه تنها نشان می دهد که مقدار جرم اجسام در حال سقوط به سطح زمین در شتاب سقوط آنها تاثیر دارد ،بلکه نشان می دهد که زمین نیز به سمت جرم کشیده می شود اما چون جرم زمین بسیار زیاد می باشد و نیروی مابین جسم و زمین اندک است حرکت زمین به سمت جسم بسیار اندک بوده و قابل چشم پوشی می باشد.

برای روشن شدن بیشترمطلب مثالی می زنم : دو مرد بسیار تنومند وبسیار کوچک را در نظر بیاورید که در فاصله ده متری از یکدیگر ایستاده اند نیروی مرد تنومند ده هزار نیوتن و جرمش ۱۰۰۰ کیلوگرم و نیروی مرد کوچک نیز یک نیوتن و جرمش یک کیلوگرم می باشد ، فرض کنید این دو مرد ازدو سوی شروع به کشیدن یک طناب کنند تا یکدیگر را به سمت خود بکشند ،کاملا واضح است که مرد تنومند با نیروی هزار نیوتنی اش مرد کوچک رابا سرعت به سمت خود خواهد کشید اما مرد کوچک نیز بیکار نخواهد نشست و با نیروی یک نیوتنی اش مرد بزرگ را اندکی جابه جا کرده وبه سمت خود خواهد کشید در اینجا مرد کوچک با نیروی اندک خود به سرعت به سمت مرد بزرگ کشیده می شود و بدو می رسد ، اما نیروی اندک او نیز در این کشش بی تاثیر نبوده ، این نیرو چون در جهت نیروی مرد بزرگ می باشد به آن اضافه شده و در نتیجه دو مرد با نیروی هزار و یک نیوتن به سمت یکدیگر کشیده می شوند، مرد بزرگ در اینجا زمین و مرد کوچک ، جسم در حال سقوط به سمت زمین می باشد ، می بینیم که جرم این جسم که مولد نیروی گرانشش می باشد بر سرعت افتادنش (هر چند اندک)موثر است .

چرا عناصر سنگین و عناصر بیش نوترون رادیو اکتیو هستند ؟

به طور کلی ما می توانیم مواد رادیو اکتیو را به دو دسته تقسیم کنیم .

الف : عناصری که عدد اتمی آنها زیاد است (مانند اورانیم)

ب : عناصری که تعداد نوترونهای آنها بیشتر از- ۵ / ۱ - برابر تعداد پروتونها است (مانند توریم)

الف- چرا عناصر سنگین رادیو اکتیو هستند ؟

همانطور که می دانید پروتون ها دارای بار مثبت هستند و به شدت یکدیگر را دفع می کنند ،ولی پروتون ها به جز این نیروی دافعه دارای نیروی جاذبه ای با برد کوتاه هم می باشند که باعث میشود پروتونهای داخل هسته اتم نوترونها را جذب کنند تا هسته متلاشی نشود این نیروی جاذبه برد بسیار کوتاهی در حد قطر یک پروتون دارد و در عناصر سبک مانند هلیوم چون فاصله مابین پروتونها زیاد نیست این نیروی جاذبه کار خود را به خوبی انجام می دهد و مانع متلاشی شدن هسته اتم می شود ، لذا عناصر سبک پایدار هستند ؛ ولی در عناصر سنگین روند کار بدینگونه پیش نمی رود ،در این عناصر هر پروتون از یک طرف با نوترون مجاور خود مطابق نیرو های جاذبه برد کوتاه پیوند حاصل می کند ، ولی همین پروتون بر روی پروتونهای دیگری که بیشتر از قطرش با آن فاصله دارند نیروی دافعه وارد می کند ، بطوری که در عنصری مانند اورانیم - ۲۳۸ - که تعداد پرو تونها زیاد می باشد هر پروتونی به تنهایی می تواند بر روی بیشتر از- ۸۰- پروتون دیگر نیروی دافعه وارد کند و چون مجموع نیروهای رانشی پروتونهای دور از هم بیشتر از نیروی کششی پروتونها ونوترونهای نزدیک هم می باشد برخی از پروتونها از هسته اتم کنده شده و هسته متلاشی می شود تا به پایداری برسد ؛ این قضیه مانند داستان کرم خاکی و پرنده شکاری می باشد ، کرم خاکی ای را فرض کنید که در درون خاک فرو رفته و تنها دم آن بیرون است و پرنده با نوک خود تلاش میکند آنرا از دل خاک بیرون بکشد اما در نهایت بخشی از دم کرم کنده می شود و کرم بدرون خاک فرار می کند،در اینجا تلاش کرم برای مقابله با نیروی پرنده همان نیروی جاذبه برد کوتاه پروتونهاست که می خواهد مانع تلاشی هسته شود و تلاش پرنده برای بیرون کشیدن کرم از درون خاک همان نیروی الکتریکی مثبت دفع کننده بین پروتونهاست که می خواهد هسته را متلاشی کند و پاره شدن بخشی از بدن کرم نیز تلاشی هسته اتم سنگین است که به صورت ذرات آلفا، بتا و گاما منتشر می شود .

ب - چرا عناصر بیش نوترون رادیو اکتیو هستند ؟

اما درمورد مواد رادیو اکتیویته ای که علت اکتیو بودنشان زیاد بودن نوترونها نسبت به پروتونها می باشد ، باید یاد آوری شود که نیروی جاذبه برد کوتاه تنها بین نوترونها و پروتونها وجود دارد و گرنه دو نوترون و یا دو پروتون با نیروی برد کوتاه نمیتوانند به یکدیگر متصل شوند ، هنگامی که در هسته یک اتم تعداد نوترونها و پروتونها برابر است هر نوترون مابین دو یا چند پروتون قرار گرفته آنها را به یکدیگر متصل می سازد (مانند دوتریوم که یک نوترون و یک

پروتون دارد و ایندو یکدیگر را جذب کرده و هسته ای غیر فعال را می سازند)ولی هنگامیکه تعدادی نوترون اضافی در هسته وجود داشته باشد این نوترونهای اضافی پروتونی ندارند که با نیروی برد کوتاه به آن بچسبند و در نتیجه هسته متلاشی می شود. [۱]

این قافله عمرعجب می گذرد

آدمی کیست مسافری سرگشته وحیران که نیم شبی تاریک در کهنه رباطی به نام دنیا رحل اقامت می افکند و سپیده دمان با بانگ جرس الرحیل عظم سفری دوباره می کند .

جان عظم رحیل کرد گفتم که مرو
گفتا چه کنم خانه فرو می آید

فارغ از اینکه شبش را چگونه به صبح رسانده است ؟ آیا اصلا مهم است ؟ شاید نه !

تا چند خوری غم جهان گذران
این یک دم عمر را به شادمانی گذران

اما آیا واقعا غم و شادی ما در دستان ماست و اندوه مارا کرانه ای و شادی مارا آشیانه ایست ؟ مسلما نه ! هیچ انسانی نمی خواهد که اندوهگین باشد و ناشاد ، همه می خواهند که شاد زندگی کنند اما نمی توانند ، چرا که علت بسیاری از ناکامی های ما محیط پیرامون ما می باشد .

آیا ما می توانیم جهان را بر وفق مراد خود تغییر دهیم ؟

گر بر فلکم دست بدی چون یزدان
بنیاد بکندمی فلک را ز میان
وز نو فلکی دگر چنان ساختمی
که آسوده به کام دل رسیدی آسان

پاسخ این پرسش روشن است : تغییر محیط تا اندازه زیادی از دست ما خارج است چراکه ما توانایی اندکی داریم ، پس باید چه کار کنیم ؟

تن را به قضا سپار و با درد بساز
کین رفته قلم زبهر تو ناید باز

۱- متن کامل این مقاله به قلم اینجانب در ماهنامه دانش و مردم به چاپ رسیده است.ماهنامه دانش و مردم ،مهر ۱۳۸۸ شماره ۶۰۵ ،صفحه ۲۵ تا ۳۳

یک راه پذیرش درد و غم است چرا که انسان در رنج آفریده شده است و رنج همیشه منفی نیست می تواند سازنده باشد ، انسانهای موفق در دل سختی زاده شده اند و سختی دروازه راحتیست و این رنج است که به زندگی انسان معنی می دهد.

- فرانکل روانشناس آلمانی و بانی نظریه معنی درمانی (Logo therapy) می گوید : این رنج و درد نیست که باعث غم و اندوه ما می شود بلکه فقدان معنی در زندگی باعث ناراحتی ما می شود . او زندانیان اردوگاههای آلمان نازی را به عنوان بشر رنج کش مثال می زند که با وجودی که می دانستند به زودی اعدام می شوند ولی در این شرایط سخت روحیه خود را از دست نمی دادند و کتب و اشعار مورد علاقه خود را نگه می داشتند و زیر لب زمزمه می کردند و کاملا به هدف خود ایمان داشتند از آن طرف او دانشجویان دانشگاه فلوریدای آمریکا را مثال می زند که با وجود داشتن رفاه و زندگی مناسب از زندگی خود راضی نبوده و دست به خود کشی می زدند ، فرانکل معتقد بود انسان برای یافتن معنی در زندگی خود یا باید در زیبایی های طبیعت (هنر) غوطه ور شود و یا دست به نو آوری و خلاقیت و سازندگی بزند و اگر به خاطر محرومیت نمی تواند هیچ کدام از این دو کار را انجام بدهد (مانند زندانیان) می تواند با پذیرفتن درد و رنج به زندگی خود معنی بدهد و از پوچی بگریزد .

اصل پذیرش رنج و معنی جویی در زندگی در بین ملل مشرق زمین اصلی پذیرفته شده است و سابقه ای کهن دارد و از آن طرف پیروی از اصل لذت و لزوم شادی در زندگی و زندگی در لحظه حال و اکنون و فراموش کردن گذشته و آینده و مغتنم شمردن دم و لحظات زود گذر زندگی از اعتقادات ملل غرب است .

از دی که گذشت هیچ از او یاد مکن   فردا که نیامدست فریاد مکن
بر نامده و گذشته بنیاد مکن   حالی خوش باش و عمر برباد مکن

راستی از تو چه پنهان من هم در این کلافه سر در گم گیج شده ام و نمی دانم واقعا حق با کیست ؟ هر چند که به فلسفه تو هم احترام می گذارم ، اما از تو می پرسم آیا در نگاه انسانی که از این دنیا رفته تفاوتی می کند که زندگی اش در غم گذشته باشد یا در شادی ؟ چرا که از گذر عمر گریزی نیست و حسرت خوردن بر آن سودی ندارد و اگر به فرض همه عمر ما در رنج و تعب سپری شود در پایان عمر تفاوتی نخواهد داشت (شَب سمور گذشت و لب تنور گذشت) .شاید در اینجا ارائه نظر موریس مترلینگ(Maurice Metering) فیلسوف معروف خالی از لطف نباشد ، او در جواب یک مرد عامی که گفته بود : عمرش را بیهوده هدر داده و در مدت عمر طولانی خود هیچ کار مهمی را انجام نداده در حالیکه موریس کتابهای زیادی نوشته و از عمرش استفاده کرده است ، پاسخ داد : ای دوست عزیز اگر تو در عمر خود هیچ کار مهمی را هم انجام نداده باشی همین که داری به مرگ نزدیک می شوی بزرگترین وظیفه خود را انجام

داده ای[1]، و شاید دیدگاه صادق هدایت نیز که مرگ را تنها راه نجات از این دنیای رنج آور و پر از نیرنگ می دانست از این مقوله جدا نباشد .

آری شادی و غم در دستان ما نیست که آنرا چون محبوبی در آغوش کشیم ما انسانهای ناتوان بیشتر محصول جبر هستیم تا اختیار، ما بیشتر اوقات ناگزیریم رنج را تحمل کنیم و تنها می توانیم با تغییر دیدگاه خود و مثبت اندیشی از این تحمل رنج احساس شادی کنیم .

شادی و غم و همه ارزشهای ما نسبی و ساخته ذهن ما هستند و در دنیای واقعی معنایی ندارند در پایان راه ، عالم و عامی – خوشگذران و رنج کش – دارا و ندار – تندرست وبیمار – پیروز و شکست خورده – شا و نا شاد و .. .. همه با هم برابرند .

دنیای ما به بازی کودکانه ای می ماند که هر کسی نقشی دارد و نقابی به چهره می زند ، یکی دروازه بان می شود و یکی داور و یکی کاپیتان و ... در پایان بازی همه نقاب ها را کنار می زنیم و همه با هم یکی می شویم و دیگر هیچ کس برتر از دیگری نخواهد بود ، رنج ها و غم ها و گریه ها و خنده های ما فقط در میدان بازی وجود دارند و در خارج از میدان رنگ می بازند .

ما انسانها چون کرمی در پیله فرو رفته ایم و جهان را تنها در پیله خود می بینیم فارغ از اینکه دنیای واقعی با دنیای ساختگی ما از زمین تا آسمان فرق دارد و روزی می رسد که این پیله را می شکافیم و چون پروانه ای از آن خارج می شویم در آن روز به دنیای خیالی خود و به حماقت کودکانه خود خواهیم خندید و در خواهیم یافت که زندگی ما بازیچه کودکانه ای بیش نبوده که ما آنرا بزرگ ومهم می پنداشتیم و گرنه ما در مقابل عظمت هستی موجود ناچیزی بیش نیستیم.

یک قطره آب بود و با دریا شد — یک ذره خاک با زمین یکتا شد
آمد شدن تو اندر این دنیا چیست — آمد مگسی پدید و نا پیدا شد۱

خنده بر هر درد بی درمان دواست :

همه ما خاطرات خوبی از دوران کودکیمان داریم و بسیاری از اوقات با شوق و ذوق برای دوستانمان تعریف می کنیم و به شیرینکاریها و خطاها و ساده گیهایمان می خندیم ، بچه ها در مورد خندیدن خیلی چیزها به ما یاد می دهند ، آنها خیلی راحت و بدون هیچ خجالتی به همه چیز می خندند ، حتی به خنده همدیگر و به شکاف یک دیوار و یک موش ، آنها به

۱- متن کامل این مقاله به قلم اینجانب در ماهنامه چیستا به چاپ رسیده است.ماهنامه چیستا،دی و بهمن ۱۳۸۵، شماره ۲۳۵،صفحه ۳۲۲ تا ۳۲۵

طورغریزی و ناخود آگاه می دانند که یک دل سیر خندیدن آنها را سالم تر و شاد تر نگه می دارد ، اما همین کودکان هنگامی که پا به سن و دنیای بزرگان می گذارند با یک تابلو خطر بزرگ روبرو می شوند که می گوید : زندگی خیلی جدی است ،اصلا شوخی نیست ، خیلی جاها است که حتما باید جلوی خنده ات را بگیری ، مثلا سر کلاس درس ، هنگام خوردن غذا ، هنگام صحبت با یک شخص محترم و.... این هشدارها به تدریج کودکان شاد را تبدیل به بزرگترهایی جدی و اخمو می کند و این دایره تسلسل نسل به نسل ادامه پیدا می کند ، مخصوصا در دنیای مدرن و ماشینی وضع به مراتب بدتر و وخیم تر می شود و کار را به جایی می رساند که افسرده گی می شود سرما خورده گی قرن (ازشدت رواج) و مطب روانپزشکها و مشاورها پر می شود از این کودکان بزرگسالی که یادشان رفته چه جوری بخندند ، چیزی که مردم یادشان رفته و فراموش کرده اند این است که زندگی میدان جنگ و مبارزه نیست (که حتما باید بکشی یا کشته شوی)، زندگی میدان بازی است ، آن قدرها هم جدی نیست ، بیایید از زندگیمان لذت ببریم و دیگران را نیز در شادی خود شریک کنیم ، هنگامی که می خندیم ، هورمونهای آندرفینی که در مغز ما آزاد می شوند به ما احساس پرواز طبیعی می دهند و سیستم تنفسی ما طوری فعال می شود که انگارداریم در هوای آزاد جنگل نفس می کشیم ، خنده درد را درمان می کند ، شما هنگامی می توانید بخندید که آرام باشید و هر چه بیشتر ارامش پیدا کنید درد کمتری احساس خواهید کرد ، بنابر این کتابها و فیلمها ی کمدی و برنامه های رادیویی و تلویزیونی شاد مسکنهای خیلی خوبی برای درد های ما ، و نیزدارو های ارزان قیمتی برای بیماریهای جسمی و روانی ما هستند ، زیرا ما اغلب زمانی بیمار می شویم که زندگی را خیلی سخت می گیریم و در حقیقت خودمان را با بیماری تنبیه می کنیم ، بهترین راهی که برای حفظ سلامتیمان می توانیم انجام بدهیم این است که زندگی را زیاد جدی نگیریم و مانند کودکانمان به زندگی بخندیم ، خیلی از مردم میگویند مگر میشود با این همه مشکلات زندگی خندید ، از یک طرف اجاره خانه ، وام جهیزیه ، تصادف اتوموبیل ، بد اخلاقی های همسر ، توبیخ صاحب کارو.... تا به خود بیایی دو جین از مشکلاتشان را برایتان ردیف می کنند و آخر سر می گویند با این کوه مشکلات کی دیگر حال و حوصله خندیدن دارد ! بله مشکلات زیادند و هیچگاه نیز تمام نمی شوند ، اما آیا با غمگین بودن و ترشرویی و افسرده گی میتوان مشکلات را حل کرد ؟ هنر شاد بودن اینست که بتوانیم به مشکلاتی که سر راه مان سبز می شود لبخند بزنیم ، و آنها را مشکل ندانیم بلکه تجربه و موقعیتی جدید برای افزایش توانایی خود بدانیم ، ما اگر صبر کنیم تا هنگامی که مشکلاتمان تمام شد ، شاد باشیم و بخندیم ، هیچ وقت این موقعیت پیش نخواهد آمد و آرزویمان را به گور خواهیم برد ، بدبختیها زیادند اما آدمهای شاد و موفق فکرشان را روی جنبه های مثبت زندگی متمرکز می کنند، آنها

هیچگاه منتظر شادی و موفقیت نمی نشینند بلکه به استقبال آن میروند ، آنها خوب میدانند که ذهن انسان مانند یک آهن ربا است و به هر چیزی که فکر کنی به سمت آن کشیده میشوی اگر روی شادی و موفقیت تمرکز کنی زندگی شاد و موفقی را برای خود و نزدیکانت به ارمغان خواهی آورد و اگر روی بدبختی و فقر تمرکز کنی به سوی آن کشیده خواهی شد ، شادی افزایی در جامعه وظیفه ای فردی و اجتمایی است و دولت نیز می تواند در این راه گامهای بزرگی بردارد ، برای نمونه یکی از راههای افزایش شادی ونشاط در جامعه ،ایجاد باشگاههای خنده در شهرها و مناطق گوناگون کشور است ، چند نمونه از این باشگاهها در تهران تاسیس شده است ، امروزه با توجه به کسادی کار سینماهای کشور و تعطیلی برخی از آنها ، میتوان از فضاهای این اماکن یا جاهای دیگر با مشارکت بخش خصوصی یا دولتی اقدام به تاسیس باشگاههای خنده در سطح کشور نمود ، در این باشگاهها با نمایش تئاتر و لطیفه و شعبده بازی و سیاه بازی و.. میتوان لحظات شادی را برای مردم به ارمغان آورد و با توجه به فرهنگ شادی طلب ایرانی و جوان بودن جمعیت انتظار می رود این باشگاهها رونق و درآمد خوبی داشته باشند.

دنیای ناشناخته

همه چیز را می توان به تمسخر گرفت ، همه آنچه که انسان ها به آن دل بسته اند و برای رسیدن به آن تلاش می کنند زیرا وقتی پروانه از پیله بیرون آمد آنگاه برحماقت خویش و کرم هایی که در پیله هستند خواهد خندید که اینان از جهان فقط پیله را دیده اند و تلاش می کنند با پنهان کردن خود در آن تمامی حقایق را نادیده گرفته و بر پندار پوچ خویش باقی بمانند ، حقیقت چیست و چگونه می توان بدان دست یافت ، آیا ما نیز چونان کرم هایی که در پیله مانده اند روزی متولد خواهیم شد و جهان را با چشمی دیگر خواهیم دید ؟ آیا آن روز فرا خواهد رسید ؟ سعادت ما چیست و در کجاست؟ مارا برای چه و چگونه آفریدند ؟ آغاز این جهان از کجا بود و پایان آن در کجاست ؟ آیا این جهان را کرانه ایست و ساحل آن را نشانه ایست ؟

ما که هنوز بر جسم خود آگاهی نداریم چگونه بر راز جهان آگاهی خواهیم یافت ، هر یک از ما از روزنه و بعدی به جهان نگاه می کنیم و حقیقت جهان هستی را با ابزار خود می سنجیم غافل از اینکه این ابزار بسیار ناقص است ، یک کشاورز ، یک فیزیکدان ، یک پزشک ، یک رفتگر ، هر کدام جهان را به گونه ای متفاوت می بینند ، تنها کسانی در این میان به حقیقت نزدیکتر می گردند که جهان را از یک دریچه نمی بینند .

اندیشه کوتاه ما

انسان موجودی حیران و در اندیشه فردا، که فردا چه خواهد شد غافل از اینکه دیروزش را چگونه گذرانده است چونان کودکی که به بازیچه ای خرسند می گردد ، غافل از اینکه آنچه که در دستانش است درنگاه دیگران پشیزی ارزش ندارد ولی در نگاه کودک حتی یک پفک یا یک بستنی همه دنیاست چرا که او در چهار دیواری اندیشه محدود خویش گرفتار شده است و نمی داند که در پشت این اندیشه کوتاه چه دنیای با عظمتی وجود دارد او هر چه را می بیند حقیقت می پندارد ومی خواهد جهان را در مغز کوچک خود تفسیر کند ولی او نمی تواند چرا که او زندانی است زندانی اندیشه محدود خود، ما نیز کودکیم ، کودکانی بزرگسال ، با همان اندیشه کودکانه.

زمین آزمایشگاه موجودات فضایی

شاید زمین آزمایشگاهی برای موجودات فضایی ناشناخته ای باشد که که در آنجا تحول حیات کربنی را در محیطی بسته ولی بزرگ آزمایش می کنند ، آنها در حالی که ما در خود فرو رفته ایم و بر سر ارضای نیازهای ساده مان با یکدیگر درگیریم حرکاتمان را زیرکانه در نظر دارند واز دور بر ما و بر حماقت کودکانه ما می خندند .

کارما نیست شناسایی راز گل سرخ

ما از این جهان هیچ نمی دانیم و لازم هم نیست که همه چیز را بدانیم ، کارگری که در یک کارخانه بزرگ کار می کند احتیاجی ندارد که از کارهمه ابزارها و بخشهای کارخانه اطلاع داشته باشد ، او تنها به آن مقدار از اطلاعات نیاز دارد که برای کار خودش لازم است ، کشاورزی که سیب زمینی می کارد لازم نیست که همه دانش زیست شناسی را فرا گیرد (البته اگر بیاموزد بهتر است) و پس از گرفتن مدرک دکتری در زیست شناسی بیاید در مزرعه سیب زمینی یا گندم بکارد بلکه او با داشتن اندکی دانش تجربی می تواند این کار را بهتر از بسیاری از دانشمندان انجام بدهد ، ما نیز به همه دانش جهان نیاز نداریم و با همین دانش اندک خود می توانیم خوشبخت زندگی کنیم (همانند گذشتگانمان)،ما اگر هم بخواهیم همه چیز را بدانیم هر گز نخواهیم توانست به هدفمان برسیم زیرا مغز ما گنجایش همه علوم را ندارد و با آموختن برخی از مطالب جدید مطالب قدیمی را از یاد می بریم و از طرف دیگر ما فرصت آموختن همه دانشها را نداریم انرژی حیاتی ما و ظرفیت مغز ما محدود است ، باید از آن بهینه تر استفاده کنیم و این انرژی را بیهوده هدر ندهیم ، باید با برنامه ریزی و هدف مند کردن این انرژی از آن در راه رسیدن به مهمترین هدفمان بهره بگیریم ما با پراکنده کاری به جایی

نخواهیم رسید ما باید بدانیم که با به دست آوردن یک چیز چیزهای دیگری را از دست خواهیم داد پس اهدافمان را باید اولویت بندی کنیم تا آنچه را که بدست می آوریم بیارزد بر آن چه که از دست می دهیم.[۱]

راز جهان

در جهان منیت وجود ندارد آنچه که وجود دارد همه جهان است که نامش هستی یا خداست و اوست که تعیین کننده است، و در جهان یا طبیعت هیچ چیز بر چیز دیگر ارزش و برتری ای ندارد ارزش یک ستاره با یک اتم و یک کهکشان همه با هم برابراست ، هر ذره ای نمایشگر کل جهان است و نماینده تمامی جهان ، هر ذره ای دارای روحی است و روح ذرات می توانند با یکدیگر جمع شوند و یک روح واحد را تشکیل بدهند، همان گونه که ملیاردها سلول زنده در بدن ما یک روح واحد را تشکیل داده اند ، روح های ما نیز با هم جمع می گردند و روح واحد کل انسانها را تشکیل می دهند و به همین گونه واحد های کوچک جمع می گردند و روح واحد کل هستی را تشکیل می دهند که می توانیم آنرا خدایی بنامیم که جهان را اداره می کند و بر عکس نیز صادق است یعنی هر روحی می تواند به روح های کوچک تر تقسیم شود ، همانگونه که ماده قابل تقسیم شدن است روح واحد ما به روح سلولها تقسیم می شود و روح سلولها به روح ملکولها و روح ملکولها به روح اتمها و روح اتمها به روح ذرات بنیادی، همچنین هر ذره ای در این جهان وظیفه ای برعهده دارد که آنراکورکورانه انجام می دهد مانند سلولهای بدن ما که هر کدام وظیفه ای را بی اختیار و کورکورانه دنبال می کنند و هر سلولی که بر خلاف نظم بدن رفتار کند طرد می شود ، ملکولها و اتم های بدن مانیز هر چند که در نگاه خودشان حرکتشان بیهوده است و سر گردانند ،ولی از نگاهی بالاتر همه برای بقای بدن لازم هستند شاید وجود ما نیزبرای بقای کل هستی و یا جهانی بالاتر از جهان ما لازم باشد ، شما اگر به یک ساختمان هم نگاه کنید درمی یابید که وجود هر آجر برای بقای ساختمان لازم و اجباری است و هیچ آجری بیهوده نیست ،هر چند که در نگاه خودش و به تنهایی بیهوده به نظر برسد ، پس همه ذرات هستی از اتم تا کهکشان و از کوارک تا الکترون همه باید باشند و لازم هستند و هیچ چیز بیهوده نیست و بر یکدیگر نیز برتری ای ندارند ، همه مانند مصالح یک ساختمان در کنار یکدیگر و با هم معنا پیدا می کنند.

مرحوم سهراب سپهری و بسیاری از شعرای اندیشمند دیگر در اشعار خود بارها به این موضوع اشاره کرده اند از آن جمله سهراب می گوید: و بدانیم که اگرکرم نبود زندگی چیزی

۱- در اینجا روی سخن فرد است نه جامعه بشری

کم داشت و اگر خنج نبود لطمه می خورد به قانون درخت ... و نگذاریم مگس از سر انگشت طبیعت بپرد .

آری در این جهان هر ذره ای جهانیست در بردارنده راز کل هستی و هر جزیی کلی است و هر کلی جزیی ، هیچ چیز نه کوچک است و نه بزرگ ونه با ارزش ونه بی ارزش ، چراکه ارزش ساخته ذهن ماست ، همه ذرات جهان با یکدیگر در ارتباط هستند و همه یک وجود واحدند هر چند که در ظاهر از هم جدا هستند .

درجهان منیتی وجود ندارد ، زیرا همه یکی هستند ، در جهان شادی و غم ، خوشبختی و بد بختی وجود ندارد همه اینها ساخته ذهن ما هستند و در نگاه جهان بی معنی اند ، چراکه ما هنگامی در بدن خود احساس درد و ناراحتی می کنیم که قوای روحی و یا جسمی ما دچار بی نظمی و یا آسیب شده باشند و بقای ما به خطر بیفتد و این احساس درد و ناراحتی زنگ خطری است به نشانه به هم خوردن تعادل روحی یا جسمی ما تا برای درمان آن خود را آماده کنیم و این درد برای بقای ما لازم است ولی جهان برای بقای خود نیازی به درد و ناراحتی ندارد چرا که هستی همیشه وجود دارد و هیچگاه تبدیل به نیستی نمی شود .

راز تکامل انسان

ما انسانها با یکدیگر در ارتباطیم و همانند یک روح واحد به یکدیگر پیوسته هستیم و نمی توانیم جدا از یکدیگر زندگی کنیم (همانند سلولهای بدن که نمی توانند جداگانه به زندگی خود ادامه بدهند) تکامل ما در به هم پیوستن ماست و در گوناگونی و در تفاوت ما ست (مانند سلولهای بدن که متفاوت هستند و هر کدام وظیفه ای دارند ولی با همه تفاوت هایشان هدفشان یکی است و آن حفظ بقای فرد است) .

در جامعه انسانی ما نیز همه گونه های نژادی و گروههای فکری و سیاسی و مذهبی و فرهنگی لازمند و همین گوناگونی آنهاست که باعث تکامل آنها می شود و فکر ایجاد فرهنگ واحد وزبان و نژاد واحد فکری اشتباه است ، زیرا اگر همه سلولهای بدن سلولهای مغز بودند و یا گلبول قرمز و یا سفید بودند دیگر انسانی بوجود نمی آمد پس گوناگونی لازم و ضروری است .

انسان ها نیزاگر زبان و ملیت جداگانه ای داشته باشند می توانند به زبان و ملیت و مذهب خود افتخار کنند و با ملتهای دیگر به رقابت بپردازند و باعث رشد جوامع خود گردند و در تاریخ نیز به اثبات رسیده است ،ملت هایی پیشرفت کرده و بیرق رهبری را بر دوش گرفته اند که از خود هویت مستقلی داشته اند و به آن هویت می بالیده اند و ملت هایی که دینشان و فرهنگ و زبانشان از آن دیگران است (و در حقیقت مروج فرهنگ بیگانگان هستند) نه تنها حرفی برای گفتن ندارند بلکه درصحنه رقابت جهانی عقب خواهند افتاد و تحقیر خواهند شد .

راز جاودانگی ما

ما فرزندان جهانیم اما نه جدای از جهان ما از ماده به دنیا می آییم ودر ماده زندگی می کنیم و پس از مرگ به ماده باز می گردیم ، ما جاودانه ایم و با مرگ به پایان زندگی نمی رسیم زیرا ماده ای که ما را بوجود آورده است پس از مرگمان از بین نمی رود بلکه دوباره به اشکال دیگری به وجود خود ادامه می دهد مرگ در حقیقت یک تغییر در نظم بین عناصر سازنده بدن ما می باشد.

این نظم خاص بین عناصر بدن من است که هویت کنونی من را شکل داده است و اگر این نظم تغییر کند هویت من نیز تغییر خواهد کرد، با مرگ من آنچه که تغییر می یابد در حقیقت نظم بین عناصر بدن من است و گر نه هیچ چیز از بین نمی رود و اگر کسی باشد که بتواند عناصر بدن مرا دوباره با همین نظم کنار یکدیگر بچیند می تواند دوباره مرا خلق کند ، چیزی به نام مرگ در جهان وجود ندارد ، چرا که مطابق نظریه انیشتین ماده و انرژی نه بوجود می آید ونه از بین می رود ، مرگ اصطلاحی است که ساخته ذهن ماست و از نظر فیزیکی : تبدیل یک مجموعه منظم به یک مجموعه نامنظم را می توانیم مرگ بنامیم ، چرا که پس از(در اصطلاح)مرگ ما تنها چیزی که تغییر می کند نظم بین عناصر بدن ماست و گر نه خود عناصر بدن ما عوض نمی شوند و اگر به فرض عوض هم شوند بازهم تفاوتی نمیکند زیرا عناصر با یک دیگر تفاوتی ندارند و هیچ اتم کربن و هیدروژنی بهتر از اتم کربن و هیدروژن دیگر نیست .

ژنوم هایی که مسئول نظم بدن من هستند در بدن هم نژادهای من نیز وجود دارند پس همین الآن و یا در آینده ممکن است انسانهائی متولد شوند که کاملا شبیه من باشند و یا مانند من فکر کنند و من می توانم پس از مرگم جاودانگی خودم را در وجود این انسانهای زنده ببینم و اگر هیچ انسانی بر روی زمین وجود نداشته باشد باز هم من احساس جاودانگی میکنم زیرا من جزیی از جهان بوده و هستم و عناصر بدن من هرگز از بین نخواهند رفت و دوباره با یک تغییر نظم می توانم به وضعیت کنونی خود باز گردم.

هدف از آفرینش جهان چیست ؟

پرسیدن از هدف آفرینش جهان پرسشی بی معنی می باشد، زیرا جهان مادی ما و طبیعت هیچگاه هدفی را دنبال نمی کند وارزشی را نمی شناسد که به سویش حرکت کند ، ارزشها ساخته ذهن ما هستند و در طبیعت وجود ندارند در طبیعت تفاوتی بین یک ماده ساده

بایک ماده مرکب وجود ندارد و هیچکدام بر دیگری برتری ندارند در طبیعت فرقی بین یک عالم و جاهل و عاقل و دیوانه وجود ندارد.
طبیعت مواد مرکب و پیچیده و کاملتر را تجزیه می کند و مواد ساده تر و ناقص‌تر بوجود می آورد و برعکس .

پرسش از هدف آفرینش انسان و جهان زاییده تصورات و تفکرات و برداشتهای خیالی ما از زندگی می باشد و در عالم طبیعت این پرسشها بی معنی است ، ملاک های ارزشی ما که علت پرسیدن این پرسش است انتزاعی بوده و تنها در درون ما وجود داشته و وجود خارجی ندارند، در جهان همه چیز با هم برابراست و چیزی به نام ارزش و یا خوبی و بدی وجود ندارد که جهان آنرا هدف قرار داده و بخواهد به آن برسد و در یک کلام طبیعت نیازی ندارد که هدفش را بر طرف کردن آن نیاز بداند .

روح جهان

اجزای طبیعت (مانند ما انسانها) چون سیستم هستند و کارکرد دارند ، کارکرد و یا روح آنها با روح یا کارکردسیستم کل جهان در ارتباط است و نیز بین سیستمهای طبیعت با ارتباطی که کارکردهای آنها بایکدیگر دارند کشش و نیرویی جهت تجمع وجود دارد ، این کشش و نیرو است که موجب می شود سلولها در کنار یکدیگر جمع شوند و تشکیل یک موجود چند سلولی را بدهند ، موجودات پر سلولی نیز تمایل دارند درکنار یکدیگر جمع شوند و تشکیل گروه بدهند،(مانند انسانها که دور هم جمع می شوند و تشکیل خانواده ، روستا ، شهر ، و کشور را می دهند)، تمایل سیستم ها به پیوستن به یکدیگر به این خاطر است که در داخل گروه بهتر می توانند از خود محافظت کنند و نیازهای خود را برآورده نمایند ، هنگامی که چندین سیستم فرعی در کنار یکدیگر قرار می گیرند ، دیگر کارکردشان مانند قبل نیست ،بلکه کارکرد کل سیستم می شود مجموعه کارکردهای تمام سیستم های فرعی، و هنگامی که تمام سیستمهای جهان در کنار یکدیگر قرار می گیرند ، کارکردشان می شود روح کل جهان یا همان خداوند .

ما در طبیعت گاه پیشبینی ها و حوادثی را می بینیم که ما را شگفت زده می کند ، مثلا تولید مثل موجودات زنده که هیچ سودی برای خودشان ندارد و یا نگهداری از فرزندانشان ویا تولید شیر قبل از به دنیا آمدن نوزادانشان ، اینها ما را شگفت زده می کند ، که چگونه طبیعت کور ، قادر به این پیشبینی ها و آینده بینی ها ست ، در حالی که باید بدانیم طبیعت کور نیست طبیعت سیستم زنده ای است و مانند ما کارکردهایی دارد یکی از این کارکردها این است که به اصل بقای جمعی همه موجودات زنده بپردازد نه به بقای فردی ، برای نمونه انسان

به تنهایی یک سیستم است واین سیستم تنها به بقای خود فکر می کند ، اما مجموعه انسانها یک سیستم نیستند بلکه مجموعه ای از سیستمها هستند ، که آنرا می توانیم سیستم کل مجموعه انسانی نام گذاری کنیم ، این سیستم کلی انسانها ، دیگر تنها هدفش بقای فرد نیست بلکه هدفش بقای کل مجموعه انسانی است و لذا تولید مثل را برای نیل به این هدف در سیستم پایه ریزی می کند .

خدای من خوب است یا ....

ما در تعالیم مذهبی و دینی خود برداشت های گوناگونی از خداوند داریم وگاه صفاتی را به خداوند نسبت می دهیم که در خور و شایسته خداوند نیست و بیشتر برخواسته از خلق و خوی و پندارها ونیازهای ماست . صفاتی گاه آن چنان وحشیانه که در خور و شایسته هیچ کسی نیست و حتی پست ترین انسانها هم از آن ابا دارند خداوندی شکنجه گر و کینه توز که در رستاخیز کافران و گناهکاران رابه دوزخ می برد و به سخت ترین صورت آنها را شکنجه می دهد و می سوزاند شکنجه ای که حتی جلادان و قاتلان روزگار ماهم از آن اباء دارند

خداوندی که به خاطر گناهانی کوچک پشت و روی بنده گان خود را با مس و سرب گداخته می سوزاند و چون پوست آنها سوخت پوست تازه ای را بجایش می رویاند تا طعم عذاب را سخت تر بچشند و عقرب ها و مار هایی که در دوزخ گذاشته تا انسانها را بگزند و شکنجه دهند و آتش دوزخ را که از هر طرف بر انسانها حائل کرده و ماموران عذاب که به فرمان خداوند با تازیانه های آتشین بر پیکر گناه کاران میزنند و با خنجرهائی گداخته زبان را از حلقوم آدمها بیرون می آورند و چون زبانی دیگر بروید دوباره آنرا قطع میکنند به خاطر چه ؟ - به خاطر گناهانی کوچک که حتی ما دراین جهان آنها را مجازات نمیکنیم و اگر هم برخی از گناهان بزرگ را مجازات می کنیم هرگز گنه کار را شکنجه نمی کنیم .

ما در این جهان دروغگو وغیبت کننده و روزه خور و تارک صلات و حتی خود کافر را مجرم نمی دانیم و گناهش را نادیده گرفته و مجازاتش نمیکنیم پس چگونه ممکن است که خداوند مهربان که به مراتب از ما بخشنده تر است آنها را در دوزخ شکنجه بدهد.

مگر خداوند انسان را برای عذاب کشیدن و شکنجه دیدن آفریده است ؟ مگر این دنیا خودش شکنجه گاه نیست که در دنیائی دیگر نیز باید عذاب بکشیم ؟ ویا مگر خداوند کینه و دشمنی ای با نوع بشر دارد که می خواهد تلافی کند ؟

ما در جهان مادی خود برای همه حق آزادی عقیده و انتخاب دین ومذهب قائلیم آنگاه چگونه ممکن است خداوند این حق را برای ما قائل نباشد و کافران و یا غیر مسلمانان را

به دوزخ ببرد و تا ابد آنها را نگه دارد ، خوب اگر کسی بخواهد تا ابد شکنجه شود آفریده نشود بهتر نیست ؟

هرآفریننده ای آفریده خود را دوست دارد، مانند پدر ومادر ما که باوجودی که آفریننده سببی ما هستند اما هرگز حاضر نمیشوند به خاطر گناهانمان مارا عذاب و شکنجه دهند پس چگونه آفریننده اصلی ما که گفته میشود بسیار بیشتر از پدر ومادر مارا دوست دارد میتواند ما را شکنجه بدهد ، آیا بهتر نیست برداشت خود را نسبت به خداوند عوض کنیم و خدای مهربان و بخشاینده را جایگزین خدای خشمگین کنیم.[1]

خداوند ! هستی - کیستی و چیستی

امروزه با وجود پیشرفت چشمگیر علم وتکنولوژی ، خداوند هنوز هم در اریکه قدرت ودر صدر باور های ما قرار دارد واین علم زده گی زیانی به این باور نرسانده است ،چرا که برخلاف ادعاهای افرادی که تلاش می کنند وجود خداوند را از طریق علومی مانند: فلسفه ،ریاضیات ویادیگرعلوم تجربی و نظری ثابت و یا رد کنند خداوند چون پدیده ای متا فیزیکی و انتزاعی و غیر قابل تجربه است لذا نه قابل اثبات و نه قابل انکار است ، امروزه میتوان کاخهای عظیمی را از علم ودانش در راه اثبات وجود خداوند بنا کرد و از طرف دیگر نیز می توان کاخهای عظیم تری را در راه انکار وجود خداوند بنا کرد ودر یک سخن از هر نظریه علمی می توان هم در اثبات و هم در انکار وجود خداوند بهره گرفت .

ازنگاهی دیگر به این موضوع ،اعتقاد به وجود خداوند زیانی برای جوامع امروز ندارد (به شرطی که وارد سیاست نشود و با خرد همسو باشد) و نیز چندان لزومی ندارد که تلاش کنیم خداوند را انکار کنیم چرا که اعتقاد به خدا می تواند پشتوانه اخلاق در جامعه باشد (به طور نسبی) واز بعد روانی نیز این اعتقاد می تواند سازنده و سود مند باشد .

- اما در عرصه عرفان و نیز ادبیات پر بار سرزمین ما برداشتهای گوناگونی از خداوند شده است از آن جمله برداشت منصور حلاج است که خود را خدا می نامید وبانگ - ان الحق – سر می داد و به همین جرم بر دار شد و حافظ در باره او گفته است :

آن یار که بردار سرش گشت بلند
جرمش این بود که اسرار هویدا می کرد

در نگاه منصور حلاج ، انسان میتواند خود خدا شود وبا خدا یکی شود و مایيت و منيت رااز میان بردارد.

۱- این تصویر خشن ازخدا را اعراب بیابان گردی ساخته اند که در محیط خشن کویر زندگی می کردند و خلق وخوی خشـن خـود را که برتافته از محیط بیابان بوده به خداوند نسبت داده اند .

- عطار نیز از همین زاویه به خداوند نگاه می کند ، او در کتاب سخن پرندگان (منطق الطیر) از سفر گروه عظیم پرندگان از کشور چین به راهنمایی شانه به سر برای رسیدن به سیمرغ در کوه قاف سخن می گوید که در پایان راه فقط سی مرغ خسته از هزاران مرغ پس از طی هفت وادی سخت می توانند به کوه قاف برسند ولی در آنجا اثری از سیمرغ پیدا نمی کنند و پیک سلیمان به آنها می گوید که سیمرغ واقعی همین سی مرغ هستند در اینجا مقصود از پرندگان زاهدان و سالکان راه خداوند و مقصود از سیمرغ خود خداوند می باشد که انسانها می توانند پس از طی هفت وادی و پاک وصاف و فانی شدن به خداوند برسند و با او یکی شوند در اینجا خداوند از انسان جداست ولی انسان می تواند با سعی و تلاش خود با خداوند یکی شود و در اصطلاح سیمرغ شود

در یک برداشت کامل تر از خداوند ما می توانیم خداوند را به منزله روح کل جها ن و همه هستی معرفی کنیم ، در این نگاه دیگر ما وجودی جدای از خداوند نیستیم بلکه بخشی از خداوند و به سخنی خود خداوند هستیم ،مانند قطرات دریا می مانیم که هر چند هر قطره ای به تنهایی دریا نیست اما بخشی از دریاست و هنگامی که در دریاست خود دریا می شود ما نیز به عنوان بخشی از جهان بخشی از خدا ییم و از خدا جدا نیستیم[۱]

بگذارید روشنتر سخن گوییم ، هر یک از اجزای جهان یک سیستم است و کار کردی دارد ، کار کرد این سیستمها روان یا همان روح این سیستمها می باشد ، هنگامی که این سیستم ها در کنار یکدیگر جمع می شوند کارکردهای آنها نیز با یکدیگر جمع می شود و کار کرد کاملتری را بوجود می آورد ، جهان هستی از ملیاردها سیستم فرعی تشکیل شده است که هر کدام کارکرد جداگانه ای دارند هنگامی که همه این کارکردها در کنار یکدیگر قرار می گیرند کارکرد کل

۱- بلکه جهان یا همان خدا قدیم و ازلیست و آفریننده ای ندارد) چرا که مطابق فرضیه اینشتاین ماده و انرژی نه بوجود می آیند نه از بین می روندبلکه از صورتی به صورت دیگری تبدیل می شوند)و موجودی به نام اهریمن یا شیطان نیزموجودی خیالی است و وجود خارجی ندارد و چون اخلاق نسبی است و ساخته ذهن خیال پردازبشر است پس چیزی به نام شر و یا خوبی و بدی وجود ندارد که آنرا ساخته خداوند یاجهان بدانیم پس خداوند یا طبیعت را با اخلاق نیز کاری نیست ، اما درباره غیر قابل اثبات بودن خداوند باید بگویم خداوندمانند بشقاب پرنده ها و موجودات فضایی است که هر کس دلیلی بر رد یا اثبات آنها می آورد و تاکنون کسی نتوانسته صد درصد وجود آنها را رد یا اثبات کند من خود کتب فلسفی و ریاضی بسیاری را دیدم که از طریق فلسفه و ریاضیات خداوند را اثبات کرده بودند وباز کتبی را دیدم که از طریق همان فلسفه وریاضیات خداوندراانکارکرده بودند.

-درباره روح باید گفته شود چیزی به نام روح وجود ندارد آنچه را که ما کار کردهای روح میدانیم (مانند تله پاتی - خواندن افکار یکدیگر و ...) در حقیقت کار کرد های ناشناخته جسم ماهستند و با از بین رفتن جسم ما چون کار کرد هایش نیز از بین می رودچیزی باقی نمی ماند پس ما روح ماندگار و جاویدان نداریم ، اینرا مفصل درمقاله وجودوبقای روح شرح داده ام.

- درباره متافیزیک هم باید گوشزد کنم که متا فیزیک یک بازی با کلمات است متا فیزیکی وجود ندارد متا فیزیک را می توانیم ناشناخته های علم فیزیک بنامیم که بارشد علم در آینده جزو علوم بدیهی خواهد شد.

جهان ایجاد می شود که همان روح جهان یا خداوند است ، برای توضیح بیشترخود انسان را مثال می زنیم ، بدن ما از میلیاردها سلول تشکیل شده است که هر کدام سیستمی زنده هستند و کارکرد یا روحی متفاوت دارند ، این سلولها هنگامی که در کنار یکدیگر جمع می شوند من و تو را بوجود می آورند که سیستم پیچیده تری هستیم و دارای کارکرد بیشتر و گسترده تریم که همان روح من و توست که از مجموع ارواح (کارکردهای) سلولهای بدنمان ساخته شده است ، اما مسئله در اینجا پایان نمی یابد ، ما انسانها با یکدیگر ازدواج می کنیم و تشکیل خانواده می دهیم با اینکار کارکردهای ما نیز تغییر می یابد و کار کرد(یا روح) خانواده ما میشود،کارکرد مجموع اعضای خانواده و خانواده ها نیز با هم جمع می شوند و ده و شهر و کشور و قاره را بوجود می آورند و در این به هم پیوستن شان کار کردها و در حقیقت ارواحشان را نیز با یکدیگر جمع می کنند ، و هنگامی که ما می گوییم بر فرض مردم ایران احساسی هستند ، منظورمان کارکرد کلی مردم ایران یا همان روح واحد ملت ایران است که دارای ویژگی احساسی بودن است ، در ادامه مرحله ارواح ملتها نیز می توانند با یکدیگر جمع شوند و روح کل جامعه بشری یا انسان را بسازند و ما می توانیم همه این شش ملیارد نفر را یک تن یعنی انسان بنامیم و اورا با ویژگی هایی مانند هوش برتر ، قدرت تفکر ، خلاقیت، توانائی تکلم و غیره بشناسیم ، روح(کارکردهای) همه موجودات زنده زمین هنگامی که در کنار یکدیگر جمع میشوند روح حیات زمین را بوجود می آورند و روح همه سیستمهای جهان در کنار یکدیگر روح کل جهان که همان خداست را بوجود می آورند ، پس ما بخشی از خداییم و چون خداوند از مجموعه کارکردهای سیستمهای فرعی جهان بوجود آمده است ، پس کار کرد ما بر کارکرد کل جهان یعنی خداوند تاثیر می گذارد و هر انسانی به تنهایی می تواند در سرنوشت کل جهان موثر باشد.[۱]

۱- برخی می گویند این دیدگاه که انسان می تواند به خدایی برسد ویژه ادیان سامی است،اما من در این گفتار نمی گویم ،انسان می تواند به خدا یی برسد ،من می گویم انسان چون بخشی از جهان است پس بخشی از خدا هم هست همانگونه که یک سنگ یایک درخت یا هر چیز دیگر در این جهان بخشی از خداست ودرست مانند سلولهای بدن که بخشی از بدن ما هستند ، رابطه ما با خداوند مانند رابطه سلولهای بدن ما با کل بدنمان است و در این جا منزلی نیز برای رسیدن به خدا وجود ندارد ،چرا که ما خود خداییم و از خدا جدا نیستیم و این با نگر اسلام نیز که انسان را خلیفه و جانشین خدا در روی زمین (و نه خود خدا) میداند متفاوت است ،فراموش نکنید که حلاج هنگامی که این سخن را بر زبان آورد (انا الحق ، من خدایم) بدست خلیفه عباسی به جرم کفر گویی بدار آویخته شد (هر چند که این دیدگاه با دیدگاه حلاج نیز متفاوت است)و مطلب دیگر نیز اینکه ، من در این گفتار گفتم ، خداوند مرکب است(از ترکیب کارکردها ی سیستمهای فرعی جهان بوجود آمده است)، ولی در دین اسلام خداوند را بسیط می دانند و میگویند که اگر خداوند مرکب بود به اجزایش وابسته می شد و وابستگی نیاز را می آورد که نشانه نقص و کاستی است در صورتی که خداوند ناقص نیست ، پس این نظر ادیان سامی نیست.

احترام به طبیعت

هر کس قوانین طبیعت را زیر پا بگذارد عاقبت نابود خواهد شد ،بیایید به قوانین طبیعت احترام بگذاریم و بر خلاف میل طبیعت کاری نکنیم ، جهان دارای روح واحدی است و چونان بدن ما دارای مغزی است که همه چیز را به نظم می کشد ،آنچه درست است که طبیعت می گوید درست است و آنچه نادرست است که طبیعت می گوید نادرست است زیرا ما سلولهایی هستیم که وظیفه ما را - د ی ان ای - هسته ما در جهانی که به منزله بدن ماست تعیین می کند و آن دی ان ای همان طبیعت است که در قالب وجدان ما از طریق تله پاتی با ما ارتباط برقرار می کند ، پس هر کاری که می خواهیم انجام دهیم ابتدا به وجدان خویش رجوع کنیم ، اگر بدون هیچ حسابگری مادی و نیرنگ آنرا درست یافتیم انجام دهیم و گر نه انجام ندهیم ، ما اگر برخلاف وجدان خود عمل کنیم بر خلاف طبیعت عمل کرده ایم و زیان خواهیم دید .

بازگشت به طبیعت

هر کسی کو دور ماند از اصل خویش

باز جوید روزگار وصل خویش

کسانی که حداقل از سی الی چهل سال پیش خاطراتی در ذهن دارند به خوبی میتوانند تجسم کنند که در آن دوره وضعیت حیات وحش کشورمان چگونه بود ،برای نمونه میتوانستید آهوان بیشماری را مشاهده کنید که درکوهپایه های اطراف روستاها و شهرها ، و حتی در مزارع مشغول چرا بودند و گاه حتی بدون ترس وارد حریم روستا و شهرهای کوچک می شدند ، حیوانات دیگر نیز مانند : گرگ و پلنگ وگراز وشغال ، روباه و تشی، گوزن، یوز پلنگ شاهین و اله(عقاب)، هوبره، قرقاول ، تیهو و کبک و... نیز به وفور در اطراف شهرها و روستا ها دیده میشدند ، در این چند دهه چه بر سر حیات وحش و محیط زیست ما آمده است ؟ نیمی از جنگلهای ما از بین رفته اند ، آهو از دشت گریزان شده و به کوهستان پناه برده در حالی که موطن اصلی اش دشت است و در کوه نمی تواند به راحتی زندگی کند، دیگر گرگ و پلنگ و گرازو خرگوشی در دشت دیده نمی شوند و اگر نیز باشند از چنگال تفنگهای دوربین دار شکارچیان و موتور سیکلتهای تندرو آنها نمی توانند فرار کنند ؟ ما را چه شده است ؟ گویا همه دست به دست هم داده ایم تا محیط زیست خود را هر چه زودتر نابود سازیم، احترام به طبیعت احترام به حیات وحش و حیوانات ، احترام به محیط زیست که ریشه در فرهنگ و دین و آیین ما دارد از بین رفته است ، هر چند یک بار خبر دلخراشی از نابودی محیط زیست و حیات وحش به گوشمان میرسد ، یک روز می شنویم که خرسی را در دامغان به دلیل نداشتن تفنگ بیهوش کننده کشته اند ، روز دیگر می شنویم که یوز پلنگی در جاده سمنان به دامغان با

اتوموبیل تصادف کرده و کشته شده است و روز دیگر از کشته شدن پلنگی به دست اهالی یک روستا خبر می دهند و روز دیگر خبر کشته شدن یک ماده یوز پلنگ با بچه هایشان را در یک باغ بوسیله روستانشینان شاهرودی می دهند و روز دیگر .. گویا این حوادث را پایانی نیست ، چندی پیش در روزنامه خبری را خواندم که مردی آلمانی به دلیل پرتاب کردن گربه نامزدش از آپارتمان به شش ماه زندان محکوم شد ! حالا این خبر را با دو خبر واقعی زیر که نمونه ای از هزاران مورد حیوان ازاری در کشورمان است مقایسه کنیدو سپس خود منصفانه قضاوت کنید و بگویید چرا ما نباید در کشورمان قوانینی جهت حمایت از حیوانات داشته باشیم؟

- یکی از دوستان که چند گربه چاق و چله دست آموز خانگی دارد چند روز پیش میگفت که یکی از گربه هایش که دست آموز بود و از قضا چند مهارت منحصر به فرد نیز داشت (از جمله با صاحبش دست میداد و با تکان دادن سرش از او تشکر میکرد) از قضای روزگار پایش به خانه همسایه سنگدل می افتد و این مرد جوان که دل خوشی از این حیوان نداشت و گویا کینه ای نیز از او در دل داشت بی درنگ چاقو ی آشپزخانه را بر می دارد و سر از پیکر گربه نگون بخت جدا می کند .

و حالا این صحنه واقعی از کشتار حیوانات را که خود شاهد آن بوده ام در ذهن خود تجسم کنید : حاج حسن (اسم مستعار)در حالی که لباس سیاه عزای محرم را بر تن داشت چاقوی آشپزخانه اش را که زنگ زده بود و بسیار کند شده بود برداشت او می خواست ، برای مراسم عزای محرم حدود بیست تا مرغ را سر ببرد و در ثواب عزاداری امام حسین(ع) شریک شود اولین مرغ را که گرفت مرغ بیچاره با اینکه پاهایش بسته بود شروع به سر و صدا کرد حاج حسن سرش را محکم توی آب فرو کرد تا مبادا مرغ ، تشنه جان دهد مرغ داشت خفه می شد که سرش را از توی آب در آورد و چاقوی کند آشپزخانه را زیر گلویش گذاشت اما هر چی می کشید نمی برید، هنوز نصف گردن مرغ بیچاره را نبریده بود که حاجی خسته شد و برای اینکه زودتر کارش تمام شود گردن مرغ را با دستش شکست و مرغ را پرت کرد روی زمین اما حیوان هنوز نیم جانی داشت و با سر افتاده به این طرف و آن طرف میدوید بقیه مرغها از دیدن این صحنه آنقدر ترسیده بودند که از وحشت گویا سکته کرده باشند روی زمین تکان نمی خوردند و هنگامیکه نوبت آنها شد و حاجی سر آنها را با چاقوی کندش میبرید هیچ اعتراضی نمیکردند و حاجی هم خوشحال بود و با خنده می گفت که مرغها چون می دانند برای عزای سید الشهدا سرشان بریده میشود اعتراض نمی کنند .(این صحنه یکی از ملیونها صحنه کشتار حیوانات است که همه روزه در کوچه ها و خیابانهای شهرها و روستاهای کشورمان اتفاق می افتد و بدتر از آن اینکه بسیاری از این صحنه های وحشتناک کشتار حیوانات ،جلوی چشم کودکان ما اتفاق می افتد و پیامی از خشونت و ناامنی به آنها میدهد).

ما برای حفظ محیط زیست و احترام به حیوانات و گیاهان و طبیعت در ایران نیازمند اصلاح فرهنگ مردم هستیم و همه اقشار جامعه باید در این راه همکاری کنند مخصوصا وظیفه بزرگتر بر دوش ارباب رسانه ها و جراید و نشریات کشور و سپس اساتید و معلمین و روحانیون می باشد هر یک با ابزاری که در اختیار دارند بایدقدمی بردارند ، می توانید از خودتان شروع کنید : در مراسم عروسی به جای اینکه حیوان زبان بسته ای را جلوی پای عروس و دامادقربانی کنید، کبوتر یا پرنده در بندی را به آنها بدهید تا آن را آزاد کنند ، مطمئن باشید صحنه بسیار زیبا و دلنشیینی خواهد بود و شگونش برای عروس و داماد از کشتار حیوانی زبان بسته بسیار بیشتر است ، در باز گشت حجاج از مکه یا زوار از کربلا یا سوریه یا جشن ختنه سورانی و ..... می توانید به جای کشتار حیوانات ، جلوی پای عزیزان تان، حیوان در بندی را ازاد کنید یا مراسم نمادین و شاد دیگری مانند :برگزاری یک نمایش با حیوانات دست آموز یا آتش بازی یا نمایشی سمبلیک یا هرچه مهمان شما می پسندد انجام دهید،آری شاید کمتر کسی باشد که نداند ،که مشکل اصلی بشر امروز دوری از طبیعت و بزرگترین چالش کشورهای جهان تاثیر مخرب فعالیتهای بشر بر روی محیط زیست اطرافش می باشد که صدمات جبران ناپذیری را به بار آورده است : انقراض نسل بسیاری ازجانداران وگیاهان ، آلودگی دریاچه ها و رودخانه ها و دریا ها و اقیانوسها و اب و خاک و هوا، رها شدن سالیانه ملیونها تن زباله سمی در طبیعت ، کشتار سالیانه میلیاردها حیوان اهلی و وحشی در کشورهای گوناگون جهان ، گرم شدن هوای کره زمین و آب شدن یخهای قطبی در پی گرم شدن هوا و بالا آمدن آب دریاها و اقیانوسها ودر پی آن زیر آب رفتن کشورهای جزیره ای پست،سوراخ شدن بخشی از لایه ازن جو و بدنبال آن ورود اشعه زیانبخش خورشیدی به زمین وانقراض جانوران و گیاهان حساس و... تنها بخشی از صدمات بشر به محیط زیست می باشند، روزگاری که هیچ انسانی در کره زمین وجود نداشت (دوره دایناسورها را میگویم) زمین بسیار زیبا تر و آسمان بسیار آبی تر و جانوران و گیاهان بسیار خوشبخت تر از امروز بودند با پا گذاشتن بشر به کره خاکی (مخصوصا بشر متمدن) بسیاری از جانوران و گیاهان نابود شدند و طبیعت بکر ویران شد ، جانوران بسیاری در خدمت بشر در آمدند و استثمار شدند و بسیاری از آنها سلاخی شده و تنها به خاطر کشتار و برای پر کردن شکم بشر پروش یافته و زندگی میکنند ، بسیاری می گویند چاره ای نیست و برای پر کردن شکم هفت میلیارد انسان (و تا چند سال دیگر ده میلیارد) ناگزیریم که جانوران و گیاهان را استثمار کنیم و طبیعت را ویران ، اما اینان گویا با خودخواهی و خود برتر بینی خود این سخن زرتشت را فراموش کرده اند که : خوشبختی راستین انسان نه تنها در شادمانی انسان بلکه در شادمان کردن جانور و گیاه می باشد ، آری میتوان هم به خوشبختی بشر فکر

کرد و هم به شادمانی جانور و گیاه ، و خرد بشر در این راه می تواند بسیار چاره گر و چاره ساز باشد .

البته حرکتهای مثبتی نیز درسطح جهانی و ملی مشاهده می شود ،در کشور ما NGO- ها و تشکلهای زیست محیطی مردمی تازه ای در حال شکل گیری هستند که هر چند تعدادشان به شماره انگشتان دو دست نیز نمی رسد اما لا اقل شروع یک حرکت را نشان می دهند ،و یک حرکت لاکپشتی بهتر از این است که هر گز حرکت نکنیم، بهترین راه حل و مهمترین کاری که ملتها میتوانند برای حفظ محیط زیست انجام بدهند کنترل جمعیت می باشد چرا که انسانها هر یک خود به تنهایی نابود کننده محیط زیست هستند و هر انسانی در طول زندگی هفتاد ،هشتاد ساله خود سدها تن زباله و گازهای سمی تولید می کند و بخشی از محیط زیست را برای ساخت خانه و جاده و کارگاه و کارخانه و غیره تخریب می کند آری انسان دشمن شماره یک طبیعت است ، هر انسانی که به دنیا می آید به تنهایی یک دستگاه تولید زباله است و مخرب طبیعت ، در این میان چندان تفاوتی بین انسانها وجود ندارد ، حتی اخلاق مدارترین انسانها نیز به گونه ای طبیعت را ویران می سازند چرا که هر انسانی نیاز به خوراک و پوشاک و مسکن دارد و برای حمل و نقل نیز ناگزیر نیاز به یک وسیله فناوری دارد ، که مستقیم یا غیر مستقیم محیط زیست را نابود می سازد ،متاسفانه جمعیت جها ن بطور نگران کننده ای رو به افزایش است و این جمعیت رو به رشد در حال بلعیدن سریع منابع طبیعی زمین میباشد (می توانید آمار زایش و مرگ را در این سایت اینترنتی،http://www.worldometers.info، با یکدیگر مقایسه کنید ، آمار زایش بسیار بالاتر از مرگ می باشد و این یعنی زنگ خطری برای گرسنگی و قحطی و دزدی و فحشا و و رشد رذیلتهای   انسانی و نابودی بیشتر طبیعت در آینده)، رشد جمعیت در کشور ما نیز، هرچند که نسبت به اول انقلاب کند شده ،اما هنوز زیاد است و با این رشد تا چند سال دیگر جمعیت کشور از مرز صد ملیون تن تجاوز میکند و این به معنای فقیر تر شدن و نابودی بخش بیشتری ازمحیط زیست کشور ما میباشد ،برای کاهش رشد جمعیت دو کار اساسی می توان انجام داد : نخست می توان با افزایش اگاهی مردم و در اختیار گذاشتن وسایل رایگان جلوگیری از حاملگی ،رشد جمعیت را کاهش داد و دوم اینکه می توان مانند چین سیستم اجباری تک فرزندی را اجرا کرد ، استفاده از بسته های تشویقی و تنبیهی کنترل جمعیت نیز در بسیاری از کشورها جواب داده است ؛ بعد از کنترل جمعیت رویکرد مردم به گیاه خواری نیز در حفظ محیط زیست موثر است ، گیاه خواری علاوه بر اینکه مانع پرورش و کشتار فجیع میلیاردها حیوان بیگناه در سال می شود ، موجب رشد کشاورزی و افزایش گیاهان و تولید اکسیژن بیشتر و کاهش گازهای گلخانه ای می شود ونیز از تخریب گسترده جنگلها و مراتع جلوگیری می کند

، البته رویکرد همگانی به گیاه خواری در کشور ما به آسانی امکان پذیر نیست ، چرا که کشتار حیوانات جزو بسیاری از رسوم و آیینهای ما شده است و بسیاری از غذاهای ما با گوشت تهیه میشوند، اما در هر صورت باید از یک جایی شروع کنیم و با کاهش گوشتخواری به تدریج به سمت گیاه خواری به پیش برویم و حیوانات اهلی دربند را رها سازیم و حیوانات کمتری پرورش دهیم، اقدامات زیست محیطی دیگر مانند بازیافت مواد ، پرهیز از مصرف بی رویه مواهب طبیعت ، درختکاری و جنگل کاری ، آلوده نکردن آب و خاک وهوا ، استفاده از انرژیها نو و پاک و وسایل قابل بازیافت .... کمتر با مخالفت مردم مواجه می شوند، چون احترام به آب و خاک و گیاه در فرهنگ ایرانیان وجود دارد، رویکرد انسان به گیاه خواری به جای گوشتخواری می تواند تا حد زیادی جلوی کشتار چانواران را بوسیله انسان بگیرد ، با رشد فناوری می توان غذاهای جایگزینی را به جای گیاهان و حیوانات ساخت و حتی میتوان به جایی رسید که مانند گیاهان مستقیما املاح و مواد معدنی را از خاک دریافت و مصرف کرد و کاملا از انرژیهای طبیعی (مانند خورشید و باد و گرمایش درون زمین و ...) برای حمل و نقل و ساخت ابزار و تکنولوژی استفاده کرد و در آنروز طبیعت نفس راحتی از دست بشر خواهد کشید و دوباره به صورت بکر و دست نخورده مانند ملیونها سال پیش در خواهد آمد و جانوران اهلی نیز دوباره به طبیعت باز خواهند گشت و آزادی را جشن خواهند گرفت ،در آن روز دیگر هیچ باغ وحش و هیچ مرغداری و گاو داری و دامدار ی ای وجود نخواهد داشت ، گیاه خواری بهترین گزینه برای جلوگیری از کشتار حیوانات وحفظ محیط زیست است ،برای سلامت انسان نیز بسیار مفید می باشد ، انسانهای گیاه خوار عمر بیشتری می کنند و از آرامش بیشتری برخوردار هستند چرا که ماهیت زیستی انسان گیاه خوار است ، نگاهی به دندانها به دستها به معده به روده و دیگر اعضای بدن خود بیندازید دندانهای آسیا روده های بلند معده بزرگ پنجه پهن و ناخنهای کند و پهن - اینها همه اعضای یک موجود گیاه خوار است نه گوشتخوار ، انسان در عصر یخبندان به ناچار و به خاطر کمبود غذا به گوشتخواری روی آورد اما ماهیت انسان هرگز گوشتخوار نشد هنوز هم انسان از گوشت خام متنفر است و هنوز هم دیدن صحنه کشتار حیوانات و خون و امحاء واحشاءحیوانات هر کسی را منزجر می کند انسانها بهتر است به کشتار حیوانات به اسیر کردن و در بند کردن حیوانات و به شکنجه دادن حیوانات پایان دهند، کشتار حیوانات و گوشتخواری انسانها و در بند کردن ملیونها مرغ و گوسفند و گاو و..... نه تنها به حیوانات اسیب میرساند بلکه از نظر روانی آثار مخربی را در پی دارد و موجب ترویج خشونت و حس نا امنی در بین انسانها میشود، انسانها چگونه میتوانند حیوانات را بکشند و شکنجه و زندانی کنند اما با یکدیگر مهربان باشند گوشتخواری نا خود اگاه انسان را خشن بار می آورد و باعث بروز جنگ و درگیری بین انسان هاوکشتار و صدمه زندن آنها به یکدیگر می شود نگاهی به اقلیت بوداییان

جهان (تبت –بوتان- نپال و...) بیندازید که گوشتخواری را نهی می کنند ، آمار جنگ اعدام خشونت درگیری طلاق و غیره در این کشورها بسیار پایین است و مردمی بسیار آرام و صلح جو دارند ،گوشتخواری انسان به محیط زیست نیز آسیب بسیاری می رساند چرا که انسان با رویکرد به دامپروی باعث از بین رفتن مراتع و چراگاهها و جنگلها می شود و دامها با تولید مقادیر بیشماری از گاز متان که گاز گلخانه ای مضری است و اثر گلخانه ای ان دهها برابر دی اکسید کربن است موجب گرم شدن هر چه سریعتر کره زمین می شوند و گرمای کره زمین موجب آب شدن یخهای قطبی ، بالا آمدن آب دریا ها ، خشکسالیهای طولانی در مناطق حاره ای ، طوفان و سیلهای ویرانگر در مناطق پر باران ، انقراض نسل جانواران و گیاهان و ..... می شود .

همه مدارک و شواهد موجود در طبیعت به میوه خوار بودن ساختمان انسان از بدو پیدایش او گواهی می دهد، و طی میلیونها سال نجومی که از دوران پیدایش او می گذرد فقط دوران نسبتاً کوتاهی است که او از طبیعت و آفرینش خود سر پیچی کرده و آن دوره مصادف با عصر یخبندان بوده است.

معمولاً هنگامی که از گیاهخواری صحبت به میان می آید بسیاری از افراد نگران سلامتی خود می گردند و بلافاصله یک رژیم غذایی فاقد گوشت را رد می کنند، زیرا بسیاری عقیده دارند که یک رژیم غذایی فاقد گوشت و تخم مرغ، فاقد مواد غذایی کافی برای رشد بدن و بخصوص فاقد مقدار کافی پروتئین می باشد، این موضوع برای والدین از حساسیت زیادی برخوردار است و اکثر قریب به اتفاق آنان تصور می کنند که اگر به کودکان خود گوشت ندهند ،رشد و سلامتی آنها مورد مخاطره جدی قرار خواهدگرفت.

ولی امروزه تغذیه بصورت یک علم در آمده که به کمک اطلاعات و روش های شیمی، زیست شیمی و زیست شناسی، دیگر جایی برای بحث و جدل های عقیدتی و تعصب آمیز غیر علمی باقی نمی گذاردو امروزه تمامی متخصصان تغذیه اعتراف می کنند که هر شش گروه مواد غذایی که بدن انسان به آن نیاز دارد، یعنی : پروتئین ها- کربوهیدرات ها- چربی ها - مواد معدنی- ویتامینها- آب ، در میوه ها و سبزیجات به وفور یافت میشوند و از طرف دیگر گیاه خواری فواید زیادی دارد از آنجمله : یک رژیم مبتنی بر غذاهای گیاهی خام، به پیشگیری از بیماریهای قلبی کمک کرده و در واقع بیماری قلبی را معکوس می کند، حتی در افرادی که عارضه شدید انسداد عروقی دارند. همچنین این رژیم به پیشگیری و بهبود بیماری دیابت نوع ۲، بسیاری از عارضه های خود ایمنی مانند "کولیت ایجاد کننده زخم"، "لوپوس" و روماتیسم مفصلی، کمک می کند. رژیمی از غذاهای گیاهی خام به پیشگیری از بسیاری سرطانهای شایع کمک می کند ، همچنین رژیمی از غذاهای گیاهی خام به فرد کمک میکند تا بر مشکلات

قاعدگی، مانند درد قاعدگی و سندرم بعد از قاعدگی، فائق آیند، و برای هرکسی که زیاد به یبوست دچار می شود نیز عالی است.

از آن جایی که اغلب گیاه‌خواران از منابع حیوانی یا غذاهای حیوانی استفاده نمی‌کنند و نیز با توجه به این که کلسترول یکی از انواع چربی‌هایی است که فقط در منابع حیوانی وجود دارد، بنابراین می‌توان نتیجه گرفت که سطح کلسترول خون گیاه‌خواران پایین بوده و این امر می‌تواند سبب جلوگیری از بیماری‌هایی همچون فشار خون، انسداد عروق و سکته قلبی شود. همچنین کمبود چربی در رژیم گیاه‌خواری سبب جلوگیری از چاقی و چربی خون می‌شود. پیامدهای ناشی از آن از جمله سرطان پروستات می‌شود و نیز به علت بالا بودن میزان فیبرهای غذایی از یبوست و بروز سرطان روده بزرگ جلوگیری می‌کند.

باید توجه داشت که به لحاظ کالبد شناسی، بدن انسان هیچ شباهتی به بدن گوشتخواران ندارد، در این مورد می‌توان به شکل دست‌ها و دندان‌ها، نحوه تعرق، تفاوت طول روده جانداران گوشتخوار و گیاهخوار و موارد دیگر اشاره نمود، با توجه به این که کلسترول یکی از انواع چربی‌هایی است که فقط در منابع حیوانی وجود دارد ، بنابراین میتوان نتیجه گرفت که سطح کلسترول خون گیاه خواران پایین بوده واین امر میتواند سبب جلوگیری از بیماری‌هایی همچون فشار خون انسداد عروق و به طبع آن، سکته قلبی شود.

هم چنین کمبود چربی در رژیم گیاه خواری سبب جلوگیری از چاقی و بالا رفتن چربی خون و پیامدهای ناشی از آن از جمله سرطان پرستات شده و نیز به علت بالا بودن میزان فیبرهای غذایی از یبوست و بروز سرطان روده بزرگ جلوگیری می کند، همچنین میزان اوره خون کسانی که از گوشت قرمز استفاده نمی‌کنند پایین تر از دیگران است و امکان ابتلا به بیماریهای مرتبط با سطح بالای اوره خون در افراد غیر گیاهخوار بالاتر است.

و از دیگر سوی مضرات یک رژیم مبتنی بر گوشت بسیار است ، حضرت علی (ع) در نهج البلاغه می فرمایند : « لا تجعلو بطونکم مقابر الحیوانات ، یعنی شکمهایتان را گورستان حیوانات نسازید»، ازجمله زیانهای گوشتخواری می توان به موارد ذیل اشاره کرد :

۱- چاقی مفرط به دلیل چربی و پروتئین زیاد گوشت ۲- سختی هضم گوشت داخل روده ها و معده انسان به دلیل ماهیت گیاه خواری انسان ،چرا که انسان مانند بقیه گیاه خواران معده بزرگ و روده بلند دارد ۳-استفاده از محصولات گوشتی میتواند موجب نابودی ویتامین(B12) در معده که کمبود آن یکی از عوامل کم خونی است گردد ۴- هنگام کشتار حیوانات مقدار زیادی مواد سمی بوسیله بدن آنها ترشح میشود که پس از خوردن گوشت به بدن ما منتقل می شوند، چربی حیوانی دارای کلسترل می باشد که یکی از مسببین بیماری « تصلب شرایین » است ۵- شدت و ازدیاد چربیهای حیوانی در روده ها مانع از جذب کلسیم می شود ۶-

گوشتخواران واقعی آنزیمی بنام "یوری کیز" تولید می کنند و "یوری کیز"، اسید اوریک را تجزیه می کند، اما انسانها آنزیم "یوری کیز" تولید نمی کنند و به همین علت انسانهای گوشتخوار ممکن است به نقرس مبتلا شوند به ویژه مردان راحت تر به بیماری نقرس مبتلا می شوند۷- بسیاری از امراض و بیماری های واگیر و غیر واگیر و انگلها و میکروب ها بوسیله گوشت منتقل می شوند .

در پایان باید اشاره گردد که بسیاری از شخصیتهای مهم جهان مانند : گاندی ،لئوناردو داوینچی،فیثاغورس،افلاطون ، بودا،زرتشت ، لئون تولستوی،ابوعلی سینا ، صادق هدایت، دنی مور،آندریاس کالینگ،کارل لویز، جواهر لعل نهرو، انیشتین،نیوتن و... گیاه خوار بودند .

انیشتین در باره گیاه خواری می گوید: «هیچ چیز جز گیاه خواری به سلامت انسانها و افزایش بقا در روی کره زمین کمک نمی کند ..... وظیفه ما این است که با هرچه وسیع تر ساختن دایره همدردی خویش، همه موجودات زنده را در برگیریم و تمام طبیعت و زیبایی آن را در آغوش کشیم».

ولئوناردو داوینچی نیز می گوید: «زمانی خواهد رسید که انسان به کشتن حیوانات چنان خواهد نگریست که امروز به کشتن انسان می نگرد».[1]

تافته جدا نبافته

انسانها ، حیوانات و گیاهان جهان از یکدیگر جدا نیستند بلکه همانند سلولهای بدن به یکدیگر پیوسته اند ، همانگونه که یک سلول بدن نمی تواند خود را از دیگر سلولها جدا بداند ، ما نیز نمی توانیم خود را از جهان جدا بدانیم ، زایش و مرگ ما بخشی از جهانست ، درد ما جهان را به درد میاورد و اندوه ما جهان را اندوهناک می کند ، شادی ما به جهان روح می بخشد و بیماری ما جهان را بیمار می کند ،

همانگونه که بیماری و سلامت یک سلول باعث بیماری و یا شادابی همه بدن می گردد ، بیماری و اندوه و سلامت و شادابی ما نیز در جهان تاثیر می گذارد ، مشکلات ما جدای از مشکلات دیگران نیست ، اغلب همان مسائلی ما را رنج می دهد که دیگران را رنج می دهد و همان مسائلی ما را شاد می کند که دیگران را شاد می کند ما نمی توانیم خود را از جهان جدا بدانیم زیرا بدان پیوسته و وابسته ایم ، پس بیاییم به قوانین طبیعت احترام بگذاریم و خوشبختی گیاه ، جانور و انسان را شعار خود قرار دهیم .

۱- متن کامل این مقاله به قلم اینجانب در هفته نامه کویربه چاپ رسیده است.هفته نامه کویر ،آذر ۱۳۸۹ شماره ۸۴۲ ،صفحه ۱۴

کنش و واکنش در جهان

انسانها بر یکدیگر تاثیر می گذارند و مسیر زندگی یکدیگر را تغییر می دهند ، نه تنها انسانها بر یکدیگر تاثیر می گذارند بلکه جانوران و گیاهان و موجودات بی جان نیز برسرنوشت انسانها تاثیر می گذارند ، این تاثیر ممکن است زیاد ویا کم باشد اما در هر صورت وجود دارد ، برخی از انسانها تاثیر زیادی بر جامعه می گذارند (مانند پیامبران) اما مردم عادی تاثیرشان اندک است.

در این مورد اشو زرتشت می گوید : هر کس کردار نیکی انجام بدهد به سپاه نیک اهورا مزدا کمک کرده و در سرنوشت نهائی جهان موثر است و بالعکس ،این کاملا درست است زیراهر عمل نیکی زنجیره ای از پاسخها و بازتابهای مثبت را در پی خواهد داشت که در گستره زمانی و مکانی حرکت می کنند و و ممکن است بسته به قدرت آن عمل هزاران سال بعد و در مکان هایی متفاوت بازتاب مثبت آن منعکس شود (مانند تعالیم پیامبران) ، کوچک ترین حرکات ما (حتی پلک زدن ما) بر روی سرنوشت نهایی جهان تاثیر می گذارد زیرا همین پلک زدن ساده امواج الکترو مغناطیسی پخش می کند که در کل جهان منتشر می شود وهمچنین مقداری از هوا را جا به جا می کند و .... (مثل معروفی وجود دارد که می گوید اگر پروانه ای در این طرف زمین بال بزند در سوی دیگر زمین احتمال دارد که گردباد شود) .

ما انسانها هر کدام به مانند یک دانه زنجیر از یک زنجیره بلند و طولانی انسانی در طول زمان هستیم ، هر چند که یک دانه زنجیر به تنهائی ارزش و اهمیتی ندارد ولی استحکام و دوام و بقای زنجیر به دانه هایش بستگی دارد و سستی یا قوت هر دانه باعث ضعف یا استحکام کل زنجیر می شود ضعف و قدرت اعمال ما با مرگ ما به پایان نمی رسد بلکه باقی می ماند و به رشته های زنجیره انسانی در زمانهای دیگر منتقل می شود و حتی ممکن است انعکاس آن در طول حیات ما به خودمان و یا پس از مرگمان به فرزندانمان برسد چرا که مطابق قانون نیوتن هر کنشی واکنشی دارد ، درست برابربا آن وبر خلاف جهت آن .

شک

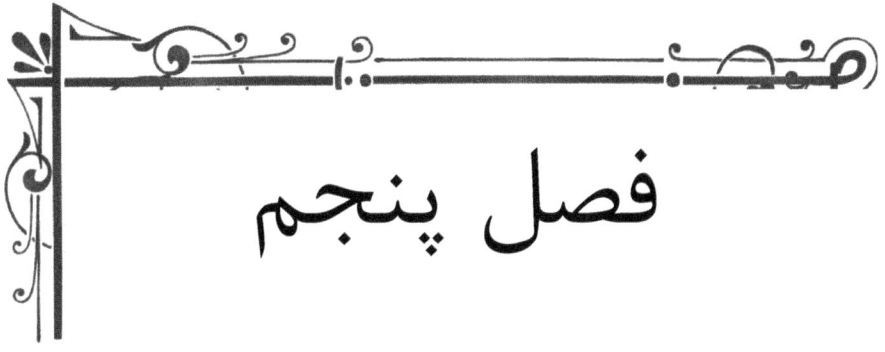

فصل پنجم

سیاست جهان

انسان ها همه یک روحند در کالبد های متفاوت ، افکارو باورها می توانند یکی شوند هر چند که جسمها با هم متفاوتند.

شکست و پیروزی در دنیای واقعی معنا یی ندارند این دو زاییده ذهن ما هستند .

گذشته را فراموش کن به آینده امید داشته باش و در اکنون زندگی کن.

تو می توانی جهان را عوض کنی اما نخست باید خودت را عوض کنی.

خوشبختی و بدبختی ما به نوع نگاه ما به جهان بستگی دارد.

با مرگ یک زبان مرگ یک ملّت آغاز می شود.

ارزش انسان در ذاتش است نه در سخن دیگران.

علم ارزش نیست ولی می تواند ارزشمند باشد.

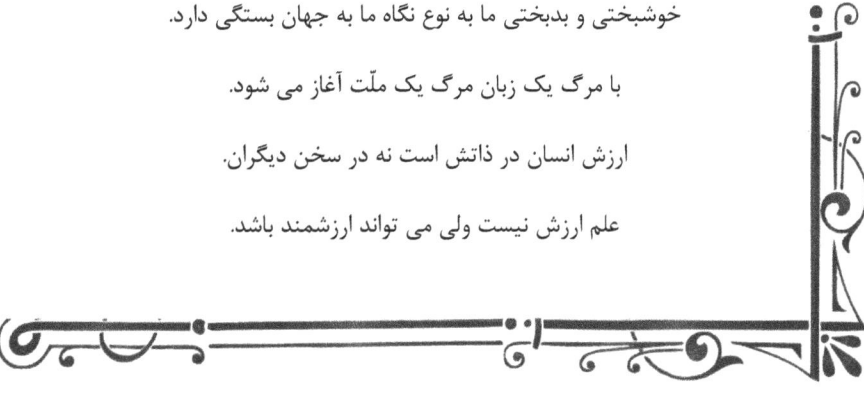

انسان محور اصلی مکاتب بشری

وجود انسان بر ماهیت انسان برتری دارد، آنچه که اصل است وجود انسان است که باید حفظ شود و نه ماهیت انسان، محور اصلی در هر مکتبی باید انسان باشد زیرا همه مکاتب وادیان برای خوشبختی انسان ساخته شده اند و تا انسانی نباشد خوشبختی انسان نیز معنی ندارد و بدون انسان هیچ چیز ارزش ندارد آنچه که ارزش دارد انسان است.

پس هیچ انسانی نباید به خاطر دین ویامکتبی آزار ببیند و انسانها نباید به خاطر دین ویا عقیده با یکدیگر بجنگند و همدیگر را بکشند ویا تحت شکنجه قرار بدهند چرا که همه ادیان ومکاتب برای راحتی و آسایش انسان آورده شده اندونه برای آزاررساندن به او .

آنچه که اصل است هستی و وجود انسان است که باید حفظ شود ، پس هیچ کس حق ندارد که این نعمت را از انسان بگیرد ، هر چند که انسان گناهی نابخشودنی مرتکب شده باشد .

پس بیایید بی هیچ رنگ وبویی و و فارغ از هر مرام وعقیده و یا کیش و مسلکی با آرامش در کنار یکدیگر زندگی کنیم و همدیگر را فراتر از هر چیزی دوست بداریم ، بیائید به عقیده و مرام یکدیگر احترام بگذاریم و به جای دشمنی با هم برای پیدا کردن بهترین راه خوشبختی و آسایش یکدیگر را یاری کنیم چرا که انسانها اعضاء یک پیکرند و خوشبختی و بد بختی هر انسانی بر روی دیگران تاثیر می گذارد .

حدّ آزادی ! محدود یا نامحدود ؟

آیا تا به حال به این کلمه فکر کرده اید ؟ آیا ما کاملاآزادیم و آزادی ما هیچ محدودیتی ندارد؟

صرف نظر از محدودیتهایی که بوسیله جامعه در برابر آزادی هر فرد ایجادمی شود و هر انسانی پذیرفته است که با چشم پوشی از برخی ازآزادیهای فردی خود از مزایای زندگی جمعی بهره بگیرد اما به طور کلی هیچ کس کاملا آزاد نیست و آزادی نسبی است (حتی کسانی که زندگی فردی را برگزیده اند و به دام محدودیتهای اجتمایی گرفتار نیامده اندنیزکاملا آزاد نیستند) ،ما در بدنیاآمدنمان آزاد نبوده ایم و نیستیم و بر مرگمان اختیاری نداریم ، پدر و مادرمان ، کشورمان و زمان و مکان زایشمان را اختیاری نیست ، آری ما انسانها بیشتر به موشهای آزمایشگاهی می مانیم که خداوند یا موجودات فضایی ما را بر روی کره زمین آورده اند تا بر روی ما تحقیق کنند فقط قفس ما نسبت به موشها کمی بزرگتر است وگر نه اختیار و آزادی ما مانند موشها محدود است و مانند آنها نمی توانیم این قفس را ترک کنیم و به جای دیگری برویم و آنها به وسیله کامپیوتری برنامه نویسی شده به نام مغز ما را کنترل می کنند .

گامی به سوی دموکراسی واقعی

آنچه که در کشورهای غربی تحت عنوان دموکراسی وجود دارد با دموکراسی واقعی فاصله زیادی دارد، در این کشورها اکثرا چند حزب وجود دارد که با یکدیگر رقابت می کنند و مسلم است که حزبی در رقابت برنده می شود که منابع مالی بیشتری را در اختیار داشته باشد تا بتواند تبلیغات گسترده ای را در سطح جامعه انجام بدهد و برای بدست آوردن منابع مالی نیز هر حزبی مجبور است به سرمایه داران کشورش نزدیک شود و اهداف آتی آنها را تامین کند و مسلم است که هر حزبی که بتواند سرمایه داران بیشتری را دور خود جمع کند شانس پیروزی بیشتری را خواهد داشت ، در واقع اینجا رقابت اصلی بین سرمایه داران است نه احزاب و احزاب در خدمت نظام سرمایه داری هستند و نه مردم ، و این با دموکراسی واقعی فاصله زیادی دارد .

برای نزدیکی هرچه بیشتر به فضای دموکراسی واقعی پیشنهادهای زیر ارائه می گردد .

الف – بهتر است کسانی که می خواهند با یکدیگر رقابت کنند و متصدی پستی شوند که منوط به آرای مردم است ، از طریق حزب و گروه و تحت مرام نامه ای خاص اقدام کنند و نه بصورت نامزدی شخصی و بدون مرامنامه، چراکه مردم هرگز شناخت درستی نسبت به یک فرد خاص پیدا نخواهند کرد و احتمال اشتباه در انتخابشان بسیارزیاد است ، مردم تنها از طریق خواندن مرامنامه احزاب یا افراد می توانند شناختی نسبت به آنها پیداکنند و از عقاید و آرایشان مطلع شوند پس بهتر است احزاب گوناگون در داخل کشورتشکیل شوند و هر حزب نمایدگان خود را برای احراز پست به مردم معرفی کند و یا در روشی دیگر مردم تنها احزاب خود را انتخاب کنندواعضای حزب منتخب فرد مورد نظر را برای گرفتن پست از بین اعضای خود با مراجعه به آراء درون حزبی انتخاب کنند.

ب – برای اینکه همه احزاب شانس مساوی برای رقابت داشته باشند بهتر است تبلیغات تنها از طریق رسانه های همگانی مانند رادیو و تلویزیون انجام بگیرد و تبلیغات خصوصی ممنوع گردد .

پ – حق وتوکه نماد دیکتاتوری و میراث امپریالیسم و ناقض دموکراسی است باید از منشور سازمان ملل حذف گردد .

ت – برای اینکه همه گروهها (و مذاهب و مکاتب و احزاب) بتوانند به صورت عملی در سرنوشت کشورشان دخیل باشند میتوان با ایجادحکومت فدرالی در کشور و تقسیم کشور به بخشهای تقریبا خود مختار ولی تابع حکومت مرکزی (مانند حکومت کشور شهرها در یونان باستان یاحکومت فدرالی درایالات متحده آمریکا) همه احزاب و گروهها را(از طریق آراء مردم) برای دوره معینی (مثلا چهار ساله) در شهرها و روستاها و بخشها و استانها به صورت عملی وارد سیاست کرد ، برای نمونه در این حکومت فدرال اگر مردم شهری به حزب کمونیسم رای دادند برای دوره معینی حکومت شهر یا روستا به این حزب داده خواهد شد ، در اینجا همه احزاب و گروهها شانس مساوی دارند که در حکومت جامعه به طور عملی سهیم شوند ، می توانیم با نظر

مردم هر شهر و روستا یاایالت اداره منطقه ای را به حزب کمونیست ، اداره منطقه ای را به اسلامیست ها ، زرتشتیسم ها ،بابیسم ها ، سوسیالیسم ها ، دموکرات ها ، سوسیال دموکراتها و دیگر احزاب بدهیم ، با اینکار هم شانسی مساوی برای همه احزاب بوجود می آیدکه در اداره کشوردخیل باشند و هم یک رقابت سالم بین احزاب ایجادمی شود ، مسلم است که هر حزبی که بهتر عمل کند مردم آن منطقه در دوره بعد دوباره به آن رای خواهند داد و شانس بیشتری دارد که حتی تا مرحله حکومت بر کل کشورپیش برود ، حکومت همه این احزاب بر کشور شهر هایشان تابع حکومت مرکزی و زیر نظر قانون اساسی کل کشور خواهد بود در اینجادموکراسی اصل و پایه است و همه احزاب زیر مجموعه آن هستند ، نمودار قدرت در این جامعه متشکل از کشور شهر ها بدین گونه است (از راست به چپ).

انتخاب حزب یا احزاب توسط مردم برای دوره ای معین– انتخاب رییس جمهور به وسیله حزب یا احزاب منتخب مردم–گزینش سران قوای سه گانه توسط رییس جمهور منتخب حزب– حکومت احزاب حاکم بر کشور شهرهابرای دوره ای معین مطابق رای مردم هر شهر به آنها.

صعود و افول قدرتها و ملتها

ما در تاریخ شاهد ملت های گوناگونی بوده ایم که در ابتدا پراکنده متشتت و ضعیف بوده اند، آنگاه تحت فرماندهی یک فرد کاردان این ملل پراکنده جمع گردیده و مشکلات خود را حل کرده و قدرتی را دست و پا کردند تا اینکه این قدرت به اوج عظمت خود رسید اما این قدرت دیری نپایید و پس از مدت کوتاهی نشانه های پوسیده گی و ضعف در پایه های آن مشاهده شد و به ناگاه فرو ریخت گویی که هرگز وجود نداشته است (مانند امپراتوری های ایران – یونان – روم – اسلام – و...) پس از افول این قدرتها ملل دیگری پرچم قدرت را به دست گرفتند و بر سر همان کوهی رفتند که دیگران از آن افتاده بودند .

اما به راستی علت این صعود و افول چیست ؟

به نظرابن خلدون، خوشگذرانی ملتها و رسیدن آنها به ثروت باعث می شود که قدرتها سقوط کنند، اما باید توجه داشت که همه ملتهای قدرتمند ثروتمند و عیاش نیستند که ثروت و عیش و نوش بیش از حد باعث نابودی آنها شود بلکه آنچه که ملتها را نابود می کند فراموش کردن آرمانهای اولیه ایست که به خاطر آن قدرت به وجود آمده است این آرمانها می تواند آرمانهای فکری باشد یا دینی و یا نژادی ، واضح است که هر چه ملتها از جرقه های اولیه و و یا انقلاب نخستین خود دورتر شوند شور و هیجان در آنها کمتر می شود و تلاش نخستین را از خود نشان نمی دهند و همین سستی و رخوت و عدم تحرک یک ملت باعث سقوط آن می شود پس برای اینکه یک ملت سقوط نکند این آتش نخستین باید همواره گرم و روشن نگاه داشته شود و بعد از انقلاب نخستین انقلابهای کوچک دیگری نیز در داخل آن به وقوع بپیوندد که این

انقلابها می تواند از نوع انقلاب فرهنگی ، صنعتی ، اقتصادی و یا فکری باشد همچنین این قضیه که ممالک چند حزبی و دموکراتیک فعالتر و ماندگارتر از ممالک تک حزبی هستند خود ناشی از همین مساله است زیرا در این ممالک رقابت وجود دارد و این رقابت به همراه شور و هیجانات ملی که پی آمد آن است کشور را به حرکت وا می دارد و مانع خواب رفتگی و رخوت آنان می شود.

مثلث خوشبختی (فرهنگ – دانش – اقتصاد)

ملتی که سه عنصر فرهنگ برتر- اقتصاد برتر و دانش برتر را دارا باشدملتی رشد یافته و خوشبخت است .

دراین میان عامل فرهنگ از همه مهمتر است یک فرهنگ رشد یافته ، بارور و سازنده جامعه را به سوی دانش رهنمون می سازد و جامعه با همیاری دانش پویا به اقتصادی نوین و پویا دست می یابد پس هر ملتی که می خواهد رشد کند نخست باید فرهنگ خود را اصلاح کند و در اصلاح فرهنگ نخستین گام ارزش گذاری کارهای نیک واصلاح اخلاق جامعه و گام دیگر حفظ و اصلاح زبان گفتاری و نوشتاری مردم می باشد چرا که زبان به عنوان عنصر و ملاک هویت یک جامعه شناخته می شود و هر ملتی بوسیله آن از ملل دیگر تمییز داده شده و شناخته می شود و در یک سخن ، زبان کلید نجات یک ملت است یک ملت دربند تا زمانی که زبان خود را حفظ می کند امید است که روزی دوباره آزاد شود و استقلال خود را باز یابد ولی همین که آنرا ازدست داد هویت خود را نیز از دست خواهد داد و زیر دست بیگانگان خواهد شد .

علاوه بر عنصر زبان ، دین نیز در پیشرفت یک جامعه موثر است دینی که سازنده بوده و افراد جامعه را به سوی علم و اخلاق و صنعت و کشاورزی بکشاند نه دینی که سد راه علم و اخلاق شود دینی که ملیت و زبان و فرهنگ یک جامعه پشتیبانش باشند این دین سازنده می تواند پشتوانه اخلاق در جامعه باشد و با همراهی زبان و سنن جامعه فرهنگ برتر جامعه را می سازد و این فرهنگ برتر نیروهای جامعه را به سوی کسب دانش وسرمایه می کشاند.

تفاوت سه نوع بینش در نگاه به این سه عنصر:

۱ - در بینش مادی و ماتریالیستی سه عنصر دانش و فرهنگ و اقتصاد حاکم بر انسان هستند و انسان در خدمت این سه عنصر است .

۲ – در بینش دینی این سه عنصر به همراه خود انسان همه در خدمت دین هستند و دین نیز در خدمت خداوند است .

۳ – در بینش نوین این سه عنصر در خدمت بشر هستند و بدون وجود انسان ارزشی ندارند .

گزیده هایی از حقوق بشر

در متن زیرگزیدههایی از حقوق اساسی انسانها را که باید به آنها اعطاء گردد از دیدگاه خود نگاشته ام که برخی از آنها با اعلامیه جهانی حقوق بشر مشترک می باشد و امیدوارم این نوشتار تلنگری باشد به دولت مردان وشهروندان تا درراه کسب حقوق مسلم انسانی تلاش کنند.

تعریف حقوق بشر: **حقوق بشر حقوقی است که تمامی انسانها بر اساس وجدان و فطرت خویش وفراتر از هر عقیده - دین - مذهب - مکتب و یا فرهنگی آنرا باور دارند و بدان احترام می گذارند این حقوق برگرفته شده از میراث اخلاقی مشترک در بین انسانها می باشد و در گذر زمان تغییر نمی‌یابد .**

۱- هر بشری حق دارد که آزادانه مذهب و دین خود را انتخاب کند .

۲ - هر بشری حق دارد که آزادانه عقیده خویش را بصورت مکتوب یاشفاهی یا ازهر طریق دیگری بیان کند .

۳- هر بشری حق دارد که انجمن سیاسی - اقتصادی - مذهبی و یا صنفی تشکیل داده و یا در این انجمنها شرکت نماید .

۴ - هر انسانی حق دارد در تعیین نوع حکومت جامعه خویش سهیم باشد و حکومت جامعه باید بر مبنای خواست او و دیگر همشهریان تشکیل شود .

۵ - هر انسانی حق دارد از تحصیلات رایگان بنابرامکانات هر کشوری برخوردار باشد .

۶ - هر کسی حق داردکه آزادانه همسر مورد نظر خویش را انتخاب کند و ازدواج نماید و کسی نمی‌تواند که فردی را به این کار مجبور نماید یا مانع ازدواج او شود .

۷ - هر کسی نسبت به ثروتی که از راه درست به دست آورده است مالک می باشد و کسی حق ندارد آنرا به زور از وی بگیرد .

۸ - هر انسانی حق دارد در برابرستمی که به او شده است به دادگاههای صالحه برود و اعاده حق کند و دادگاهها باید بدون توجه به مذهب - عقیده- نژاد و جنسیت فرد حق او را باز پس بگیرند و رای بدهند

۹ - هر انسانی حق دارد سرپناه و خانه ای داشته باشد و دولت ها موظفند در این راه به شهروندان خود تا حد امکان کمک کنند .

۱۰ - هیچ انسانی هرگز نباید تحت شکنجه قرار بگیرد حتی اگر گناهی مرتکب شده باشد.

۱۱ - انسانها آزاد و برابرند و برده داری به هر نحوی ممنوع است .

۱۲ - به هیچ انسانی نباید امتیاز خاصی داده شود و همه باید بر پایه تلاش و هوش و استعداد خود پله های ترقی را طی کنند .

۱۳ - هیچ گروه مذهبی - سیاسی - اقتصادی و یا صنفی نباید مانع فعالیت گروههای دیگر شود

۱۴ - اقلیت های هر جامعه می توانند براساس آداب و رسوم و عقاید خویش عمل کنند و اکثریت حق ندارند که نظریات خویش را برآنها تحمیل کنند و یا مانع فعالیت آنها شوند .

۱۵ - مهاجرین به دیگر کشور ها باید به فرهنگ ملت میزبان احترام بگذارند و در راه رشد آن بکوشند و همواره این حق ملت میزبان است که مهاجرین را بپذیرد و یا اخراج کند .

۱۶ - هیچ ملت - فرد و یا گروهی حق ندارد که زبان و فرهنگ و دین خود رابه زور به ملت دیگر تحمیل کند مگر اینکه خود آن ملت بخواهند .

۱۷ - هیچ انسانی حق ندارد به دیگران توهین کند ولی می تواند با ارائه دلیل انتقاد کند .

۱۸ - دولت ها حق ندارند که فرهنگ و یا مذهب و یا سیاست مورد علاقه خود را به زور به مردم خویش دیکته کنند بلکه باید مردم را در پذیرش یا رد آن آزاد بگذارند .

۱۹ - هیچ ملت ویا گروهی حق ندارد که ملت و یا گروه دیگری را تحقیر کرده و به آنها توهین نماید بلکه می تواند با ارائه دلایل دوستانه از آنها انتقاد کند و راه درست را به آنها نشان دهد .

۲۰- هیچ ملت یا فردی حق ندارد که زبان و فرهنگ ملتهای دیگر را از بین ببرد .

۲۱ - نژاد - ملیت - فرهنگ - زبان - رنگ پوست - محل زندگی - فقر و ثروت - دانش و نادانی و دیگر ملاکها هیچ کدام دلیل برتری انسانی بر انسان دیگر نمی باشد زیرا اگر این خصوصیات ارثی باشند طبیعت آنرا به انسان بخشیده است و ما در بوجود آوردن آن نقشی نداریم و اگر اکتسابی باشد همه انسانها در صورت فراهم شدن زمینه لازم می توانند به آن دست پیدا کنند

۲۲ - همه دولت ها و ملت ها باید در راه افزایش دانش و ثروت بشری کوشش کنند و آنرا عادلانه بین انسانها تقسیم کنند .

۲۳ - سوای رعایت حقوق بشر باید به حقوق حیوانات و گیاهان و دیگر جانداران کره زمین نیز توجه شود زیرا کره زمین فقط برای انسانها نیست .

۲۴ - همه ملت ها و دولتها با ید به دانشمندان و محققین و صاحبان مکاتب و فرهنگها احترام بگذارند و از آنها حمایت کنند زیرا آنها پرچم داران رشد بشریت هستند .

۲۵ -حقوق کودکان را باید همانند حقوق بزرگسالان رعایت کرد و زمینه رشد سالم آنها را فراهم کرد و امکانات مادی و معنوی و تحصیلات رایگان را در اختیار آنها قرار داد و هیچ کس نباید از آنها سوء استفاده جنسی ویا کاری بکند و یا آنها راتحت آزار و اذیت قرار بدهد و یا مانع تحصیل آنها گردد .

۲۶ - ملل ثروتمند باید کمک کنند تا کشور های فقیر و توسعه نیافته رشد کنند .

۲۷ - هیچ ملتی حق ندارد مانع رشد و پیشرفت ملت دیگر شود .

۲۸ - هیچ کشوری حق ندارد در امور داخلی کشوری دیگر دخالت کند مگر اینکه خود افراد آن ملت بخواهند .

۲۹- همه دولت ها وظیفه دارند که راه رفاه و آسایش و پیشرفت و نیکبختی ملت خویش را هموار سازند و به حقوق و آراء ملت خود احترام بگذارند و نماینده واقعی ملت خود باشند نه حاکم بر آنها.

۳۰ – همه دولت ها و ملت ها باید به میراثهای جهانی احترام بگذارند و در راه حفظ آن بکوشند.

۳۱ – زمین از آن همه است و همه باید در راه حفظ آن و جلو گیری از آلوده گی آن تلاش کنند .

۳۲ –دادگاههای جهانی باید بر اساس اصول اخلاقی مشترک در بین انسانها و و حقوق بشر رای صادر کنند و نباید مبنای کارشان اصول اخلاقی و ارزش های یک جامعه معین باشد .

۳۳ – همه انسانها آزاد به دنیا می آیند و باید آزاد زندگی کنند و دولت ها حق ندارند بوسیله دین و یا مذهب و یا مکتبی خاص آزادی همشهریان خویش را پایمال کنند و نادیده بگیرند زیرا دین و مکتب برای خوشبختی انسانهاست نه بد بختی آنها .

۳۴ – همه در برابر قانون مساوی هستند .

۳۵ – قوانین هر جامعه ای را مردم آن جامعه یا نمایندگان قانونیشان تعیین می کنند .

۳۶ – حقوق زنان نیز همانند مردان باید رعایت شود و حقوق بشر جنسیت نمی شناسد .

۳۷ – آزادی هر کسی تا آن مقداری است که به آزادی و آسایش دیگران لطمه ای وارد نسازد .

۳۸ – حقوق بشر فراتر از دین و یا مکتب و یا مذهب و عقیده خاصی می باشد .

۳۹ – حقوق بشر جهانی است و برای همه افراد بشر مشترک است . حقوقی که برخی از مذاهب و مسالک برای هم کیشان خود در نظر میگیرند و دیگران را فاقد آن می دانند جزء حقوق بشر نیست

۴۰ – گروههای خاص نیز میتوانند با توافق یکدیگر حقوقی را در بین یکدیگر به صورت محدود در نظر بگیرند و بر اساس آن در بین خود رفتار کنند ولی این حقوق خاص نباید تحمیلی باشد و اگر فردی از افراد گروه آنرا باور نداشت نباید به اجبار او را به رعایت آن وادار کرد (مانند قانون حجاب و پوشش اسلامی) و پذیرفتن حقوق گروههای کوچک خاص به منزله رعایت نکردن حقوق بشر جهانی نیست و این حقوق همچنان برای افراد گروه محفوظ است و میتوانند اعاده حق کنند .

۴۱ –دولت ها و ملت ها و افراد باید به حقوق بشر احترام بگذارند و آنرا رعایت کنند و اگرآنرا نقض کردند باید مجازات شوند .

فصل ششم

آینده ای بهتر

با افزایش دانایی ما نادانی ما نیز افزایش میابد.

رهبران یک ملت زاییده باور های آن ملتند.

ماهمان هستیم که فکر می کنیم هستیم.

همه چیز در جهان نسبی است.

اندیشه جاویدان است.

الف) ایران فردا
نوگرایی دینی

هر مکتب یا دینی ممکن است در یک برهه از زمان ویا مکان موفق شده وباعث رشد ملتی شود ولی همین مکتب برای ملتی دیگر ویا برای همین ملت در زمانی دیگر می تواند باعث سقوطش گردد ، (مانند مکتب کمونیسم که در اروپای شرقی وروسیه با شکست مواجه شد ولی در چین باعث رونق اقتصادی این کشور شد).

در حقیقت ما نمی توانیم برای همه کشورها از یک فرمول خاص استفاده کنیم بلکه هر ملتی با توجه به فرهنگ و ساختارهای درونی اش می تواند نظام سازگار با خودش را انتخاب کند ادیان در طول تاریخ همواره پاسخگوی نیازهای جوامع خود بوده اند و جزوی لاینفک از فرهنگ جامعه خود ،و به خاطر همین است که اسلام پاکستان با اسلام ترکیه و آلبانی متفاوت است و اسلام امروز با اسلام دیروز.

آیین اسلام مانند همه مکاتب وادیان هرچند که در یک برهه از زمان باعث رشد و پیشرفت اقوامی مانند اعراب وترکها گردید ولی قوانین و اصول این دین بر اثر تعصب وکوتاهی برخی از روحانیون و پیروانش نتوانست در گذر زمان همگام با رشد تمدن بشریت حرکت کند و امروزه پیروان این دین با چالشهای بسیاری روبرو هستند که باید بوسیله روحانیون و روشنفکران دینی حل شوند، این دین تنها هنگامی می تواند در جهان امروز کارآمد باشد که در قوانین آن تجدید نظرشده و معیارهای آن براساس معیارهای مورد قبول انسان امروزی پایه ریزی شود (نه بر اساس معیارهای اعراب صحرا نشین) ، ما باید قوانین دین اسلام را با دانش نوین هماهنگ کنیم ،واین نیازمند یک فقه پویا و مجتهدینی نترس و روشنفکر می باشد که در این راه گام بردارند احکامی که باید در آنها تجدید نظر شوند بسیارند ،برای نمونه: سن بلوغ شرعی در دختران و پسران که با بلوغ جسمی و عقلی تناقض دارد، استعمال مواد مخدر که هر چند از نظر شرعی حرام نیست ولی از نگاه علمی زیان آور است ،خوردن گوشت خوک واحکام نجاست سگ ، تحریم به همرا ه داشتن طلا برای مردان ویا منع پوشیدن لباس ابریشمین توسط آنان ، همچنین موارد وجوب زکات که با زمان امروز سازگار نیست ویا آزادی برده داری در اسلام که انسان آزاد امروز دیگر آنرا نمی پذیرد ویا مصارف خمس در فقه شیعه واحکام مربوط به زنان و قانون ارث و دیه و ازدواج و همچنین وجوب پوشش بانوان و یا احکام نجاسات وقانون ربا ونزول و .....

به طور کلی روحانیون در عصر حاضر دو راه بیشتر پیش رو ندارند یا عقب نشینی و گوشه نشینی در مساجد بوسیله جریان خردگرایی که از دوره رنسانس در اروپا آغاز شده و دین مسیحیت را به درون کلیساها رانده (این رنسانس هم اکنون به جهان اسلام رسیده است)

و یا نوگرایی و نوسازی دینی تا بتوانند اصول دین خود را با دانش روز هماهنگ کنند و همگام با آن قدم بردارند.

رابطه دین با ملیت

مذهب باید در کنار ملیت باشد و همراه و همسوی با آن ونه برضد آن ، این دو با همیاری یکدیگر می توانند باعث پیشرفت یک جامعه گردند ، در این میانه ملیت بر مذهب می چربد و مذهب بهتراست دنباله رو ملیت باشد زیرا مذهب برای انسان ساخته شده و نه انسان برای مذهب ، اگر ما به خاطر مذهب به ملیت پشت کنیم یقینا در دراز مدت زیان خواهیم دید ، تجارب هزاران ساله ملل گوناگون این مطلب را به آسانی به ما می آموزند که ملتهایی که مذهب شان از آن خودشان و از فرهنگ شان بوده نسبت به مللی که مذهب ملل دیگر را پذیرفته اند (و در حقیقت فرهنگ بیگانه را که همراه مذهب است پذیرفته اند) زودتر پله های ترقی را طی کرده اند ، همانند ایرانیان باستان که دین زرتشتی از آن خودشان بود و با تکیه بر ملیت خود نیرومند ترین قدرت جهان گشتند ولی هنگامی که دین خود را از دست دادند و دین اعراب را پذیرفتند ، قدرت و عظمت خود را نیز از دست دادند و زیر دست بیگانگانی شدند که روزگاری زیر دست آنها بودند ولی اعراب چون دین از خودشان بود و بر اساس فرهنگ و مکتبشان بود توانستند بزرگترین تمدنهای جهان را نابود کنند و تمدنی تازه بوجود آورند .

نتیجه تقابل و همزیستی دین و ملیت در شاهنامه حکیم توس به نحو زیبایی نشان داده شده است ،در شاهنامه آورده شده است که رستم نمودار ملیت ایرانی و اسفندیار نمودار دین ایرانی تا هنگامی که با هم بودند دشمنان ایران (تورانیان وتازیان و...) جرئت حمله به ایران را نداشتند ولی هنگامی که این دو مظهر قدرت رودر روی یکدیگر قرار گرفتند ، عزت و عظمت ایران نیز بر باد رفت تا جایی که اسفندیار به دست رستم کشته شد و و پس از اندکی رستم نیز به عقوبت این کار به دست برادرناتنی خود شغاد کشته شد و ایران مرحله به مرحله به سمت زوال کشیده شد تا جایی که تازیان به ایران حمله کردند وکسی جلو دار آنان نبود .

آیین کشور داری

حکومت هر کشور باید با فرهنگ و و آداب ورسوم آن کشور سازگار باشد ،ممکن است یک شیوه حکومتی در یک کشور با موفقیت روبرو شود ولی همین شیوه در کشوری دیگر و بافرهنگی متفاوت با شکست بیانجامد ، با این حساب بهترین نوع حکومت در حال حاضر برای ایرانیان یک حکومت دموکرات میباشد ، حکومتی با احزاب گوناگون و در موازات هم که دریک فضای برابر با یکدیگر رقابت کنند و دارای تفکرات نژادی و قومی- قبیله ای - دینی، نباشند ،

زیرا کشور ما از اقوام گوناگون و فرهنگهای مختلفی تشکیل شده است و اگر یک قومیت فرهنگ خود را بر جامعه تحمیل کند موجب نارضایتی کل جامعه می گردد ، پس در حکومت ایران همه اقوام با فرهنگهای متفاوت باید بتوانند مشارکت کنند واین تنها در سایه دموکراسی واقعی امکان پذیر است ،البته ترکیبی از دموکراسی و سوسیالیسم در کشورما و دیگر کشورهای در حال توسعه جهان بهتر جواب می دهد ، سوسیالیسم نهادهایی اجتمایی را مانند: بهداشت و درمان،آموزش رایگان،بیمه و... را جهت رفاه مردم به وجود می آورد و دموکراسی فضایی آزاد را جهت رقابت فراهم خواهد ساخت ؛ حکومتهای زیر در ایران با مشکل مواجه می شوند .

الف _ حکومت تئوکرات یا حکومت دینی در جامعه ایران نمی تواند دوام بیاورد زیرا : ۱ – در جامعه ایران ادیان گوناگون وجود دارند که آنها نمی توانند تسلط یک دین خاص را بر خود بپذیرند ۲ – حتی در یک دین مشخص مانند اسلام و حتی در یک مذهب مانند شیعه نیز اختلافات زیادی بین مفتی ها و روحانیون آن دین و مذهب بر سر اداره جامعه بوجود می آید که نمونه های آن را جامعه خود می بینیم ۳ - جامعه دینی یک جامعه بسته است که با سانسور افکار و عقاید شهروندانش مانع رشد و پیشرفت جامعه می گردد .

ب – کمونیسم نمی تواند در جامعه ایرا ن موفق شود زیرا : ۱ – این نوع حکومت در جوامع دیگر تجربه موفقی نداشته است و یک حکومت بسته است که رقابت و تحرک اجتمایی در آن ضعیف است . ۲ – اعتقادات شدید مذهبی ایرانیان و قدرت بازاریان و سرمایه داران و روحانیان ایرانی مانع شکل گیری و دوام این نوع حکومت است ۳ – این نوع حکومت بسته و تک حزبی و بدون تحرک اجتمایی با روحیه تکاپو جویانه ایرانیان سازگار نیست .

پ – حکومت ناسیونالیسم افراطی و شوونیسم در ایران نمی تواند دوام یابد ، زیرا :
۱ – جامعه ایران با اقوام گوناگون و زبانهای مختلف و فرهنگ های متفاوت شکل گرفته است و تاکید روی یک قوم و فرهنگ موجب نارضایتی فرهنگها و قومیت های دیگر می گردد ۲ – افکارجامعه جهانی هم اکنون با این روش حکومتی مخالفت دارد و این نوع حکومت در ایران موجبات نارضایتی و دشمنی کشورهای دیگر را فراهم می کند ۳ – اعتقادات عمیق دینی ایرانیان با هر نوع تفکر نژاد پرستانه ای مخالفت می کند و نیز فرهیختگان و روشنفکران جامعه و روحانیون دینی اکثرا این نوع حکومت را قبول ندارند و آنرا بر نمی تابند .

ت – حکومت پادشاهی مطلقه در جامعه ایران نمی تواند دیگر بار شکل بگیرد و یا دوام یابد ، زیرا : ۱– ایرانیان این نوع تجربه حکومتی را پشت سر گذارده اند و دیگر بار نمی خواهند آنرا تجربه کنند ۲ – این نوع حکومت ، حکومتی بسته است و آزادیهای اجتمایی و تحرک اجتمایی در ان اندک است ۳ – تفکرات آزادی طلبانه نوین ایرانیان و برچیده شدن نظامهای پادشاهی در بیشتر کشورهای جهان این نظام را در نزد ایرانیان به عنوان نظامی

قدیمی و فراموش شده جا انداخته و جاذبه گذشته خود را از دست داده است ۴ – پادشاهی مشروطه (به سبک رژیم پهلوی)هرچند به دموکراسی نزدیکتر است اما ایرانیان به تجربه به چشم خود دیده اند که پادشاهی مشروطه تبدیل به نظام دیکتاتوری فردی شده است و دیگر اعتماد خود را به آن از دست داده اند(پادشاهی مشروطه به سبک انگلیس و ژاپن با دموکراسی منافات چندانی ندارد) .

پس ما اگر جامعه ای در حال رشد و توسعه یافته می خواهیم و آرزو داریم از کشورهای دیگر عقب نیفتیم باید کشور خویش را از تک حزبی و فرد سالاری خارج کنیم و زمینه فعالیت احزاب گوناگون را در کشور خود فراهم نماییم و به مردم آزادی دهیم تا آزادانه عقاید و نظریات خویش را ابراز کنند و در سازمانها و احزاب مورد علاقه خود شرکت کنند ، تا در سایه این گوناگونی افکار کشور از رخوت و سستی و بیحالی بیرون آید و مردم شور و شوق زندگی پیدا کنند و جامعه بدینگونه مرده و پوسیده نباشد ، زیرا در تضاد افکار است که افکار رشد می کنند و خوب ها و برترینها نمایان می شوند .

دولت مردان ایرانی اگر دلشان برای این کشور می تپد و خواستار عزت و عظمت آن هستند ، باید به افکار و نظریات گروههای مختلف مردم احترام بگذارند و به مردم اجازه ابراز عقیده بدهند و عقیده ای را که با عقیده آنها مخالف است سانسور نکنند حتی اگر آن عقیده بر خلاف دین و یا قانون اساسی کشور باشد ، آنها باید بدانند که با سانسور روزنامه ها و مجلات و دستگزاری روی رادیو و تلویزیون کشور در حقیقت جلوی رشد افکار و بینش مردم را می گیرند و باعث می شوند که مردم در جهالت بیشتر باقی بمانند .

مردم سالاری

- امروزه دیگر دوران انحصارطلبی دیکتاتوریهای فردی وحزبی به پایان رسیده است وافکار جامعه جهانی هیچ نوع انحصاری اعم از فردی یا دینی یا حزبی را قبول ندارند،ونسل امروز جامعه ما نیز با ارتباط گسترده ای که با جوامع آزاد پیدا کرده‌اند دیگر از حکومتهای بسته خسته شده اند و خواستار اعطای آزادیهای اجتماعی بیشتر و ایفای نقش بهتری در حکومت هستند . ملت ما دیگر نمیتواند بسته زندگی کند وناگزیر است در مسیر جامعه جهانی گام بر دارد این امر دیر یا زود تحقق می پذیرد وهر گونه تعلل در این امر کشور را از قافله رشد وتمدن عقب می اندازد (هر چند که تا به امروز هم از خیلی از کشورها که با مابودند، مانند ترکیه و امارات و ... عقب افتاده ایم) ،از سوی دیگر قرن ها تجربه ثابت کرده است که حکومتهای دموکرات موفق تر از حکومتهای دیکتاتور عمل میکنند و رشد فرهنگی و علمی واقتصادی این جوامع

چشمگیرتراست(برای نمونه می توانید رشد اقتصادی حکومت های کمونیستی را با دول آزاد غرب مقایسه کنید).

- در حکومتهای دموکرات مشارکت مردم در سیاست بیشتر احساس می شود و در این نوع از حکومت مردم به قوانین بیشتر احترام می گذارند زیرا حکومت و قانون را خود ساخته وازآن خود می دانند وآنرا وسیله کنترل قدرت حاکم بر خودشان نمی دانند ،تنوع افکار وبرخورد آراء در جوامع دموکرات باعث رشد بیشتر جامعه می شود ودراین نوع ازحکومت چون حکومت متکی بر یک فرد یا حزب نیست با متلاشی شدن حزب یا از بین رفتن فرد جامعه از هم نمی‌پاشد ، و همچنین در این جوامع به دلیل رقابت بین احزاب وگروهها:

اولا- احزاب باکنترلی که بر روی یکدیگر دارند مانع هر نوع سوء استفاده وفسادی می شوند (زیرا فساد اداری به علت انحصار قدرت وعدم نظارت به وجود می آید) .

ثانیا- رقابت بین احزاب وگروهها باعث رشد جامعه می شود وسر انجام در یک رقابت سازنده وسالم حزبی که موفق تر عمل کند حکومت را به دست می گیرد .

پس بیایید دست به دست یکدیگر بنهیم و برای دست یابی ملت ایران به دموکراسی تلاش کنیم ، مطمئن باشید فردا خیلی دیر است ، چرا که جامعه جهانی صبر ما را نمی کند ، وبه زودی افسوس خواهیم خورد که چرا این همه فرصت را از دست داده ایم .

بیایید تلاش کنیم تا فرزندانمان در آینده در محیطی آزاد رشد کنند وآزادانه عقاید خود را بدون خود سانسوری بیان کنند ، آن وقت آنها به ما افتخار خواهند کرد که آزاد اندیش بوده ایم .

آزادی داشتن هر نوع عقیده ، آزادی بیان عقیده ، آزادی انتخاب نوع پوشش ، آزادی قلم ،آزادی در انتخاب نوع دین ومکتب ومرام، حق مشارکت سیاسی در جامعه و همه نوع آزادی های فردی واجتمایی از حقوق اولیه و اساسی هر انسانی می باشند.

_ آزادی به معنی ابتذال نیست کسانی آزادی را با ابتذال یکی می دانند که دشمن آزادی هستند .

_ ملاک و اصل هر جامعه ای فقط افراد آن جامعه هستند چرا که همه ادیان و مکاتب وسیله ای برای خوشبختی انسانها می‌باشند وبدون وجود انسان ارزشی ندارند پس نباید هرگز انسانها فدای دین یا مکتبی شوند ویا دین مانع رسیدن آنها به آزادی وخوشبختی شود .

پس بیایید از هر راهی که می توانیم برای رسیدن به دموکراسی تلاش کنیم .

دموکراسی مطلق

دموکراسی که زاده یونان باستان وغرب می باشدهمواره چالش بزرگ شرقیان بوده است (ومی باشد) وبسیاری ازکشورها نتوانسته اند باآن کنار بیایندوسعی درمحدودکردن وکنترل آن داشته اند طرح بحث دموکراسی دینی ودموکراسی اسلامی یکی ازاین مقولات است که سعی درانحراف ازاندیشه دموکراسی خواهی ملتهادارد غافل ازاین که دموکراسی که پسوند داشته باشددیگر دموکراسی نیست،دموکراسی مطلق واصل است و واندیشه های دیگردربستر آن می توانندرشد کنند،چه اندیشه دینی اسلامی باشدوچه فلسفه یااندیشه کمونیستی وغیره، اگربخواهیم دموکراسی رادرمجموعه اسلام تعریف کنیم بستررشداندیشه های دیگر رااز بین برده ایم واین با دموکراسی منافات بارزدارد،آری دموکراسی بایداصل باشدواندیشه های دیگر (حتی اندیشه دینی) باید زیرمجموعه آن باشند،چراکه طرح اندیشه دموکراسی دینی علاوه برمنحرف کردن فلسفه دموکراسی خواهی،خودباچالشهای زیادی مواجه می شود، برای نمونه اینکه،کدام اندیشه دینی رادردموکراسی اصل قراردهیم خودپرسشی بی پاسخ است،برفرض اگردرایران اندیشه دینی شیعی ازنوع ولایت فقیه را اصل قراردهیم،اندیشه های دینی دیگر (بالفرض که درایران اندیشه غیردینی وجودنداشته باشد) مخالفت خواهندکرد،ازبیست درصد سنیان کشورگرفته تاارامنه ویهودیان وزرتشتیان وحتی گروههایی ازشیعیان که اصل ولایت فقیه راقبول ندارند،درایران شایدمشکل کمترباشدامادرجامعه هزارادیان هندویادرکشورهای باتنوع دینی مختلف،حتی درامریکاکه اکثرامسیحی می باشندمااگربخواهیم دموکراسی مسیحی بوجودبیاوریم وقوانین دین مسیحیت (حالابماندکدام مسیحیت)رادرجامعه اجراکنیم ادیان دیگرازجمله مسلمین اعتراض خواهندکردوثبات جامعه همانگونه که درایران لطمه خورده است،لطمه خواهدخورد، راه رسیدن به ثبات درجامعه دسترسی به دموکراسی مطلق است،این راکشورهای دیگرنیزتجربه کرده اند،کشورهایی مانند: فرانسه ،انگلیس، سوئد ،نروژ، دانمارک... باگذرازیک دوره تحول وبحران خودرابه بستردموکراسی رسانده اندوبه یک ثبات نسبی دست یافته اند برای همین دیگردراین کشورها انقلاب وتغییرحکومتی بوجودنمی اید فرانسه صدها سال است که ثبات داردامادرکشورمادرهردهه انقلاباتی جهت براندازی حکومت رخداده است ودراین سده کشورما سه انقلاب بزرگ راپشت سرگذاشته اماهنوزبه ثبات نرسیده چون هنوزبادموکراسی واقعی فاصله دارد،ایران برخلاف نظربسیاری ازکسان که معتقدند درفضای دیکتاتوری بهترپاسخ می دهدبه دموکراسی بیشترنیازدارد واین به دلیل تنوع قومیتی ودینی وعقیدتی می باشد،چراکه رویکرد دولت به هرقومیت یاعقیده موجب اعتراض اقوام وعقایددیگرمی گردد،برای نمونه دراین سی سال اخیراقوام کردوبلوچ وترکمن وعرب ویهودیان

وزرتشتیان وسنیان ودراویش ومسیحیان درسیاست ایران جای اندکی داشتندواین موجب نارضایتی اکثرآنهاگردیده است.

شایدبرترین ویژگی دموکراسی این باشدکه یک بستررشدبرای همه اندیشه هافراهم می کندواندیشه های مخالف نیزمی توانند‌دراین بستربایکدیگربخوابند،این رقابت است که موجب رشدملتها می گردد ودردموکراسی بدون جانبداری دولت ازاندیشه ای خاص این فضای رقابت کاملافراهم می شود،هرچنداصل خردجمعی دردموکراسی گاه اشتباه عمل می کندامااصل رقابت جمعی تقریبا همواره درست عمل می کند،(مثلااگرهمه افرادجامعه بگویندماست سیاه است خوب مشخص است که طبیعت ماست عوض نمی شوددرانتخاب افرادنیزممکن است جامعه اشتباه کند،برای کم کردن این اشتباهات میتوان به جای انتخاب افراد راه را انتخاب کردو یا باانتخاب نخبگان علمی درجامعه تدوین قوانین رابه آنهاسپرد،دموکراسی می توانستراولیه ای باشدبرای رشدنخبگان جامعه واین نخبگان می توانندجامعه رابهترهدایت کنند).

کسب دانش و نوآوری

ریشه عقب ماند گی علمی کشور خود ما هستیم و کوتاهی از جانب خود ماست ،آیا ما نمی توانیم در علوم نظری پیشرفت کنیم ، ریاضیات که نیاز به آزمایشگاههای پیشرفته ندارد ، چرا در فلسفه حرفی برای گفتن نداریم، فیزیک محض که خرج و هزینه چندان و آزمایشگاه پیشرفته نیاز ندارد ،ابزارش قلم است و دفتر ، همانطور که آینشتاین در کنج خانه اش نشست و بدون بهره گیری از هیچ ابزار و وسیله ای توانست مهمترین نظریه قرن را بنویسد ، کاری که او کرد مجهز ترین فیزیکدانان در آزمایشگاههای پیشرفته جهان نتوانستند انجام بدهند ، صنعت همواره دنباله رو علم بوده است و هیچگاه جلوتر از علم نتوانسته حرکت کند ، ما اگر نمی توانیم در زمینه فیزیک عملی کار کنیم میتوانیم در عرصه فیزیک نظری تئوری بدهیم ، میتوانیم در فلسفه تئوری بدهیم و میتوانیم قضایای اثبات نشده ریاضی را ثابت کنیم و یا از نتیجه تحقیقات آزمایشگاهی خود آنها استفاده کرده و بر پایه آنها نظریه بدهیم یا نظریات خود را اثبات کنیم ، باید حرکت کنیم ، وقتی در علوم نظری حرفی برای گفتن داشته باشیم ، به دنبالش در علوم عملی نیز حرفی برای گفتن پیدا خواهیم کرد ، باید در کشور انجمنهای فیزیک و ریاضی و و فلسفه وجغرافیا و ... تشکیل دهیم ، انجمنهایی که علاقه مندان در آن جمع شوند و بر مبنای علاقه خود و نه به خاطر کسب مدرک در آنجا با نظریات جدید در علوم آشنا شوند و پیرامون این نظریات بتوانند تحقیق و بحث و گفتگو کنند و نقاط ضعف و قوت آنها را پیدا کنند و نظر اصلاحی بدهند و درباره قضایای حل نشده ریاضیات و مسائل مبهم فیزیک با یکدیگر بحث کنند و تئوری بدهند .

انجمن های مبتکرین و مخترعین باید در شهرها تشکیل شود تا علاقه مندان در آنها عضو شوند و طرح های خود را با یاری این انجمنها بسازند ، حوزه فعالیت علم بسیار گسترده است ، ما می توانیم محقق به قطبین بفرستیم ، موسسات تحقیقاتی و دانشگاههای ما می توانند وسایل نوین آزمایشگاهی بسازند ، پزشکان ما می توانند روشهای نوین درمانی و داروهای جدیدی ساخته و به بازار عرضه کنند و حتی با شناخت داروهای سنتی و طب قدیم درپزشکی نوین از آن بهره بگیرند ، زیست شناسان ما در باره آلودگیهای محیط زیست و نیز بیوتکنولوژی تحقیق کنند و راه حل ارائه دهند، زبان شناسان ما می توانند بر روی زبانهای ناشناخته آسیایی و آفریقایی کار کنند و کتابها در این زمینه بنویسند ، مخصوصا ما باید در زمینه هایی تحقیق و کار کنیم که دیگران در آن زمینه کمتر کار کرده اند ، محققین و مخترعین کشورمان هرچند ماه یکبار با همیاری دولت می توانند گرد هم جمع شوند و نتایج کارهای خود را در اختیار یکدیگر بگذارند و از آخرین فعالیتهای علمی یکدیگر باخبر شوند و برای اینکه دغدغه معیشت نداشته باشند دولت می تواند حقوق و در آمد ثابتی را نیز برای آنها در نظر بگیرد .

عرب زدگی تا کجا ؟

آموزش زبان عربی در مدارس ودانشگاهها که با روی کار آمدن جمهوری اسلامی ازپایه اول راهنمایی اجباری شده بود ودر قانون اساسی نیز به لزوم آموزش آن تاکید شده است ، متاسفانه مدتی است که با تصویب آیین نامه ای در آموزش و پرورش ، در دوره ابتدیی نیز آموزش داده می شود تا هر چه بیشتر زبان و فرهنگ ایرانی را با زبان وفرهنگ تازی در هم آمیزند و این در حالی است که دانش آموزان ما در نوشتار و گفتارزبان مادری خود با مشکلات بیشماری روبرو هستند که حل این مشکلات خود نیازمند صرف هزینه ای بسیار وزمان درازی است و از سویی دیگر آموزش زبان بین المللی انگلیسی که دانش آموزان ما برای فراگیری دانش روز بدان نیاز بیشتری دارند و در همه کشورها ازآغاز دوره دبستان شروع می شود درکشور ما از دوره راهنمایی(که زمان مناسبی برایادگیری زبان دوم نیست) آغاز می شود و نتیجه آن نیز این می شود که نه تنها دانش آموزان ما بلکه دانشجویان ما نیز در مقاطع بالای تحصیلی توانایی بکارگیری زبان انگلیسی راندارند.

به روی دیگر سکه نیز نظری بیندازید ، دانش آموزی را در نظربگیرید که با بهره هوشی متوسط(ویا حتی بالا) و با زبانی مادری بغیر از زبان پارسی ، مانند : آذری ، کردی ، بلوچی ، ارمنی... بخواهد در سیستم آموزشی ایران درس بخواند ، این دانش آموز با حساب زبان مادری خود چهار زبان را باید بیاموزد(زبان مادری خود، عربی ، پارسی ، انگلیسی) ، آیا مغز کوچک او توانایی یادگیری این همه زبان را دارد؟ پس کی می خواهد دانشها و علوم روز را بیاموزد؟ آیا

بهتر نیست هزینه وزمانی را که صرف آموزش و یاددهی زبان متروک عربی می کنیم صرف آموزش و یادگیری زبان پارسی و دانشهای روز کنیم؟ ، آخر زبان عربی تنها برای دوره ای خاص در گذشته زبان علمی و رسمی دنیا بوده و امروزه یاددهی و یادگیری آن به جز زیان سودی ندارد.

چند پیشنهاد :

۱ – تلاش کنید تا آنجا که می توانید پارسی (سره) سخن بگویید ، اگر مسلمان و پیرو دیانت اسلام هستید ،سعی کنید قرآن و دعا ها ی عربی را به زبان پارسی بخوانید و دیگران را نیز به این کار تشویق کنید وحتی بهتراست با صلاحدید مراجع تقلید خود نمازتان را نیز مانند مسلمانان چین به زبان پارسی بخوانید هنگامی که مردم در مساجد یا جایی دیگر درود (صلوات) بر پیامبر اسلام می‌فرستند، درود را به زبان پارسی بفرستید بدینگونه (پروردگارا بر محمد و خاندانش درود بفرست) و از دیگران نیز بخواهید که بدینگونه درود بفرستند.

– تلاش کنید جشن های ایران باستان را که هم نماد ایرانی بودن ما است و هم مایه شادمانی است در شهرها و روستاهای خود برگزار کنید و یا حد اقل به یکدیگر شادباش (تبریک) بگویید.

– هنگام بر خورد با دوستانتان به جای گفتن واژه سلام از واژه درود و به جای سلام علیکم از، درود بر شما، بهره بگیرید و هنگام خداحافظی نیز می توانید از واژه بدرود یا خدا نگهدار استفاده کنید .

– از دوستان و آشنایانی که می خواهند به سفر کربلا یا حج عمره یا سوریه بروند و سر مایه های میهنمان را در شکم بیگانگان بریزند در خواست کنید که اگر این کار را برای خدا انجام می دهند هزینه سفرشان را در راه کمک به نیازمندان ایرانی صرف نمایند چرا که این کار در نزد خداوند بسیار پسندیده تر است .

– اگر آموزگار یا دبیریا استاد دانشگاه هستید سعی کنید در کنار درستان درمدارس و دانشگاهها با خواندن داستانهای شاهنامه و آیین های ایران باستان برای جوانان ، آنها را با فرهنگ ایرانی آشنا کنید (من خود اینکار را انجام دادم و جوانان علاقه زیادی از خود نشان دادند) و اگر پدر و یا مادر هستید فرزندانتان را با فرهنگ ایرانی بزرگ کنید و از کودکی آنها را با شاهنامه و گرشاسبنامه و اوستا و ... آشنا کنید

آری عرب زده گی به مراتب از غرب زده گی خطرناکتر است زیرا غرب زده گی هر چند که فرهنگ ایرانی را از ما می گیرد اما در نهایت موجب رشد اقتصادی و علمی کشور و رسیدن به مردم سالاری (دموکراسی) می شود ولی عرب زده گی نه تنها فرهنگ ایرانی ما را از بین می برد بلکه با اندیشه های واپسگرایانه اش ما را قرنها به عقب رانده و از دانش و تمدن بشری دور می گرداند.

در پایان باید یاد آور شوم که هدف از نوشتن این مقاله نژاد پرستی یا توهین به اعراب یا ملل دیگر نیست ،فرهنگ هر ملتی محترم است ، روی سخن در اینجا فرهنگ و زبان ایرانی است که مورد تازش فرهنگ و زبان تازی قرار گرفته و در حال نابودی است و پاسداشت فرهنگ و زبان ملی حق و وظیفه هر ملت و شهروندی است و این ربطی به نژاد پرستی ندارد ، همانگونه که غربزده گی و از سر تا پا غربی شدن نکوهیده است عرب زده گی که دولت ما امروزه آنرا ترویج می کند نیز نکوهیده است و ویرانگر فرهنگ و زبان ما است چرا که فرهنگ و زبان کلید حیات هر ملتیست و با مرگ یک زبان مرگ یک ملت نیز آغاز می شود ، همانند مصریها و سوریها و لبنانیهاکه با ازبین رفتن زبان بومی شان و پذیرفتن زبان عربی هویت خودشان را از دست دادند و عرب شناخته می شوند، در ضمن ناسیونالیسم یا ملی گرایی نیز به معنی نژاد پرستی نیست ممکن است یک ناسیونالیست نژاد پرست باشد اما این دو تعریف جداگانه ای دارند ، به گونه ای که می توان هم ملی گرا بود و فرهنگ و هویت خود را پاسداشت و هم به فرهنگ و نژادهای دیگر احترام گذاشت من اگر در یک کشور عربی زندگی می کردم فرهنگ و زبان عربی را پاس می داشتم و اکنون که در ایرانم وظیفه خود می دانم که از فرهنگ و زبان ایرانی در مقابل هجوم فرهنگهای وارداتی چه غربی و چه شرقی دفاع کنم و این یک وظیفه شهروندیست .

پاسداشت زبان و فرهنگ ملّی

ما باید زبان و فرهنگ کشور خود را حفظ کنیم و نگذاریم که این جامه از پیکر کشورمان به در رود ، که اگر آن را از دست بدهیم دیگر تا ابد هویتی نخواهیم داشت و جیره خوار فرهنگ و زبان بیگانگان خواهیم شد مانند مصریان که با آن تمدن شکوهمند فراعنه عرب شدند و هویت و عظمت دیرین خود را دیگر باز نیافتند و نخواهند یافت .

آری هیچ ملتی حق ندارد که زبان و فرهنگ ملت دیگری را نابود کرده و زبان خود را جایگزین نماید چرا که در این صورت حق آن ملت را در داشتن هویتی مستقل نادیده گرفته و به آنها خیانت کرده است ، زبان هر ملتی به عنوان سمبل هویت آن ملت باید محترم شناخته شود و در حفظ و بقای آن کوشش شود ، زبان سمبل هویت یک ملت است و نه مایه فخر فروشی و برتری جویی یک ملت ، چرا که تمامی ملتها با هر دین و زبان و فرهنگی بایکدیگر برابرند و بر یکدیگر برتری ای ندارند .

یکی از عواملی که فرهنگ و زبان یک ملت را تهدید میکند مهاجرت اقوام دیگر با فرهنگ و زبان و دینی متفاوت به آن کشور می باشد ، پس ملت میزبان حق دارد که قوم

مهاجر را به کشور خود راه بدهد یا ندهد و این حق برای آنها محفوظ است ، ملت میزبان می تواند از قوم مهاجر بخواهد که به زبان آنان سخن بگویند و زبان مادری خویش را کنار بگذارند و به فرهنگ و آداب و رسوم ملت میزبان احترام گذاشته و در پاسداشت آن بکوشند و مهاجرین نیز باید زبان و فرهنگ ملت میزبان را پذیرفته و آنرا جایگزین زبان و فرهنگ خود کنند.

بایستگی پاکسازی وبازسازی زبان ودبیره پارسی

برخی از کار شناسان و زبانشناسان پارسی ، پاکسازی این زبان از واژگان تازی و بیگانه را کاری نابخردانه ونشدنی می دانند و باورمندند که واژگان تازی باعث غنای زبان پارسی گردیده و زبان پارسی تا ابد مخلوط باقی خواهد ماند و نیز می گویند که هیچ زبانی در دنیا به گونه سره وجود ندارد و گریزی از این کار نیست .

گفته این افراد تا اندازه ای درست می باشد ، بگونه ای که هیچ زبان سره ای درزمین وجود ندارد و همه زبانها به یکدیگر وام داده واز هم وام می گیرند ، ولی باید مواظب بود که این وامها آنقدر زیاد نشود که پیکره زبان را از بین ببرد ، زبان پارسی شوربختانه آنقدر از تازی وام گرفته است که در نثر نسک ها ی چاپ شده ما و در گویش گویند گان ما گاه تا دو سوم واژگان بکار رفته تازی است و حتی بسیاری از افعال ما نیز ریشه تازی پیدا کرده اند، شوربختانه تر اینکه حتی دستور زبان و نظم ونثر پارسی بر پایه صرف ونحو عرب ساخته شده است ودر یک سخن زبان پارسی دیگر پارسی نیست بلکه بهتر است آنرا تازی بنامیم و این یک فاجعه است ، چرا که زبان کلید فرهنگ و سند هویت یک ملت است و با مرگ یک زبان مرگ یک ملت نیز آغاز می شود .

شوربختانه تر نیز اینکه فرهنگستان زبان پارسی در واژه سازی هایش ، واژگان فرانسه و انگلیسی را واژگانی بیگانه دانسته و آنها را ترجمه می کند و جالب اینجا ست که بیشتر اوقات آنها را با واژگان تازی جایگزین می نماید و تازی را به پندار خود زبان خودی و زبان قران و حدیث می داند ، در صورتی که تازی از لاتین برای ما بیگانه تر است زیرا زبان ما زبانی هند و اروپایی است و بازبان های لاتین هم ریشه است در حالی که تازی ، زبانی آسیایی – آفریقایی است و هیچ پیوندی با زبان ما ندارد . ما تا آنجا در این مسخ فرهنگی پیش رفته ایم که هشت واج عربی را نیز وارد حروف خود کرده ایم که نتیجه آن تازش سیل بنیان کن واژگان عربی به زبان پارسی و نابودی بیشتر آن بوده است .

و این بی هویتی با بهره گیری عملی از دبیره تازی در نوشتار ما کامل تر گردید و نتیجه اش را نیز در گذشته دیده و هم اکنون نیز می بینیم .

با این حساب پاکسازی وبازسازی زبان پارسی نه تنها شایسته بلکه بایسته است و اگر دیر بجنبیم آنچه را که داریم نیز ازدست خواهیم داد ، این بهسازی باید همه جانبه باشد ، نه تنها برای جایگزینی لغات باید کار شود بلکه پایه های دستور زبان پارسی و نثر ونظم آن نیز باید از زبان عربی جدا شده و منحصر به فرد باشد و همچنین دبیره ما نیز بایسته است که جایگزین شود و واجهای وارداتی تازی (ث – ص - ض- ح – ط –ظ –ع – ق) نیز شایسته است که از زبان ما برداشته شوند .

برای نیل به این اهداف پیشنهادهای زیر ارائه می گردد :

۱ – در پاکسازی و جایگزینی واژگان تازی و بیگانه لازم نیست از واژه های مرده پارسی باستان و یا واژه های نامانوس بهره بگیریم بلکه می توانیم از واژگان زبانهای بومی مردم شهرها وروستاهایمان بهره بگیریم ، زیرا زبان گفتاری مردم روستا ها و شهرهای ما تا حدود زیادی بکر و دست نخورده باقی مانده است و غنای زیادی دارد .

۲ – بهتر است قران و احادیث و نیایشهای عربی به زبان پارسی برگردانده شوند و مردم بازگردان آنها را بخوانند ، این کار چندین سود دارد .

سود نخست - با بازگرداندن این متون به پارسی ارتباط مردم با زبان عربی کمتر شده و زبان پارسی کمتر آلوده می شود و بیشتر بکار می رود.

سود دوم - مردم با خواندن قران ونیایش ها به زبان خودشان آن را بهتر درک می کنند و می فهمند .

سود سوم - با حذف آموزش رسمی تازی در آموزشگاهها و دانشگاهها که برای فهم بیشتر متون دینی انجام می گیرد تا اندازه زیادی در هزینه های مالی دولت صرفه جوئی می شود و می توانیم این هزینه ها را صرف آموزش زبان پارسی کنیم ونیز ناگفته نماند که این پیشنهاد نوین نیست و اروپاییان نیز سدها سال پیش انجیل و متون دینی مسیحیت را به زبان خود بازگردانده‌اند و اینکار هر چند در آغاز خشم کلیسای کاتولیک را برانگیخت ولی در پایان ارباب کلیسا رضایت دادند .

۳ - برای جایگزینی دبیره تازی می توانیم با برگزاری همه پرسی همگانی دبیره نوینی را جایگزین دبیره تازی نماییم و یا همین دبیره تازی کنونی را بازسازی کنیم برای نمونه برای جایگزینی این خط می توانیم مانند کشور ترکیه (با اصلاحاتی) از خط لاتین استفاده کنیم که هر چند خطی بیگانه است اما لااقل همسو با دانش روز است و یا از دبیره های نوشتاری ایران باستان استفاده کنیم ویا دبیره ای نوین و ساده بسازیم (برای نمونه من دبیره ای ساده برابر با واجهای زبان پارسی سره به نام برزین ساخته ام)

۴ – اصول نثر و نظم پارسی نباید برابر صرف و نحو عرب باشد وبایدبازنگری شود . برای نمونه می توانیم برای ساخت وزنها در زبان پارسی به جای ریشه عربی – فَعل - از بن های زیبای فارسی مانند - کرد – استفاده کنیم و به جای بحر های عربی از واژگان فارسی بهره بگیریم .
۵ – نام خود و فرزندانتان را و همچنین نام خانوادگی تان را از میان نامها و واژگان ایرانی بر گزینید و دیگران را نیز بدین کار تشویق کنید . و اگر قدرتی در شهرداری یا شوراها دارید تلاش کنید نام کوچه و خیابانهای شهرها و روستاها را به پارسی برگزینید .
۶–در نوشتار خود با دبیره تازی تلاش کنید از -۲۴- واج پارسی سره بهره بگیرید و هشت واج تازی را هرگز به کار نبرده بلکه آنها را به فارسی برگردانده و بنویسید (واجهای تازی اینها هستند : ط ، ص ،ث ،ض، ظ ،ح ،ع ، ق) و برابرهای پارسی آنها که شما می توانید بکار ببرید بدینگونه است(ط = ت مانند واژه طلا که مینویسیم تلا ، ظ – ض – ذ = ز مانند واژه مضطرب که مینویسم مزترب ، ح = ه مانند واژه محمد که می نویسم مهمد ، ع = ا یا فتهه مانند واژهعلی که مینویسیم الی ، ق = غ مانند واژه مقاومت که می نویسیم مغاومت ص – ث = س مانندواژه صابون که نوشته می شود سابون) این کار چندین سود دارد ، نخست موجب می گردد که واژگان تازی کمتری وارد زبان پارسی گردد و دیگر اینکه واژگان تازی ای را که وارد زبان پارسی گشته اند خودی کرده و بنابر این زبان پارسی را کمتر آلوده خواهند کرد و سوم اینکه موجب سادگی در نوشتار می گردد و نوآموزان ایرانی دیگر با این مشکل روبرونخواهند بود که مسلن (مثلا) سد را با کدام واج (س یا ص) بنویسند در اینجا ماهمان گونه که سخن می گوییم می نویسیم و تفاوتی بین گفتار و نوشتار ما نیست و این نوشتار را بسیار ساده می کند و سود چهارم نیز اینست که با یکی شدن گفتار ونوشتارپارسی ، ختر تغییر لهجه و گویش ما به سوی گویش تازی از بین می رود (مانندکردها که بر اسر همنشینی تولانی مدت با اربها به لهجه اربی سخن می‌گویند) نا گفته نماند تنوینهای اربی نیز باید به اینگونه نوشته شوند: اَن (با فتهه)، اِن (با کسره)،اُ ن(با ضمه) ، مانند واژه لطفا که مینویسیم لتفن و همچنین همزه را نیز به سورت سدایش می نویسم ،مانند : موئید که می نویسیم موايد .

ب)جهان فردا

بایستگی اصلاح نژاد بشر

امروزه با رشد چشم گیر دانش پزشکی بسیاری از کودکان ضعیف و ناتوان که در گذشته ، قبل و یا بلافاصله بعد از تولد طعمه مرگ می شدند از خطر مرگ نجات می یابند و به زندگی باز می گردند این امر هر چند که آرزوی دیرینه بشر بوده است و همگان را خوشحال می کند ولی با قانون طبیعت که همان اصل انتخاب برتر است در تضاد است و نتیجه نقض این قانون

تکثیر و افزایش نژاد ضعیف و ناتوان شدن بشر در طی چند نسل می باشد از سوی دیگر امروزه انسانهای باهوش و سالم که اکثرا تحصیل کرده هستند و پست های مهمی را نیز در جامعه دارند به دلیل مشغولیت یا بچه دار نمی شوند و یا بچه کمی به دنیا می آورند در حالی که انسانهای با بهره هوشی کمتر و ضعیفتر که اکثرا نیز جزو خانواده های فقیر هستند کودکان بسیاری دارند و این خود در دراز مدت برای جامعه خطرناک است و نسل بشر را ضعیف تر و ناتوان تر می کند ، ما آنچه را که امروز داریم مدیون اصل انتخاب برتر طبیعت هستیم وگر نه هم اکنون باید مانند اعقابمان در روی درختان جنگل زندگی می کردیم ، اگر این قانون را نقض کنیم به زیان خودمان است و نقض آن در این دوره ثمره ای جز فقر و بیماری و ناتوانی ندارد ، تند نروید منظور من کشتن کودکان ضعیف و بیمار و یا معلولین جسمی و ذهنی نیست ، سخن من جلوگیری و پیشگیری از متولد شدن این کودکان است و گرنه کودکان معلول نیز مانند ما حق حیات و زندگی مناسب دارند .

متاسفانه تا صحبت از اصلاح نژاد بشر می شود همگان تیغه شمشیر را به سمت نژاد پرستی و آپارتاید نشانه می گیرند در حالیکه اصلاح نژاد بشر با نژاد پرستی متفاوت است ما در سده گذشته حیوانات و گیاهان بسیاری را اصلاح نژاد کردیم (منظور دستکاری ژنتیک نیست) و نژادهای برتر را انتخاب کردیم و سود بسیاری نیز در این کار بردیم آخر چرا این کار را برای خودمان انجام ندهیم ، ما می توانیم نژاد بشر را در چند کشور به طور آزمایشی و محدود اصلاح کنیم و طی چند نسل نژادهای قوی تر و باهوش تر را انتخاب کرده و آنها را تکثیر نماییم ، این امر لازم نیست در تمامی جهان به صورت وسیع و گسترده انجام بگیرد بلکه می توان آنرا به صورت آزمایشی و در سطح محدودی اجرا کرد و اگر نتایج آن موفقیت آمیز بود، می توانیم طرح را گسترش دهیم ، و بهتر است این اصلاح نژاد بر روی همه گونه های نژادی انجام بگیرد و خاص یک نژاد نباشد و در همه کشورهای جهان اجرا شود به گونه ای که مسئولین هر کشوری با انجام متدهای علمی نژادهای سالم تر و قوی تر و باهوش تر را تکثیر کنند و بعد از چند نسل خواهند دید که کودکانشان سالم تر ، شاداب تر ، قوی تر و باهوش تر شده اند ، و از زندگی خود بیشتر لذت می برند.

این قضیه منافاتی با حقوق بشر نداشته و به معنی نژاد پرستی نیست زیرا ما در این جا هیچ نژادی را از بین نمی بریم و نژادی را جایگزین نژاد دیگر نمی کنیم و برتری اخلاقی نمی دهیم حتی ما تکثیر یک نژاد را با اجازه افراد آن گروه نژادی انجام می دهیم .

هدف از انجام این پروژه این است که جامعه به سمت سالم شدن و باهوش شدن پیش برود و از تعداد افراد ضعیف و بیمار جامعه که از زندگی خود لذت کمی می برند کاسته شود و افراد جامعه به یک زندگی سالم تر و بهتر که مستحقش هستند دست یابند و فواصل طبقاتی که بین

انسانهای ضعیف و قوی وجود دارد کم شود یا ازبین برود ، آن گونه که من می دانم این برنامه در برخی از کشورها مانند: اوکراین، به صورت ناقص انجام می پذیرد به گونه ای که در این کشور از بچه دار شدن افراد ضعیف و ناتوان جسمی و ذهنی جلوگیری می کنند، اما این تنها یک راهکار ناقص است ، برای نیل به این هدف ما می توانیم از روش های گوناگونی استفاده کنیم از آن جمله می توان بانک اسپرم های اصلاح شده را در سطح کشور ایجاد کرد و به زنانی که علاقه‌مند به باردار شدن هستند اهدا نمود ، بدین وسیله می توان نژاد هرکشوری را بدون صرف هزینه و یا انجام کاری غیر اخلاقی در زمانی اندک اصلاح نمود ، چنانچه مذهب یا عرف جامعه با اهداء اسپرم مخالف باشد می توان از روشهای دیگری که مخالفتی با مذهب یا عرف جامعه ندارد استفاده نمود ، برای نمونه در جامعه ما می توان از ازدواج موقت جهت نسل گیری و اصلاح نژاد بهره گرفت ، اما در حال حاضر ساده ترین راه اصلاح نژاد در جهان همان اهداء اسپرمهای قوی و یا کاشت تخمک اصلاح شده در رحم زنان می باشد که می توانیم موانع قانونی یا شرعی آنرا با صلاح دید علما در کشورمان رفع کنیم .

دهکده نوین جهانی

ما اگر می خواهیم یک جامعه جهانی مشترک و یا یک مکتب جهان شمول بسازیم که همه انسانها با تمامی عقایدشان آنرا قبول داشته باشند ، باید از معیارهای اخلاقی مشترک (برگرفته از نیاز های مشترک همه انسانها)بین انسانها بهره بگیریم و مکتب خویش را براساس این نیازها و معیارهای مشترک ساخته و پی ریزی کنیم و در حقیقت پایه های مکتب ما باید مشترک باشد ، معیارهایی مانند : کمک به همنوع ، ارزش دانش جویی و کار ، راستگویی ، حفظ محیط زیست ، حفظ بهداشت فردی و اجتماعی ،حفظ بنیاد خانواده ، صلح ، مهر ورزی ، هنر دوستی ، فقر زدایی و نیز سدها فعل اخلاقی و معیار و نیاز مشترک در بین انسانها که می توان از آنها برای برپایی یک مکتب نوین و سازنده بهره گرفت ، مکتبی که موجب رشد و شکوفایی علمی و اقتصادی و فرهنگی جامعه جهانی شود ، و این مکتب نباید توسط فردی خاص و یا گروهی ویژه برای جامعه ای خاص نوشته شود بلکه همه فرهیختگان و دانشمندان علوم اقتصاد و جامعه شناسی و روان شناسی و غیره باید جمع شوند و بر اساس آخرین یافته های علمی و نیازهای بشر پایه های آنرا بر اساس معیارهای مشترک جهانی پی ریزی کرده و سپس ایدئولوژی و جزئیات آن را برای رسیدن به این معیارهای اخلاقی مشترک و رفع نیازهای همگانی بر اساس آخرین یافته های علمی باز نویسی کنند ، این مکتب بهتر است دارای دو بخش باشد ، یک بخش آن برای جامعه جهانی باشد و در سطح جهانی اجرا شود و بخش دیگر آن از آن کشورها و جوامع خاص باشد ، بطوری که هدف ها و معیارهایی را برای هر کشور و نیز

جامعه جهانی در نظر بگیرند که در پایان سال به این هدفها و معیارهای علمی و اقتصادی دست یابند که این بخش دوم باید بر اساس امکانات و نیازهای هر کشور تعیین شود ، مثلا میزان رشد جمعیت در هر کشور بر اساس امکانات و معیارهای گوناگون تفاوت دارد که این میزان باید در برخی کشورها افزایش یافته و در برخی کاهش یابد و یا سطح تحصیلات اجباری را که بر مبنای امکانات کشورها باید تعیین شود .

در این جامعه جهانی همه کشورها تلاش می کنند تا فقر و نادانی و بی عدالتی و همه ضد ارزشهای مشترک را در جهان و در جامعه خویش از بین ببرند و به کشورهای فقیر و عقب افتاده کمک کنند تا خود را به پای کشورهای دیگر برسانند تا همه انسانها از امکانات مساوی و برابر برخوردار شوند ، در این جامعه همه انسانها با هم برابرند و فرقی با یکدیگر ندارند ، انسانها از یکدیگر جدا نیستند و همگی بمانند پیکره ای واحد می باشند و نسبت به وضع یکدیگر بی تفاوت نمی باشند ، این جامعه فراتر از جامعه بین المللی کنونی است و مسئولیت های بیشتری را باید بر عهده بگیرد ، جامعه جهانی را باید به صورت یک دهکده در بیاورد و کشورها را مردم آن دهکده بخواند و کدخدای این دهکده بوسیله مردم ده تعیین شود ، شبیه سازمان ملل ولی فراتر از آن ، زیرا سازمان کنونی مسئولیت اجرایی چندانی ندارد وبیشتر زیر نظر چند قدرت اداره می شود و بسیاری از کشورها عضو آن نیستند و برخی از قوانین آن مانند حق وتو بر خلاف ارزشهای مشترک انسانی است و روی هم رفته کار زیادی را در سطح جهان انجام نمی دهد و اقدامات علمی و اقتصادی آن نیز محدود و قابل چشم پوشی است ، ولی در این دهکده جهانی که رئیس آن زیر نظر شورای ده یعنی نمایندگان کشورها فعالیت می کند ، مسئولیتهای اجرائی سنگینی را بر عهده کشورها قرار می دهد که آنها را اجرا کنند و در پایان هر سال گزارش فعالیتهای خود را ارائه دهند ، دانشگاههای بین المللی احداث خواهد شد تا فرهیختگان جوامع مختلف در آنها به رایگان تحصیل کنند و حتی می توان یک کشور بین المللی در یکی از قطبین و یا در آلاسکا و یا مکانی دیگر ایجاد کرد که مقر سازمان جهانی ملل در آنجا باشد و این کشور جهانی و آزاد خواهد بود ، در زمینه اکتشافات فضایی و آزمایشات پرخرج علمی همه کشورهای جهان می توانند به میزان درآمد خود سرمایه گذاری کرده وکمک نمایند و یا اینکه هر چند کشور با همیاری هم یک طرح واحد را دنبال نمایند تا زودتر به نتیجه برسند، در این دهکده جهانی همه کشورها بمانند یک واحد عمل میکنند هر چند که در عمل از یکدیگر جدا و مستقلند ، تمامی دول به اصول اخلاقی مشترک پایبندند و حقوق یکدیگر را محترم می شمارند ، کل جامعه همانند سلولهای بدن زیر نظر یک سازمان کل که به منزله سلولهای مغز می باشند اداره می شود و این سازمان را تعدادی از افراد دانشمند و نخبه برگزیده از کشورهای مختلف تشکیل می دهند و هدف کل جامعه جهانی را در هر سال تعیین

می کنند و سعی می کنند تا پایان سال همگی به آن برسند در این جامعه برای مجرمین اصول قضائی مشترکی وجود دارد و جرم نیز تعریف واحدی دارد .

هدف اصلی این سازمان تنها برنامه ریزی و نظارت بر اجرای آن در کشورهای گوناگون می باشد و بودجه اقتصادی و اجرائی این برنامه ها در هر کشور بوسیله امکانات همان کشور تعیین می شود و اگر برنامه فرا ملیتی و جهانی بود (مانند ایجاد دانشگاه بین المللی) بودجه آن به وسیله همه اعضا تعیین خواهد شد ، و نیز این جامعه جهانی یک نیروی نظامی قوی و بسیار فعال خواهد داشت که در جنگهای بین کشورها و یا دردرگیری های درون کشوری بتواند صلح را برقرار کند و جلوی کشورمتجاوزرابگیرد و این نیروی نظامی باید بوسیله همه کشورهای عضو پشتیبانی شود و نحوه فعالیت آن نیز مشخص باشد.

دین انسانیت

برخی از روشنفکران ایرانی می گویند اگرقصدتغییراعتقادات مردم کشورمان راداریم بایداگرچیزی ازآنهامی گیریم چیزی به آنها بدهیم ، بله بایدخلا فکری مردم راپرکرد ولی نه با خرافات،این کاری بوده است که متاسفانه بسیاری ازصاحبان ادیان انجام داده اند وخرافات راباخرافات جایگزین کرده اندکه نتیجه ای جزواپسگرایی وعلم گریزی ورکود در بر نداشته است،آیابهترنیست خرافات راباخردگرایی جایگزین کنیم، همان چیزی که اشو زرتشت نیزبرروی آن بسیارتاکیدمی کرد.

امروزه بسیاری ازانسان هارامیبینم که گریزان ازدینی به دینی دیگر پناه میبرندتا گریزی برای برخی از امیال سرکوب شده خود پیدا کنند ،هرچندکه دین زرتشت حد اقل در برخی اصول بسیارآزاداندیش ترازادیان سامی است ودربین ادیان سامی مسیحیت صلح جوترومهرجوتراست ولی هزاره سوم برای بشردیگرهزاره اصول گرایی دینی نیست بلکه هزاره نوگرایی دینی است،باهرقدمی که علم برمی دارداصول گرایان قدمی به عقب بر می دارند،و چاره ای نیز جز این ندارند دین زرتشت تنهابه صورت آیین خردگرایی می تواندبه زندگی خوددرهزاره های بعدادامه دهدوادیان سامی نیزتنهابااستحاله شدن ودست برداشتن ازبسیاری ازباورهای خودمی توانندبه حیات خودادامه دهند،بانگاهی موشکافانه به جهان،نوگرایی دینی رابه وضوح می بینیدآنچه که درکشورمابه عنوان یک حکومت تئوکرات یا دین گرا مطرح است،اسلام اصیل و سنتی نیست بلکه مجموعه ای ازقوانین حکومتی واسلامی استحاله شده است وشماخود،جوانان امروزرامی بینیدکه برداشتی متفاوت با پدرانشان از دین دارند،درعربستان،مهدجهان اسلام،بسیاری ازاصول دینی تغییر یافته است ،برای نمونه استفاده ازتکنولوژی دروهابیت حرام است اماخودمفتیهای عربستان هم امروزه ازپیشرفته ترین

تکنولوژیهای غرب استفاده می کنند،نگاهی به کشورهای مسلمان اروپایی یعنی آلبانی وبوسنی هرزگوین بیندازیدآنهاتنهادرنام مسلمانندوحتی اصول بدیهی دین اسلام رانیزرعایت نمی کنند،سرنوشت ادیان دیگرنیزهمین گونه است ،اسرائیل مهدیهودیت به وسیله سکولارهااداره می شودوهیچ یک ازقوانین یهودیت (مانندسنگسار)عملااجرانمی شوندودین یهودبه گوشه کنیسه ها پناه برده است وآنچه راکه به نام جنگ اسلام ویهودبین اسرائیل وسوریه وفلسطینیهامی شناسیم جنگ برسرخاکست (بلندیهای جولان ونوارغزه) ونه جنگ بین دین وگرنه سوریه که سکولارترین کشوراسلامی است هیچگاه متعصب ترازعربستان نخواهدبودکه باصلح موافق است وهرگاه اسرائیل بلندیهای جولانرابه سوریه پس بدهدبااسرائیل صلح خواهدکرد،دین تنهاابزاری است دردست صاحبان سیاست ،آیاتابه حال فکرکرده ایدکه چرازمامداران ایران هیچگاه به کشتاروآزارمسلمانان چچن بوسیله روس هاویامسلمانان شمال چین بوسیله کمونیست هااعتراض نمی کنندورهبران ایران دست دوستی به فیدل کاسترورهبرکمونیست کوبامی دهندوباکره شمالی طرح دوستی می بندند.

فراترازتزویرهای سیاسی وحکومتی دین آینده جهان،دین انسانیت می باشدکه محورش احترام به حقوق بشرومحیط زیست برپایه خردمی باشدو چکیده این دین همان پنداروگفتاروکردارنیک زرتشت واصل خردگرایی اوست که یکا یک انسانهاپیامبر آن خواهند بود.

پ– ایران و جهان فردا

آینده ایران وجهان !؟

درباره آینده ایران اظهار نظر های گوناگون و گاه متضادی از طرف جناحها و اید ئولوگهای گوناگون اظهار شده است برخی (اکثریت حاکم بر ایران) چشم انداز روشنی از آینده ایران دارند و معتقدند ایران می تواند در یک دوره بیست ساله قطب اقتصادی خاور میانه شود و به عنوان یک الگوی حکومتی تئوکرات (مذهبی) در جهان مطرح شود گروهی دیگر چندان امیدی به آینده ندارند و معتقدند که همانگونه که در این سی سال رشد اقتصادی و فرهنگی چشمگیری نداشتیم (در مقایسه با دیگر کشورها)با ادامه روال گذشته در آینده ای نزدیک حداکثر ده سال دیگر با کاهش تولید نفت و افزایش جمعیت کشور وضعیت اقتصادی مردم به مراتب بدتر خواهد شد و به درجات پایین تری از رفاه اجتمایی سقوط خواهیم کرد و همچنان حسرت گذشته را خواهیم خورد واین افزایش نارضایتی می تواند منجر به وقوع انقلاب چهارم(بعد از انقلاب مشروطه و مصدق و انقلاب اسلامی) در ایران شود؟

- مردم ایران در چند دهه اخیر با تمام عقب افتاده گیها حرکتی لاکپشتی را به سمت مرم سالاری طی کرده اند و تجربه هایی را اندوخته اند که ارزشمند هستند ،جوان امروز ایرانی بسیار آزاد تر از جوان آغاز انقلاب ۵۷ (که فرهنگ عمده شان فنون الواتی و چوب وچماق داری و دایره فکریشان زن محور بود) می اندیشد ، در این ۳۰ سال در برخی از اصول اخلاق رشد منفی داشته ایم اما در بسیاری دیگر مثبت بوده ایم به نظر من در آینده نیز این رشد لاکپشتی ادامه خواهد داشت و با مرور زمان از فرهنگ دیکتاتور مدار فاصله بیشتری خواهیم گرفت و گروه بیشتری از مردم به صف آزاد اندیشان خواهند پیوست ، خود حکومت نیز ناخواسته در این رشد فرهنگی سهیم است چرا که حکومت برای بقای خود و رقابت با کشورهای دیگر ناگزیر است سطح علمی و اقتصادی مردم را بالا ببرد و هر چه قدر سطح دانش و رفاه مردم بالاتر برود و مردم با جهان آزاد بیشتر آشنا شوند پایه های دیکتاتوری نیز لرزانتر می شود ، من وقوع انقلاب چهارم را در ایران بعید می دانم زیرا مردم ایران تجربه خوش آیندی از سه انقلاب پیشین ندارند از نظر سطح رفاه اجتماعی فکر نمی کنم سطح رفاه مردم در آینده ای نزدیک تغییر چندانی کند ،افزایش جمعیت و کاهش منابع مانع رشد اقتصادی ما در آینده نزدیک خواهد بود ، جامعه ایران با رشد علمی و فرهنگی لاکپشتی خود و با مزیت تنوع قومیتی و فرهنگی که بسیاری از کشورها ندارند(تنوع قومیت و فرهنک عامل مثبتی جهت رسیدن به دموکراسی است) به سمت یک حکومت دموکرات و نوگرا به پیش می رود و هیچ حکومتی نمی تواند مانع آن شود چرا که لازمه رشد دانش نوگرایی است و حاکمان هر کشوری مجبورند جهت حفظ قدرت خود و عقب نماندن از صحنه رقابت جهانی با دانش روز هماهنگ شوندو در هم آوردی دانش و دین همواره این دین است که آسیب می بیند، تنها راه نجات دین این است که آن را از دانش و سیاست جدا کنند تا بتواند به حیات خود در گوشه مساجد ومعابدادامه بدهد ،راه دوم نیز ترکیب سیاست و دانش با دین است که در این صورت با دینی استحاله شده روبرو خواهیم شد که مانند یک وبلاگ باید هر روز به روز شود و احتمالا با مخالفتهایی از جانب روحانیون و پیروان اصول گرای خود مواجه خواهد شد ،آینده اسلام در ایران چیزی مانند اسلام در مالزی و در آلبانی و بوسنی خواهد بود در این میان کشورهای ایران و ترکیه و عراق و مصر و سوریه و بحرین زودتر به دموکراسی دست خواهند یافت و کشورهایی نظیر عربستان بسیار دیرتر بدان خواهند رسید ، رشد صعودی جمعیت همچنان در ایران و جهان ادامه خواهد یافت اما در دهه های آینده این رشد متوقف خواهد شد و کشورهای جهان با اجباری کردن قانون تک فرزندی مانع رشد لجام گسیخته جمعیت خواهند شد ،و در کشورهایی نطیر ایران با افزایش آگاهی فرهنگی، اکثریت مردم خود جمعیت خانواده خود را تنظیم خواهند کرد،گونه انسانها در آینده تا اندازه زیادی مخلوط خواهد شد و رنگ پوست اکثریت مردم به سمت قهوه

ای روشن میل خواهد کرد ،بهره هوشی انسانها و برخی از حیوانات مانند میمون و سگ افزایش خواهد یافت به گونه ای که بهره هوشی میمونها در چند سده آینده به هوشبهر انسان امروزی خواهد رسید و میمونها به مدارس راه خواهند یافت ،کار در آینده برای انسانها مدیریت روباتها ومحصولات فناوری خواهد بود ،کتابخانه های آینده جهان الکترونیکی بوده و کتابهای کاغذی متروک خواهند شد، مدارس و دانشگاهها اکثرا مجازی خواهند شد و استادان و مربیان مراکز آموزشی ربات خواهند بود، انسان با سفر به بهرام و ماه پایگاه هایی را برای خود خواهدساخت و به تدریج عده ای در آنجا زندگی خواهند کرد و با تغییراتی در آب و هوای مریخ آنرا برای زندگی مساعد خواهند ساخت ،آب و هوای کره زمین با اعمال نفوذ بشر در این حوزه تغییراتی خواهد یافت و انسان خواهد توانست وقوع سیل و توفان و سونامی را سریعتر پیشبینی و از وقوع آن پیشگیری نماید یا محل وقوع آنرا تغییر دهد ، اخلاق آینده بشریت مجموعه قوانین جهانی خواهند بود که حفظ زمین و احترام به محیط زیست محور اصلی آنها ست، در دهه های آینده دوباره جدال بین کمونیسمی نوپا و سرمایه داری شروع خواهد شد و دین به تدریج از عرصه جدال جهانی خارج خواهد شد ، حکومت آینده جهان ترکیبی از کمونیسم و سرمایه داری خواهد بود و این اقتصاد سرمایه داری به تدریج به سمت اقتصادی جهانی و هماهنگ حرکت خواهد کرد و ایران نیز ناگزیر به همراه قافله جهانی حرکت خواهد کرد و حرکت اکنون آن بر خلاف جریان آب دیری نخواهد پایید و به زودی متوقف و بر عکس خواهد شد، زمین به تدریج به سمت ثبات بیش خواهد رفت و دهکده جهانی آینده دارای سیاست ،قوانین و اقتصادی واحد و یکسو خواهد شد .

گام هایی درجهت رشد و ارتقای علمی ، فرهنگی ، اقتصادی ، اجتماعی و اخلاقی ایران (وجهان)

الف : گامهای اخلاقی

۱ – تحکیم بنیاد خانواده

۲ – بهره برداری از دین جهت حفظ اخلاق عمومی

۳ – رویکرد مثبت به اخلاق پسندیده و نکوهش اخلاق نا پسند

۴ – کار روانشناسانه بر روی برنامه های رسانه های گروهی و در نظر گرفتن تاثیر اخلاقی آنها برروی افراد گوناگون جامعه و مبارزه با ساخت برنامه های غیر اخلاقی

۵ – رشد فرهنگ کار و ارزش گذاری مثبت آن و مبارزه با بیکاری در جامعه

۶ – ساخت مراکز علمی ، سیاسی ، فرهنگی و هنری در جامعه و کشش افراد بدانسو

ب : گامهای علمی

۱ – سرمایه گذاری در بخش تحقیقات و تشویق دانش پژوهان و نو آوران کشور و در نظر گرفتن حقوق و مزایای دائمی (مانند یک کارمند) برای آنها تا با فراغ با ل به کارشان بپردازند .

۲ – برگزاری مسابقات و المپیادهای علمی و جشنواره های سالیانه گوناگون مانند جشنواره خوارزمی

۳ – تاسیس مراکز ثبت اختراع در هر شهر

۴ – سرمایه گذاری بیشتر بر روی یک رشته علمی خاص و فراخوانی دانشجویان و اساتید از دیگر کشورها در جهت رشد این رشته ، تا در یک زمینه علمی از کشورهای دیگر جلو بیفتیم و سپس با یک برنامه ریزی جامع برروی زمینه های دیگر کار کنیم

۵ – گسترش دامنه فعالیت علمی کشور به کشورهای دیگر ، برای نمونه پژوهش در قطبین و یا مشارکت در برنامه های بین المللی فضایی

۶ – جذب دانشجو و استاد از کشورهای دیگرو ارتباط علمی گسترده تر با کشور های دیگر

۷ – افزایش سطح سواد اجباری تا پایه سوم راهنمایی

۸ –واگذاری دانشگاهها به کارخانجات مهم دولتی و خصوصی با درنظر گرفتن بورسیه همانند رشته های نیمه متمرکز دولتی

۹ – تمرکز زدایی در آموزش متون درسی مدارس وساخت مدارس و دانشگاههای خصوصی در کنار مدارس و دانشگاههای دولتی با اعطای حق تغیییر متون درسی وشیوه آموزشی تا یک رقابت علمی بین آنها ایجاد شود .

۱۰- در مدارس دولتی تنها آموزش علمی داده شود و آموزش دینی به مدارس دینی واگذارگردد.

پ : گامهای اقتصادی

۱ – پایین آوردن نرخ بیکاری در جامعه

۲ – بالا بردن سن باز نشستگی

۳ – تدوین یک برنامه منظم دراز مدت جهت رشد اقتصادی کشورکه با تغییر رئیس جمهور و وزراء عوض نشود

۴ – دوران نظام وظیفه نصف و یا کمتر شده و هزینه آن صرف سازندگی کشور شود و از نیروهای نظامی در زمان صلح برای باز سازی کشوراستفاده شود

۵ – ارتباط نزدیک و گسترده دانشگاهها و هنرستانها و مراکز تحقیقاتی با کارخانه جات و مراکز تولیدی

۶ – ساخت و راه اندازی مراکز آموزشی – تولیدی به صورت خصوصی یا دولتی

۷ – تشویق صاحبان صنایع و کار آفرینان و ارزش گذاری کار آنها
۸ – شرکت دادن تمامی مردم در فعالیتهای تولیدی با واگذاری سهام دولتی و خصوصی به آنها و واگذاری کارخانه ها و کارگاههای دولتی به کارگران جهت افزایش حس مسئولیت و کارآیی بهتر و بیشتر
۹– بستن پیمانهای نظامی و اقتصادی با کشورهای همجوار
۱۰ – شرک گسترده تر زنان در فعالیتهای اقتصادی کشور
۱۱ -سرمایه گذاری بیشتر بر روی کارخانه جات و صنایع مادر
۱۲ – تبدیل دانشگاهها ، مدارس و آموزشگاهها به مراکز تولیدی ، آموزشی
۱۳ – تاسیس انجمن نخبگان در هر شهر و روستا جهت توسعه شهری و روستایی به گونه ای که آراء این انجمن ها مانند یک قانون ضمانت اجرایی داشته باشد .
۱۴ – تنظیم طرح جامع شهری و روستایی برای همه شهر ها و روستاهای کشور
۱۵– تمرکز زدایی ادارات دولتی از سطح شهر تهران و تقسیم مرکزیت کشور در چند شهر
۱۶ – صنعت بایددر خدمت محیط زیست باشد و برای احیای آن بکار رود وبر ضد آن نباشد ، از صنعت می توانیم برای احیای کویرها و یا احداث جنگلها و باغات و یا احیای مراتع کشور استفاده کنیم
۱۷ - تشکیل اتحادیه اصناف گوناگون جهت حمایت شغلی از آنها
۱۸ – تاسیس مراکز رفاه اجتمایی (مانند مرکز غذای رایگان برای بینوایان در هر شهر یا مرکز حمایت از کودکان خیابانی یا دختران و پسران فراری و ...) توسط دولت یا ان جی او های خصوصی

ت : گامهای فرهنگی

۱ – تکیه بر زبان پارسی به عنوان زبان رسمی کشور و باز گشایی انجمن های ادبی و فرهنگستان های زبان برای مبارزه با ورود لغات بیگانه به این زبان و پاکسازی زبان فارسی از از لغات بیگانه مخصوصا تازی ، و افتخار به شاعران و ادبا کشور و نامگذاری میادین شهر ها و خیابانها و کوچه ها و غیره با نامهای این عناصر ملی و فرهنگی
۲ – ارتباط گسترده فرهنگی و ادبی با دیگر کشور های فارسی زبان و تلاش برای گسترش فرهنگ و هنر و ادب ایرانی به کشور های دیگر
۳ – بهره برداری از دین در جهت حفظ زبان و فرهنگ و هویت ایرانی
۴ – بهره گیری از نام های پارسی و تغییر نام عربی اشخاص و اماکن به نامهای ایرانی

۵ – بر پایی آیین ها و جشنهای ایران باستان مانند جشن مهرگان ، تیرگان ، جشن سده ، و غیره تا ایرانیان دوباره شور و نشاط از دست رفته خود را باز یابند وبه هویت اصلی خویش باز گردند

۶ – جایگزینی خط عربی با خطی ساده تر مانند خط لاتین یا خط میخی و یا اصلاح خط عربی کنونی (ما در نوشتار خود بجای خط عربی از خط میخی نیز می توانیم استفاده کنیم ، زیرا خط ساده تری است ، برای نوشتن با خط میخی یا هر خط دیگری باید حروف آنها رابر مبنای ۲۴ حرف پارسی سره و شش صدای کوتاه و بلند جایگزین کنیم)

۷ – تغییر مبدا تاریخ کشور از هجری شمسی به سالروز زایش زرتشت یا سال مهری یا سالروز ورود اولین آریایی ها به ایران

۸ – رویکرد دوباره به پوشش ملی ایرانی وزنده کردن آداب و رسوم کهن ایرانی

۹- تمرکز زدایی از صدا وسیمای ملی با دادن حق تاسیس شبکه های تلویزیونی و ماهواره ای به بخش خصوصی و برداشتن قانون ممیزی کتاب و رسانه از سوی وزارت ارشاد و اعطای آزادیهای بیشتر به نشریات کشور

ث – گامهای سیاسی

۱- برقراری دموکراسی و آزادی احزاب در کشور

۲- تلاش همگانی برای تبدیل ایران به یک کشور برتر اقتصادی ،علمی و فرهنگی با همیاری تمامی احزاب و گروهها

۳- اصلاح نژاد ایرانیان (از راه انسانی) به سوی نژادی با هوشتر ، زیباتر و قویتر و جلو گیری از گسترش ژنومهای معیوب و بیمار و ناقص از راه دقت در انتخاب همسر و یا اهدا اسپرم وتخمک سالم و اصلاح شده و یا روشهای دیگر (این برنامه بهتر است در سطح جهانی بر روی همه نژادها انجام بگیرد تا همه نژادها در گذر زمان تکامل یابند)

۴ – دین به عنوان بخشی از فرهنگ یک جامعه می تواند در حفظ اخلاق عمومی و جلو گیری از فساد نقش عمده ای را ایفا کند ولی هرگزنباید در سیاست واقتصاد یک مملکت وارد شود زیراهم ارزش خود را از دست می دهد و هم چونان بندی دست وپای پیروان خود را بسته و مانع رشد کشور و خلاقیت ونو آوری می شود.

۵ – اتحاد سیاسی و اقتصادی و نظامی با کشورهای هم نژاد و هم فرهنگ (مانند کشورهای فارسی زبان یا جمهوری های جدا شده از ایران ودیگر کشور های هم فرهنگ مانند هند و پاکستان و کشمیر و ...)

۶ – دادن خود مختاری و آزادی های بیشتر به اقوام و قبایل کشور تا از اندیشه جدایی از کشور دست بردارند .

۷ – ایجاد کشور و یا منطقه ای خود مختار برای زرتشتیان در دل ایران که نمودار ایران کهن باشند.

۸ – دادن مناطق بسیار کوچکی از کشور به احزاب گوناگون تا هر حزبی برای خود یک آرمان شهر کوچک بسازد و پیروان آن حزب در آن شهر بر اساس اصول و عقاید آن حزب رفتار کنند و کسی مزاحم آنان نباشد تا با رقابتی که بوجود می آید عملا مشاهده شود کدام حزب در رشد منطقه خود موفق تر بوده است البته مردم هر شهر و منطقه ای خودشان با رفراندوم تعیین می کنند کدام حزب را می خواهند و احزاب در داخل گروه آزاد و خود مختارند ولی در کل پیرو حکومت مرکزی هستند ،هر کس به اراده خود می تواند در این آرمان شهر ها وارد و خارج شود و این آرمان شهرها در دل دموکراسی زاده می شوند ، در این آرمان شهرها ،شهرهایی مخصوص زنان ، مردان ، ادیان گوناگون و مکاتب مختلف ایجاد می گردد که در آنها قوانین محلی تحت قانون دموکراسی کل کشور اجرا می گردد.

گامهای بین المللی

۱ - ایجاد چند دانشگاه بین المللی در کشور های آزاد برای تربیت فرهیختگان و نخبگان جهان

۲ – ایجاد یک شهر یا کشور بین المللی درآلاسکا یا در قطبین یا در یک کشور آزاد به عنوان مقر سازمانهای بین المللی و برای همه مردم جهان که تابع هیچ کشوری نباشد و مستقیما زیر نظر ساز مان ملل اداره شود .

۳ – بهتر است خط میخی با اصلاحاتی جایگزین خط لاتین شود زیرا تمامی حروف آن از تعدادی خطهای راست تشکیل شده است که کار کردن با آنها بسیار آسان می باشد.

۴ - بهتر است ما برای راحتی ارتباط در سطح جهانی خط زبان بین المللی درست کنیم بگونه ای که خط جایگزین زبان شود (شبیه زبان اشاره ناشنوایان) و با یک برنامه نرم افزاری می توانیم این خط زبان را برای کسانی که با آن آشنایی ندارند با کمک رایانه به زبان خودشان ترجمه کنیم تا ارتباط در سطح جهانی راحت تر شود (خط زبان ، زبان بدون آواست مانند مصریان باستان که در نوشتارشان از خط تصویری استفاده می کردند و هر تصویری رمز خود را داشت ما نیز می توانیم بجای هر کلمه ای علامتی قرار دهیم البته همه کلمات رالازم نیست رمز گذاری کنیم فقط کلمات مهم و پایه را رمز تصویری می گذاریم و این تا اندازه ای شبیه رمز گذاری ضربات آوایی مورس می باشد) .

۵ – ایجاد یک ارتش قدرتمند بین المللی برای جلو گیری از تجاوز کشورها به یکدیگر
۶ – تدوین برنامه بین المللی جامع برای رشد اقتصادی و علمی و فرهنگی همه کشورها و اجماع جهانی برای کمک به ملل فقیر و عقب افتاده جهان .

سخن پایانی :

بهشت گمشده

بهشت انسان بر روی زمین است و آدمی خود می تواند از محیط زندگی خود بهشت بسازد یا دوزخ درست کند ، مااگرخود بخواهیم و دست در دست هم بگذاریم می توانیم زمین را به بهشت موعود تبدیل کنیم ، چرا باید منتظر بنشینیم که مهدی موعود یا مسیح نجات دهنده یا سوشیانس دادگرو یا دیگران از پس هزاره ها بیایند و عدالت را بر روی زمین برقرار کنند ، چرا خود ما کار آنها را انجام ندهیم ، دانش و ثروت را گسترش دهیم ، اخلاق را ملاک برتری انسانها قرار دهیم ، به عقاید و دین و آیین یکدیگر احترام بگذاریم و به جای نبرد با یکدیگر با فقر و نادانی و بی عدالتی مبارزه کنیم و در سختی ها و رنج ها به کمک یکدیگر بشتابیم ، آری ما می توانیم بهشت موعود را خود بر روی زمین بسازیم و این نیازمند اندکی تلاش و اندیشه ماست .

خطاب من به همه انسانهاست ، سیاه و سفید ، زرد و سرخ ، مسلمان و مسیحی ، فقیر و غنی ، همه ما انسانیم و با هم برابرو هیچ برتری ای بر یکدیگر نداریم هیچ ملیت و نژادی بر ملیت و نژاد دیگر برتری و رجحان ندارد زیرا اگر در یک خصوصیت آن ملت بر دیگران برتری داشته باشد آن خصوصیت یا ارثی است یا اکتسابی ، اگر ارثی باشد نمی تواند ملاک برتری باشد چون برای بدست آوردن آن زحمتی نکشیده است وطبیعت به رایگان آنرا به او داده است و اگر اکتسابی باشد دیگران نیز می توانند آنرابا تلاش بدست آورند ، ارزشهای ما نیز قراردادی هستند و تنها در باور ما وجود دارند طبیعت و جهان بیرون اعتقادی به ارزشهای ما ندارد و بر اساس قوانین فیزیکی خود رفتار می کند .

ما همه باید تلاش بکنیم که جامعه انسانی سعادتمندی بوجود بیاوریم آیا هنگام تحقق آرمان شهر خیالی فرا نرسیده است ، ما به آیینی نیاز داریم که همه انسانها از هر گروه و هر نژادی آنرا قبول داشته باشند ، آیینی که از آن همه باشد و مایه خوشبختی همگان گردد ،آیینی که به همه گروههای مذهبی و سیاسی تعلق داشته باشد و همگان آنرا قبول داشته باشند ، آیینی برای تمام این سیاره و برای اداره هر چه بهتر آن و برای رسیدن انسانها به خوشبختی و سعادت که همواره در آرزوی آن هستند ، بیایید که با یکدیگر کمک کنیم و این آیین و جامعه برتر را بسازیم ، چرا که خوشبختی حق هر انسانیست ، ثروت و دانش حق هر

انسانیست ، هیچ انسانی نباید فقیر باشد و با بد بختی و نکبت و بیماریهای روحی و روانی دست بگریبان باشد ، آیینی که قوانین آنرا روان شناسان و جامعه شناسان و اقتصاد دانان و ... بر اساس آخرین یافته های خود پایه ریزی کنند و بنویسند . آرمان شهری واقعی و نه خیالی ، آرمان شهری بر پایه اخلاق مشترک جهانی که همه آنرا قبول دارند ، آیینی که حقوق همه انسانها را رعایت کند و به حیوانات وگیاهان و محیط زیست جهان احترام بگذارد ، زمین از آن ماست و خوشبختی و بد بختی ما در دستان ماست ، هیچ موجودی به جز خود ما مارا تهدید نمی کند ، همه باید تلاش کنیم تا خوشبختی ای که حق ماست را بدست آوریم ، تا دیگر فقر وجنگ و گرسنگی و نادانی در جهان نباشد تا همه بیماری ها ریشه کن شوند و اندوهها و غمها جای خود را به شادی بدهند ، مهر و محبت در بین انسانها حاکم شود و همه به یکدیگر احترام بگذارند و مشکلات یکدیگر را حل کنند ،غیبت و دورویی ،جای خود را به یکرنگی و یک دلی بدهد ، کانون خانواده ها محکم گردد و مهر و محبت در بین انسانها حاکم شود جامعه ای که منجی ما وعده داده است ما نیز می توانیم بسازیم ، آیینی برتر برای انسانی برتر در جامعه ای برتر ، این آیین می تواند شامل دو بخش کشوری و جهانی باشد . در بخش کشوری قوانین آن مربوط می شود به رشد و اعتلای هر کشوری بر مبنای امکانات آن کشور و در بخش جهانی با پی ریزی قوانینی رشد و اعتلای همه کشورها در نظر گرفته می شود به طوری که طی برنامه های زمان بندی شده ای تلاش می شود که همه کشور ها خود را به معیار های توسعه نزدیک کنندو تلاش می شود که به کشور هایی که از نظر فرهنگی ،اقتصادی و علمی از دیگران عقب افتاده اند کمک شود تا خود را به پای کشور های دیگر برسانند تا دیگر کشور فقیری در جهان نباشد ، در این جامعه جهانی هیچ ملتی نباید سد راه پیشرفت ملتهای دیگر شود و ملتها بجای ایجاد تنش و مشکل آفرینی برضد یکدیگر بهتر است با یکدیگر رقابت کنند زیرا اگر ملتی پیشرفت کند زمینه پیشرفت دیگران را نیز فراهم خواهد کرد .

سرچشمه ها:

۱. آموزگار ، ژاله . (۱۳۷۲)، ارداویرافنامه ، تهران : نشر معین.
۲. ابو القاسمی، محسن . (۱۳۷۹).مانی به روایت ابن ندیم، تهران: انتشارات طهوری.
۳. بهار ، مهرداد .(۱۳۶۲)، پژوهشی در اساتیر ایران .تهران : توس .
۴. -، - . (۱۳۶۹)، بندهش .تهران: توس.
۵. پاشایی ، حسن .(۱۳۸۶)، بودا، چ هشتم ، تهران: نگاه معاصر.
۶. پیر نیا ، حسن .(۱۳۸۳) ، عصر اساتیری تاریخ ایران . تهران : هیرمند.
۷. تفضلی ، احمد . (۱۳۷۶)، تاریخ ادبیات ایران پیش از اسلام ،تهران : سخن.
۸. -، - .(۱۳۷۹)، مینوی خرد ، تهران : توس .
۹. جعفری ، محمود . (۱۳۶۵)، ماتیکان یوشت فریان . تهران :فروهر.
۱۰. هینلز ،جان راسل .(۱۳۸۳)، شناخت اساتیر ایران ، ترجمه باجلان فرخی ، تهران : اساتیر.
۱۱. دوستخواه ،جلیل.(۱۳۸۵) ، اوستا ، تهران : گلشن .
۱۲. دریایی ،تورج .(۱۳۸۳) ، شاهنشاهی ساسانی ، ترجمه مرتضی ثاقب فر ،ققنوس، تهران
۱۳. دیاکونف، م. م.(۱۳۸)، تاریخ ایران باستان، ترجمه روحی ارباب، انتشارات علمی و فرهنگی، تهران.
۱۴. راشد محصل ،محمد تقی. (۱۳۸۵)، زند بهمن یسن . تهران : پژوهشگاه علوم انسانی و مطالعات فرهنگی.
۱۵. رجبی ،پرویز . (۱۳۸۰)، هزاره های گم شده . تهران : توس.
۱۶. رضایی ، عبدالعظیم . (۱۳۷۴) ، اصل و نسب دین های ایران باستان ، تهران : رضایی .
۱۷. رضی ، هاشم .(۱۳۸۱) ، آیین مهر ، تهران : بهجت .
۱۸. سراج ، شهین. (۱۳۷۹)، آذر باد مهر سپندان . تهران : فروهر.
۱۹. شهزادی ، رستم .(۱۳۸۸)، جهان بینی زرتشتی . تهران : فروهر.
۲۰. عطائی ، امید .(۱۳۷۷)، آفرینش خدایان .تهران: عطائی .
۲۱. عریان ،سعید . (۱۳۷۱) ، متون پهلوی ، تهران : کتابخانه ملی جمهوری اسلامی ایران.
۲۲. عفیفی ، رحیم . (۱۳۸۳)، اساطیر و فرهنگ ایران ، تهران : توس .
۲۳. -، - . (۱۳۸۳)، اساطیر و فرهنگ ایران ، چاپ دوم ، تهران : توس .
۲۴. فردوسی ، ابوالقاسم .(۱۳۷۹)، شاهنامه ، تهران : بهزاد.

۲۵. کریزواک،پل.(۱۳۸۸) در جستجوی زرتشت ،ترجمه محسن ربیع زاده،تهران: ثالث.

۲۶. مظفریان ، ولی الله .(۱۳۷۷)، فرهنگ نامهای گیاهان ایران ، تهران : فرهنگ معاصر .

۲۷. میر فخرایی ، مهشید .(۱۳۸۲) ، بررسی هفت هات ، تهران : فروهر .

۲۸. نوابی،ماهیار .(۱۳۸۶) ، درخت آسوریک ،تهران : فروهر .

۲۹. ویدن گرن ، گئو . (۱۳۷۷) ، دینهای ایران ، ترجمه منوچهر فرهنگ ، تهران : آگاهان ایده.

۳۰. وحیدی ، حسین .(۱۳۸۰)، گاتاها ، تهران : امیرکبیر.